警察官のための
わかりやすい

刑事訴訟法
第2版

加藤 康榮 編著

城 祐一郎
阪井 光平 著

立花書房

本書は時々・情勢の必要に応じ，内容を変更・追加等する場合があります。

第2版はしがき

実務からの視点を重視した概説書「マスター刑事訴訟法」から生まれた、第一線で活躍する警察官向けの「警察官のためのわかりやすい刑事訴訟法」も、発刊から4年が経過しました。

この本も、マスター刑事訴訟法と同様に多くの読者の支持を得るに至り、執筆者冥利に尽きるところですが、この間、一連の刑事訴訟法等の改正法の施行が、本年6月までに完了し、刑事手続は新たなステージに移行したともいえる状況に至りました。

それで、元号も令和に改まったこの時期に、この間の実務の動向を踏まえて改訂することとし、初版と同様に、捜査の各章は、元東京高等検察庁検事（最高検察庁事務取扱）の阪井光平弁護士に、公判の各章は、元最高検察庁検事の城祐一郎教授にお願いしてリニューアルを図り、私が編者として全般にわたって、実務と理論の架橋という観点から意見を挟んで完成に至りました。

今回の改訂では、捜査に関しては、職務質問後の「留め置き」や、定点設置型のビデオカメラによる継続的な撮影など、実務上重要な現下の課題ともいうべき問題を取り上げて、捜査の現場に活かす途を探り、公判に関しては、証拠法の記述をより厚くし、警察官が日常作成する捜査に関する書類が、公判における証拠としてはどのような意味を持つのかについての理解を深められるようにそれぞれ工夫しました。また、「出廷を求められた際の心構え」の章を追加し、公判で証言を求められたときの留意点を具体的に記載して、公判出廷の不安の軽減を図りました。

旧版より更に読みやすくするように心がけましたが、なお不十分なところがあれば、引き続き編集担当者の私の責めに帰するところであり、御容赦をお願いいたします。

立花書房出版部の馬場野武次長と山本昌利氏の御援助なくして本書の刊行はあり得ませんでした。執筆者を代表して深い謝意を表する次第です。

2019年9月

加藤　康榮

初版はしがき

　実務からの視点での概説書として刊行したのが，プロになるための基本法シリーズのひとつとしての『マスター刑事訴訟法』でしたが，その刊行から早や6年が経過しました。

　幸いにも，多くの読者から関心を持って参考にされるところとなり，多くの警察学校でも教材として用いられるようになりました。そして，3年前にはその改訂版も刊行する運びとなりました。しかし，その後も捜査，公判を取り巻く刑事手続の動きや，進展には著しいものが見られ，再改訂版の要請もありましたことから，これを契機として，多忙な第一線の警察官がより分かり易いコンパクトな新しい刑事手続の概説書を目指すこととなりました。

　そこで，前書の「再改訂版」というよりも，使い易い新しい刑事訴訟法の概説書を著すこととして，私がかねてから信頼している実務に精通した現役の検事である城祐一郎最高検察庁検事と阪井光平東京地方検察庁検事（現：法務総合研究所国際協力部長）の両氏にお願いし，リニューアルして生まれたのが本書です。捜査の各章は阪井検事に，公判の各章は城検事に担当してもらい，私が編者の立場で全般に意見を挟み，また，捜査を巡る最近の動きや重要な法改正のポイントなどをまとめて完成に至りました。公務多忙な両氏が，できるだけ分かり易く，また，最近の判例，実務の動きも取り入れ，第一線の警察官が「一気に読みたい概説書」であることを目指して，ここに刊行するに至りました。

　全体での統一性など図りつつ，しかし公判での被害者特定の秘匿事項や取調べメモ等の証拠開示等，捜査にも関連する重要な事項や判例等は特に詳しく記述するなどして特徴点を示しました。読み難い点やなお不十分なところがあるとすれば，編集担当の私の責めに帰するところであり，御容赦願いたいと思っています。

　立花書房出版部の馬場野武課長と金山洋史氏には，企画から校閲までひとかたならずお世話になりました。記して謝意を申し上げる次第です。

　2015年8月

執筆者を代表して　　加藤　康榮

凡　例

【法令の表記・略称】

(1)　本書では，原則，「刑事訴訟法」という法令名は省略して表記しています。
したがって，条文のみの表記は，刑事訴訟法の条文となります。

(2)　本文中で用いた主な法令の略称は，次のとおりです。

刑訴法	→	刑事訴訟法
規　則	→	刑事訴訟規則
犯捜規	→	犯罪捜査規範
裁判員法	→	裁判員の参加する刑事裁判に関する法律
警職法	→	警察官職務執行法
道交法	→	道路交通法
通信傍受法	→	犯罪捜査のための通信傍受に関する法律

【判例・判例集の表記・略称】

(1)　判例の表記は，次の例によりました。

最高裁判所大法廷昭和32年2月20日判決最高裁判所刑事判例集第11巻2号802頁

→　最大判昭 32・2・20 刑集 11・2・802

(2)　判例集等の略称は，次のとおりです。

刑　集	→	大審院，最高裁判所刑事判例集
民　集	→	最高裁判所民事判例集
裁判集	→	最高裁判所裁判集（刑事）
高刑集	→	高等裁判所刑事判例集
裁　特	→	高等裁判所刑事裁判特報
判　特	→	高等裁判所刑事判決特報
東　時	→	東京高等裁判所判決時報（刑事）
速報集	→	高等裁判所刑事裁判速報集
下刑集	→	下級裁判所刑事裁判例集
刑裁月報	→	刑事裁判月報
判　時	→	判例時報
判　タ	→	判例タイムズ

vi

警察官のためのわかりやすい
刑事訴訟法〔第2版〕／目次

第2版はしがき
初版はしがき
凡　　例

は じ め に ……………………………………………………………………… 1
　1　刑事訴訟法の役割 ……………………………………………………… 1
　2　刑事訴訟法の目的 ……………………………………………………… 2
　3　刑事手続の三本柱——捜査・公判・刑執行（矯正・保護）の各手続 …… 3
　4　刑事訴訟法と関係法令 ………………………………………………… 3

第1章　捜査概観

第1節　捜　　　　査 ……………………………………………………… 5
　1　捜査の意義・目的 ……………………………………………………… 5
　2　任意捜査と強制捜査 …………………………………………………… 6

第2節　捜査機関と被疑者・弁護人 …………………………………… 8
　1　捜 査 機 関 ……………………………………………………………… 8
　2　被疑者・弁護人 ………………………………………………………… 13

第2章　捜査の端緒

第1節　総　　　　論 ……………………………………………………… 17

第2節　主な捜査の端緒の概要 ………………………………………… 18
　1　職務質問と所持品検査 ………………………………………………… 18
　2　自動車検問 ……………………………………………………………… 23
　3　現行犯人の認知 ………………………………………………………… 24
　4　変死体の検視 …………………………………………………………… 24
　5　告　　　　訴 …………………………………………………………… 26
　6　告　　　　発 …………………………………………………………… 30
　7　自　　　　首 …………………………………………………………… 31

第3章 任意捜査

第1節 刑訴法の規定上の任意捜査 …………………………………… 32

1 総　　論 ………………………………………………………………… 32
2 被疑者の取調べ ………………………………………………………… 34
3 被告人の取調べ ………………………………………………………… 44
4 参考人の取調べ・鑑定嘱託等 ………………………………………… 45
5 領　　置 ………………………………………………………………… 48
6 公務所等に対する照会 ………………………………………………… 49

第2節 刑訴法の規定外の任意捜査 …………………………………… 50

1 総　　論 ………………………………………………………………… 50
2 実況見分 ………………………………………………………………… 50
3 写真・ビデオの撮影 …………………………………………………… 52
4 秘密録音 ………………………………………………………………… 55
5 おとり捜査 ……………………………………………………………… 56

第4章 強制捜査

第1節 総　　論 …………………………………………………………… 59

1 強制捜査の意義 ………………………………………………………… 59
2 規定上の強制処分 ……………………………………………………… 59

第2節 逮　　捕 …………………………………………………………… 60

1 通常逮捕 ………………………………………………………………… 60
2 緊急逮捕 ………………………………………………………………… 65
3 現行犯逮捕 ……………………………………………………………… 68
4 任意同行と実質逮捕 …………………………………………………… 77

第3節 被疑者の勾留 …………………………………………………… 81

1 被疑者勾留の要件 ……………………………………………………… 81
2 勾留の手続 ……………………………………………………………… 83

第4節 逮捕・勾留を巡る諸問題 ……………………………………… 86

1 事件単位の原則 ………………………………………………………… 86
2 同一事実での再度の逮捕・勾留 ……………………………………… 88
3 別件逮捕・勾留論 ……………………………………………………… 91

viii

第5節　捜索・差押え・検証 ……………………………………………… 94
　　1　令状による捜索・差押え・検証 …………………………………… 94
　　2　強制採尿と強制採血 ………………………………………………… 111

第6節　逮捕に伴う無令状の捜索・差押え・検証 ……………………… 113
　　1　概　　　説 …………………………………………………………… 113
　　2　要　　　件 …………………………………………………………… 114

第7節　第1回公判期日前の証人尋問 …………………………………… 118

第5章　最近の捜査手法等を巡る法改正点など

第1節　総　　　説 ………………………………………………………… 120

第2節　証拠収集等への協力及び訴追に関する合意制度 ……………… 120

第3節　刑事免責制度 ……………………………………………………… 121

第4節　通信傍受の合理化・効率化 ……………………………………… 122

第6章　被疑者の防御活動

第1節　被疑者の接見交通 ………………………………………………… 125
　　1　弁護人等との接見交通とその指定等 …………………………… 125
　　2　弁護人等以外の者との接見等の禁止 …………………………… 128

第2節　被告人・被疑者，弁護人の証拠保全 …………………………… 129

第7章 捜査の終結と公訴の提起

第1節 捜査の終結 ………………………………………………………… 130
    1 事件処理 ………………………………………………………… 130
    2 終局処分 ………………………………………………………… 131

第2節 公訴の提起 ………………………………………………………… 131
    1 公訴に関する基本原則 ………………………………………… 131
    2 公判請求 ………………………………………………………… 133
    3 略式命令請求 …………………………………………………… 134
    4 公訴提起の効力の及ぶ範囲・効果……………………………… 136

第3節 不起訴処分 ………………………………………………………… 138
    1 意　　義 ………………………………………………………… 138
    2 処分の態様 ……………………………………………………… 138

第4節 家庭裁判所送致 …………………………………………………… 140

第5節 その他の処分・付随処分等 ……………………………………… 140
    1 中間処分 ………………………………………………………… 140
    2 事件処理上の付随処分 ………………………………………… 141

第6節 不起訴処分に対する不服申立て ……………………………… 141
    1 検察審査会に対する審査申立て……………………………… 141
    2 付審判請求（準起訴手続）…………………………………… 142
    3 検察庁の上級官庁に対する不服申立て ……………………… 142

第8章 公判手続の概要

第1節 公判手続概観 ……………………………………………………… 144

第2節 被害者参加制度 …………………………………………………… 146

第3節 公判手続と捜査手続との相違点 ……………………………… 146

x

第9章　裁判員制度

第1節　裁判員制度導入の趣旨……………………………………………………… 147

第2節　裁判員制度の基本的構造………………………………………………… 148
　1　対象事件 …………………………………………………………………… 148
　2　合議体の構成 ……………………………………………………………… 148
　3　裁判員の関与する判断権限………………………………………………… 148

第3節　裁判員の選任手続 ………………………………………………………… 148
　1　選任要件 …………………………………………………………………… 148
　2　裁判員候補者の員数の割当てと通知手続 ……………………………… 149

第4節　評議と評決 ………………………………………………………………… 149
　1　評　　議 …………………………………………………………………… 149
　2　評　　決 …………………………………………………………………… 149

第5節　裁判員の参加する裁判の手続 ………………………………………… 150
　1　公判前整理手続の前置 …………………………………………………… 150
　2　鑑定手続 …………………………………………………………………… 150
　3　公判手続の特則 …………………………………………………………… 151

第6節　裁判員に対する守秘義務と保護制度 ………………………………… 151
　1　守秘義務 …………………………………………………………………… 151
　2　保護規定 …………………………………………………………………… 151
　3　罰　　則 …………………………………………………………………… 152

第10章　公判前整理手続

第1節　公判前整理手続の意義——制度の趣旨 ……………………………… 153

第2節　公判前整理手続のうちの証拠開示制度の概要 …………………… 153
　1　証拠開示拡充の経緯 ……………………………………………………… 153
　2　証拠開示が問題となった事例……………………………………………… 154

目　次　xi

第11章　第1回公判期日

第1節　公判廷の構成員等 ……………………………………………… 164

第2節　冒 頭 手 続 ……………………………………………………… 164

第12章　審判の対象──公訴事実と訴因（訴因の意義）

第1節　訴因制度の導入 ………………………………………………… 166

第2節　訴因の特定 ……………………………………………………… 166

第3節　訴因の拘束力 …………………………………………………… 166

第4節　訴因の構成 ……………………………………………………… 167

第13章　証拠調べに関する公判手続

第1節　冒 頭 陳 述 ……………………………………………………… 168
　　1　意　　義 …………………………………………………………… 168
　　2　冒頭陳述の範囲 …………………………………………………… 168

第2節　証拠調べの請求 ………………………………………………… 168
　　1　検察官の冒頭陳述終了後の証拠調べ請求 ……………………… 168
　　2　請求の順序等 ……………………………………………………… 169
　　3　自白の取調べ請求時期 …………………………………………… 169
　　4　証拠書類・証拠物の取調べ請求 ………………………………… 169

第3節　証拠の採否決定と取調べ ……………………………………… 170
　　1　当事者の証拠調べの請求に対する採否決定 …………………… 170
　　2　証拠の取調べ方法 ………………………………………………… 170

第4節　職権等による証拠調べ ………………………………………… 172

第5節　被告人質問と被害者等の意見陳述 …………………………… 173
　　1　被告人質問 ………………………………………………………… 173
　　2　被害者等による意見陳述 ………………………………………… 173
　　3　意見陳述に関する各規定の内容 ………………………………… 174
　　4　被害者等の意見陳述の法的扱い ………………………………… 174

第14章　証拠調べ終了後の当事者の意見陳述

第1節　検察官の論告・求刑──「論告要旨」 …………………………… 175

第2節　被告人・弁護人の最終陳述──「弁論要旨」 …………………… 175

第15章　証拠法概観

第1節　証拠裁判主義──証拠能力 ……………………………………… 176
  1　証拠裁判主義と証拠の意義 …………………………………………… 176
  2　証明の対象 ……………………………………………………………… 177
  3　挙 証 責 任 ……………………………………………………………… 178

第2節　自由心証主義──証明力と証拠能力の異同 ……………………… 179
  1　自由心証主義 …………………………………………………………… 179
  2　証拠能力と証明力の区別 ……………………………………………… 180
  3　証拠能力の制限 ………………………………………………………… 180
  4　証明力の制限 …………………………………………………………… 180

第3節　違法収集証拠の排除法則 ………………………………………… 181
  1　概　　　論 ……………………………………………………………… 181
  2　排除法則の具体的検討例 ……………………………………………… 183
  3　第二次証拠の証拠能力 ………………………………………………… 190
  4　違法収集証拠排除法則に関連するその他の問題 ………………… 192

第16章　自白法則

第1節　総　　　論 ………………………………………………………… 193
  1　自白の意義 ……………………………………………………………… 193
  2　不利益な事実の承認 …………………………………………………… 193
  3　自白法則における排除法則と補強法則 ……………………………… 194

第2節　自白の排除法則 …………………………………………………… 195
  1　自白の任意性の意義 …………………………………………………… 195
  2　自白の利用制限の根拠 ………………………………………………… 195
  3　任意性の類型と任意性の有無の判断ポイント ……………………… 196
  4　不任意供述事由と自白との因果関係 ………………………………… 203
  5　任意性の立証 …………………………………………………………… 204
  6　不任意供述の証拠排除 ………………………………………………… 204

目　次　xiii

第3節　自白の補強証拠（補強法則） ………………………………… 205

1　自白の補強証拠の意義 ……………………………………………… 205
2　補強証拠を要する理由 ……………………………………………… 206
3　自白の取調べ時期の制限規定の趣旨 …………………………… 206
4　補強証拠の適格性（資格要件） …………………………………… 207
5　補強証拠の範囲・方法とその程度 ……………………………… 207

第17章　伝　聞　証　拠

第1節　伝聞法則の原則 ……………………………………………………… 211

1　伝聞証拠と伝聞法則 ………………………………………………… 211
2　伝聞法則の適用外証拠 ……………………………………………… 213

第2節　伝聞法則の例外 …………………………………………………… 216

1　例外の必要性 ………………………………………………………… 216
2　被告人以外の者の供述代用書面 ………………………………… 218
3　ビデオリンク方式による証人尋問調書―― 321 条の 2 ……… 228
4　被告人の供述書類―― 322 条 …………………………………… 229
5　特に信用できる書面の証拠能力―― 323 条 …………………… 231
6　伝聞供述―― 324 条 ………………………………………………… 233
7　任意性の調査―― 325 条 …………………………………………… 235
8　同意証拠―― 326 条 ………………………………………………… 236
9　合意書面―― 327 条 ………………………………………………… 237
10　弾劾証拠（証明力を争うための証拠）―― 328 条 …………… 238

第18章　供述調書等以外の証拠

第1節　総　　説 ……………………………………………………………… 240

第2節　証拠能力等を検討すべき種々の証拠 ………………………… 240

1　謄本・抄本・写し …………………………………………………… 240
2　日記・手帳・メモ …………………………………………………… 241
3　写真・映画フィルム・ビデオテープ …………………………… 241
4　録音テープ …………………………………………………………… 243
5　取調べの録音・録画による記録媒体の証拠能力 …………… 244

第3節　検証・鑑定に類する各種書類の証拠能力 ……………………… 249

　　1　ポリグラフ検査回答書 ……………………………………………… 249
　　2　酒酔い鑑識カード ……………………………………………………… 249
　　3　速度違反測定結果書 ………………………………………………… 250
　　4　声紋鑑定書 ……………………………………………………………… 250
　　5　DNA 型鑑定書 ………………………………………………………… 251
　　6　犬の臭気選別検査結果報告書 …………………………………… 252
　　7　毛髪鑑定書 ……………………………………………………………… 253
　　8　足跡鑑定書 ……………………………………………………………… 253
　　9　筆跡鑑定書 ……………………………………………………………… 254
　　10　疫学的証明結果書 …………………………………………………… 254

第19章　出廷を求められた際の心構え

第1節　総　　　論 ……………………………………………………………… 256

第2節　①の鑑定書の場合 ……………………………………………… 257

第3節　②の実況見分調書の場合 …………………………………… 259

第4節　③の被疑者の供述調書の場合 ………………………… 260

第5節　④の報告書の場合 ……………………………………………… 260

あとがき ………………………………………………………………………………… 261

事項索引 ………………………………………………………………………………… 263

判例索引 ………………………………………………………………………………… 269

編著者紹介 ……………………………………………………………………………… 273

はじめに

1　刑事訴訟法の役割

　国家の最大の役割は，国民のために社会正義を実現しこれを維持することといえる。正義とは国民の幸福を保障するために秩序を実現し維持することで，国家は，この正義実現を目的として，国民の生命・身体及び財産等を保護し，その安全を守り，人権を擁護することに尽力しなければならない。したがって，犯罪が発生すれば，早期に捜査を遂げて真の犯人を検挙し，そのための証拠を収集した上，犯人に対して適正な刑罰を科すことになる。

　犯罪とされる行為である「罪」と犯人に対して科される「罰」は，刑法などの刑事実体法であらかじめ定められていなければならず（罪刑法定主義），犯罪事実を解明し，その犯人に対し刑罰を科すためには，それにふさわしい一定の手続が必要であり，その手続を定めた基本法が「刑事訴訟法」である。刑法等実体法だけでは刑罰権の適用・実現はならず，この刑事訴訟法という刑事手続法なくしては，刑罰権の行使はできない。

　刑事手続において犯人を検挙しこれに適正な刑罰を科すための捜査・裁判のプロセスは，その犯人（被疑者・被告人）や事件に関係する人の基本的人権を制約することが避けられず，そこで日本国憲法は，その第3章「国民の権利及び義務」において，31条から40条までの10箇条もの規定を置いて，刑事手続の基本を厳格に定めている。

> 〈憲法31条〉
> 　何人も，法律の定める手続によらなければ，その生命若しくは自由を奪はれ，又はその他の刑罰を科せられない。

　憲法は，刑事手続について31条でこのように定めて，刑事手続は法の定める適正な手続によらなければならないという「適正手続の保障の原則」を宣明している。これは罪刑法定主義の原則と並ぶ重要な規定であり，さらに，憲法

は，逮捕，抑留，拘禁，住居侵入，捜索，押収に対する保障規定（33条～35条），拷問及び残虐な刑罰の禁止規定（36条），刑事被告人の諸権利として公平で迅速な公開裁判を受ける権利保障規定（37条1項），被告人の証人喚問請求権の保障規定（37条2項），被告人の弁護人依頼権の保障規定（37条3項），不利益な供述強要等の禁止と証拠排除の規定（38条），遡及処罰の禁止・一事不再理の原則規定（39条），刑事補償規定（40条）等の刑事手続の基本的規定を，あたかも一部は刑事手続法自体のように，詳細に規定している。

刑事訴訟法は，適正手続の保障を宣明した憲法31条を受けて，刑事手続に関する憲法の諸規定の趣旨を具体化するもので，刑事手続に関する各種法令の基本となる法律として位置付けられる。

2　刑事訴訟法の目的

〈刑事訴訟法1条〉
　この法律は，刑事事件につき，公共の福祉の維持と個人の基本的人権の保障とを全うしつつ，事案の真相を明らかにし，刑罰法令を適正且つ迅速に適用実現することを目的とする。

刑訴法1条はこのような規定を置いて，犯罪が発生した場合，公の秩序を維持するために，迅速に適正手続を踏みながら事案の真相を解明した上，真犯人を検挙して，適正に刑罰権を行使することにより，社会正義を実現しようとする目的を掲げている。

もとより真に罪を犯した者が罪責を免れることがあってはならないが，他方で，無実の者が濡れ衣を着せられて処罰されることがあってもならない。「事案の真相を明らかに」することに重きを置くのが実体的真実主義であるが，これは刑事手続における重要な根本原則である。しかし，この実体的真実主義の実現は，その過程において適正手続の保障と調和させながら全うすべきものであるところ，捜査の過程で収集・獲得された証拠について，「違法収集証拠」として排除されるべきかどうかの問題の発生が根絶されないのもまた現実である。

被疑者の自白については，その獲得過程で任意性に疑いが生じた場合は証

拠能力を否定するとの明文規定がある（憲法 38 条 2 項，刑訴法 319 条，322 条）。しかし，犯行に使用した凶器や禁制品等の証拠物が違法に収集された場合の証拠能力については，明文規定がないことから，裁判上様々な場面で問題とされ，議論の対象となっている。

3　刑事手続の三本柱——捜査・公判・刑執行（矯正・保護）の各手続

　刑事手続は，警察，検察及び裁判所等の機関が，犯人に対して適正な刑罰権を実現するためになす行為であり，①捜査手続——捜査の実行，検察官による起訴・不起訴処分などの事件処理，②公判手続——公判廷での審理と証拠法則に基づいての裁判，及び③刑の執行とこれに密接に関連・競合する矯正・保護等の 3 つの手続に大別される（ただし，③の矯正・保護は刑事訴訟法ではなく行刑法の適用を受ける。）。

　この刑事手続における①の捜査手続は，一般には公訴提起前における犯人の発見・検挙，その身柄の確保と証拠の収集・保全を内容とする諸活動であるが，公訴提起後も公訴を維持するためにはこれを行うことが許されている。

　刑事手続は，捜査により開始され，これが終結し起訴となれば，公判手続に入り，判決が確定すると刑の執行に至る。公判段階では，検察官が起訴しない限り裁判所は審理できないという「不告不理の原則」の下に，捜査において収集された証拠に基づいて，その情状も考慮した上で，起訴状に記載された事件の公訴事実に対してのみ，その有罪・無罪の裁判がなされる。捜査機関による捜査が開始されても，犯人の検挙ができなければ，刑罰権の行使はできず，社会秩序の回復・維持や社会正義の実現を図ることはできない。

4　刑事訴訟法と関係法令

　狭義の刑事訴訟法は，法典の「刑事訴訟法」を指すが，実体法たる刑法（その他刑罰規定を有する法律を含む。）を適用・実現するための広義の刑事訴訟法は，憲法を頂点に刑事訴訟法の法典のほか，同法以外にも刑事手続の関与主体を定める関係法令を含む。

　具体的には，①刑事手続の特例手続を定めたものとしての少年法，交通事件即決裁判手続法，刑事補償法等，②刑訴法の技術的規定部分を規定する最高裁判所の規則制定権に基づく刑事訴訟規則，③捜査手続に関わる警察官職務執行

法，犯罪捜査規範，事件事務規程等，④刑事手続に関与する人等について規定する裁判所法，裁判員の参加する刑事裁判に関する法律・同規則，検察審査会法，検察庁法，警察法，弁護士法等，そして，⑤行刑法としての刑事収容施設及び被収容者等の処遇に関する法律，少年院法，更生保護法等である。

第1章 捜査概観

第1節 捜　　査

1　捜査の意義・目的

⑴　捜査の意義

〈刑事訴訟法 189 条 2 項〉
　司法警察職員は，犯罪があると思料するときは，犯人及び証拠を捜査するものとする。

　捜査とは，捜査機関が犯罪があると思料するとき，基本的には，適正な刑罰権行使のために，犯人（被疑者）を探索し，必要に応じてその身柄を確保し，その者に対して公訴を提起してそれを維持するために必要な証拠を収集・保全するための活動である。しかし，被疑者が少年の場合は，保護観察や少年院送致という保護処分に処せられるのが主で，必ずしも刑罰権の行使がその目的にされることはない。また，検察官が不起訴を含む公訴を提起しない処分が妥当と考えた場合であっても，捜査はそこで直ちに終結するのではなく，被疑者の更生等，社会の安定に資するために証拠が収集されることもある。

　このような目的のために，第一次捜査機関たる司法警察職員，第二次捜査機関たる検察官及び検察事務官の行う手続が捜査活動であるが，警察官職務執行法の規定に基づいて警察官が行う犯罪予防のための不審者に対する職務質問（同法 2 条）等は，それ自体は捜査手続ではなく，**行政警察活動として司法警察活動**（捜査）とは区別される。しかし，行政警察活動も捜査の端緒となるものであり，司法警察活動の捜査手続とは密接な関連を持つことになる。

6

　また，国税査察官，国税・税関職員，入国警備官，公正取引委員会及びその職員等が行う「調査」も，実質的には捜査的機能を有するが，それは捜査活動ではない。これらの行政機関には捜査権限が付与されていないため，あくまでも行政上の処分を行うための調査活動と位置付けられている。私人の行う証拠収集等の活動も，同様の理由から捜査とはいえない。

⑵　捜査の目的

　捜査の目的は，まず，捜査機関が犯罪の嫌疑の有無・公訴提起の要否を決定することにある。そして，公訴提起に至った場合に備えて，その公訴の維持追行の準備をすることも捜査の重要な目的である。捜査に着手すべきか否かは，捜査機関の判断に委ねられていて，司法警察職員は，「犯罪があると思料するときは，犯人及び証拠を捜査する」ものとされ（刑訴法 189 条 2 項），第一次捜査機関として位置付けられる。こうして開始された捜査により，犯人が特定されその取調べがなされ，関係証拠の収集が行われて，犯罪事実の有無・内容が解明される。そして，起訴・不起訴の事件処理ができる状態に至ったときに，その捜査は一応終結するものとされる。

　捜査は公訴提起後においても，公訴の維持追行に必要があるときは，例外的に行うことができるが，被告人の取調べは通常，できるだけ避けるべきであり，捜索・差押え等の強制捜査も，一定の慎重な姿勢が求められる。

2　任意捜査と強制捜査

⑴　任意捜査の原則

> 〈刑事訴訟法 197 条 1 項〉
> 　捜査については，その目的を達するため必要な取調をすることができる。但し，強制の処分は，この法律に特別の定のある場合でなければ，これをすることができない。

　捜査には，任意捜査と強制捜査がある（197 条から 228 条において捜査方法を規定。なお，197 条 1 項の「取調」は，被疑者・参考人の取調べのほか捜査のために必要な一切の手段・方法を含む。）。強制処分が許されるのは法律の根拠規定があ

る場合に限られ，このような規定ぶりから捜査は任意捜査を原則とするものと解されている。

　捜査機関は，捜査遂行上最も有効適切な方法は何かを判断し，任意捜査によるか強制捜査によるかを決定する。任意捜査によって着手したが，被疑者に逃亡や罪証隠滅のおそれが生じたことから，逮捕等強制捜査に踏み切ることもあり，同じく強制捜査でもまず捜索・差押えを実施し，物的証拠を収集する方法を先行させる場合もある。

　しかしながら，任意捜査であっても，それは無制限に許されるものではない。例えば，任意捜査として被疑者に対する取調べを行う場合も，事案の性質・軽重，被疑者に対する嫌疑の程度，被疑者における逃亡・罪証隠滅のおそれの有無・程度等の事情を総合勘案して，社会通念上相当と認められる方法及び態様において許容されることになる。

(2)　強制捜査と令状主義

　令状主義とは，逮捕や捜索・差押えなどの強制にわたる捜査は，憲法が例外とする現行犯の場合を除いて，裁判官（司法官憲）の発付する令状によらなければ許されないとの原則である（憲法33条，35条，刑訴法106条，199条，218条。なお，令状主義の例外として，①憲法33条，刑訴法212条，213条に規定の現行犯逮捕，②憲法35条，刑訴法220条に規定の逮捕の現場における逮捕に伴う令状によらない捜索・差押え等がある。）。逮捕や捜索・差押えなどは，対象者に対し，法益すなわち「法によって保護される社会生活上の利益」の重大な侵害を伴うものであることから，捜査機関の権限行使が適正に行われるよう，裁判官の事前審査を原則的に必要とするものである。

8

⑶ **捜査上の留意点──関係者の名誉の保護と捜査密行の原則**

〈刑事訴訟法 196 条〉
　検察官，検察事務官及び司法警察職員並びに弁護人その他職務上捜査に関係のある者は，被疑者その他の者の名誉を害しないように注意し，且つ，捜査の妨げとならないように注意しなければならない。

　本条は，捜査活動の過程では，どうしても被疑者ら事件関係者の名誉を害するおそれがあるために，訓示規定として設けられたものである。また，犯捜規 9 条は，事件関係者の名誉の保護に注意することのほか，捜査を行うに当たっては，秘密を厳守するように注意することとしており，また，犯罪捜査のための通信傍受に関する法律（通信傍受法）は，関係者による通信の秘密の尊重等を規定している（同法 35 条）。

第2節　捜査機関と被疑者・弁護人

1　捜　査　機　関

⑴　司法警察職員

ア　一般司法警察職員

　警察庁及び都道府県警察の職員中，警察官の身分を有する者（警察法 34 条，55 条）が司法警察職員である（刑訴法 189 条 1 項。特別司法警察職員との対比上，一般司法警察職員とも称される。）。

　警察官署の組織及びその職務権限は，警察法に規定され，警察官は，警察法 2 条に規定する警察活動一般をその責務とし，かつ，刑訴法上は，司法警察職員としての職務を行う。

　司法警察職員は，捜査を遂行するに当たっての資格であり，職務権限の違いによって司法警察員と司法巡査に分けられる。

　一般司法警察職員が捜査を行う場合，警察法は，その職務を行うべき区域を，原則として所属都道府県警察の管轄区域内と規定している（警察法 64 条。管轄区域外の例外規定として同法 61 条，65 条，66 条，73 条参照）。

イ　特別司法警察職員

　特別司法警察職員とは，警察官以外の者で，特別の事項について司法警察職員としての捜査の職務を行うべき者をいう（刑訴法190条）。

　捜査とは本来無関係の行政庁等の職員に捜査権限を与えるのは，その職務の遂行過程で犯罪を認知する機会が多いことから，その日頃担当する職務上の知識を活かして捜査を行わせることがより実効的であるとの理由による。

　特別司法警察職員の種類・捜査権の範囲は，司法警察職員等指定応急措置法及びその他個別法令に規定されている。

　特別司法警察職員は，指名（又はポスト指定）により司法警察職員の身分を取得する。その捜査権限の範囲は，一般司法警察職員の捜査権限よりも限定的である。

　主な特別司法警察職員としては，海上保安官，麻薬取締官，自衛隊警務官，労働基準監督官などが挙げられる。

ウ　司法警察員の捜査——事件の送致・送付

〈刑事訴訟法246条〉

　司法警察員は，犯罪の捜査をしたときは，この法律に特別の定のある場合を除いては，速やかに書類及び証拠物とともに事件を検察官に送致しなければならない。但し，検察官が指定した事件については，この限りでない。

　ここで，「犯罪の捜査をしたとき」とは，司法警察員ができるだけの捜査を遂げて，検察官が起訴・不起訴の決定ができると思われる程度に達したときをもって，捜査完了とすることを意味する。「この法律に特別の定のある場合」とは，被疑者を逮捕する身柄事件の送致の場合のほか，告訴・告発・自首事件を送付すべき場合がある（242条，245条）。身柄事件の場合は，被疑者逮捕後も被疑者の取調べ等の所要の捜査が当然なされるのであり，特に現行犯逮捕，緊急逮捕によって被疑者の身柄が確保された場合は，捜査はまだ始まったばかりであり，送致期限である48時間以内（203条，211条，216条）にそのような程度に達していることはまずあり得ない。「検察官が指定した事件」には，微罪事件，交通反則事件等がある。司法警察員は，犯罪が成立すると認める場合

はもちろん，たとえ犯罪の嫌疑が不十分であると認める場合，あるいは正当防衛等の犯罪成立の阻却事由があると認める場合でも，捜査完了後，意見を付した上で，必ずすべての事件を検察官へ送致しなければならず，これを「全件送致・送付の原則」という。

(2) 検察官・検察事務官

ア 検 察 官

検察官の有する権限を「検察権」というが，検察権では，「刑事について公訴を行う権限」（検察庁法4条）と「犯罪について捜査する権限」（同法6条）が重要であり，これらの権限について，刑事訴訟法は，「検察官は，必要と認めるときは，自ら犯罪を捜査することができる。」(191条1項)，「公訴は，検察官がこれを行う。」(247条) など，具体的に様々な規定を置いている。

検察官は，検事総長，次長検事，検事長，検事及び副検事の官職を持つ者から構成され（検察庁法3条），検察官の行う事務を統括する官署が検察庁であり，法務省の「特別の機関」と位置付けられる。裁判所の審級に対応して，最高検察庁，高等検察庁，地方検察庁，区検察庁が置かれ（同法1条），検察官は，そのいずれかの検察庁に所属する（同法5条）。東京にある最高検察庁の長が検事総長で，次席が次長検事である。全国にある8つの高等検察庁の長官が検事長であり，実際に捜査・公判を担当するのは，各検察庁の検事・副検事である。全国に50ある地方検察庁（各都道府県の県庁所在地，北海道のみ札幌，旭川，釧路，函館の4都市）の長官は検事正と呼ばれるが，検事正は職名であって官名ではなく，検事正の職にあるのも検事である。

検事は，司法修習を終えた者が任官するのが大部分であるが，3年以上副検事の職にあった者で「検察官特別考試」に合格した者も検事に任官する。副検事は，検察事務官等から副検事選考試験に合格した者が任官し，3年以上警部以上の階級を経験している警察官も受験資格を有する(検察庁法18条2項2号)。

検察官は，自ら告訴・告発を受け，それを端緒として独自捜査を行うこともあるが，実際上は，警察など第一次捜査機関からの事件送致（身柄事件：203条1項，在宅事件：246条）及び事件送付（242条），あるいは家庭裁判所からの送致（少年法19条2項，20条，23条1項・3項。少年事件での家庭裁判所からの事件送致いわゆる「逆送」）を受けてその処理に当たることが圧倒的に多い。

第1章　捜査概観　　11

　検察官は，刑事事件の訴追機関であり，公訴提起の要否を決定する権限を有するが，捜査権限は，この公訴権限の行使と密接不可分の関係にある。捜査権限は公訴権限行使の適正を期するため当然必要な権限であり，検察官は，自ら捜査を行い，あるいは他の捜査機関に補充捜査を行わせて捜査を完結させ，事件を不起訴にするか又は公訴を提起するかを決することになるが，このような検察官による捜査終結時の決定は，「終局処分」と呼ばれる。

　このような検察官の刑事事件における**主要な役割**（機能）については，通常以下の4つが指摘される。

---

①　捜査機関としての一種警察的役割

②　公訴権限を独占して行使する一種裁判的役割

③　公訴維持を遂行するために証拠の提出，事実上・法律上の問題点に関して
　意見を陳述する当事者的役割

④　裁判で確定した刑の執行を指揮する行刑的役割

イ　検察事務官

　検察事務官は，検察官を補佐し，あるいはその指揮を受けて捜査を行う（検察庁法27条3項，刑訴法191条2項）。検察官を補佐し，検察官の個別的な指揮命令を受けて捜査に従事するものであって，検察官から独立した地位にはない。しかし，検察事務官が独自に行う権限は，概ね司法警察職員の権限と同じである。通常逮捕状の請求（199条2項），告訴・告発・自首の受理（241条，245条）の権限は検察事務官には認められていない。

　検察事務官は各検察庁において勤務するが，検察庁には，捜査・公判部門以外に，警察が送致する事件の受理や，証拠品の受入・管理，そして裁判の執行等を担当する「検務部門」があり，検察事務官は，様々な分野で検察官を補佐して，検察官による刑事事件の円滑な処理を下支えしている。

⑶ 検察官と司法警察職員との関係

〈刑事訴訟法 193 条〉

1 検察官は，その管轄区域により，司法警察職員に対し，その捜査に関し，必要な一般的指示をすることができる。この場合における指示は，捜査を適正にし，その他公訴の遂行を全うするために必要な事項に関する一般的な準則を定めることによつて行うものとする。

2 検察官は，その管轄区域により，司法警察職員に対し，捜査の協力を求めるため必要な一般的指揮をすることができる。

3 検察官は，自ら犯罪を捜査する場合において必要があるときは，司法警察職員を指揮して捜査の補助をさせることができる。

4 前三項の場合において，司法警察職員は，検察官の指示又は指揮に従わなければならない。

検察官と司法警察職員（特に警察官）は，相互に独立した捜査機関であり，基本的には協力関係にある（192条）。戦前の旧刑訴法下では，検察官は司法官として裁判所の検事局に属し，強制捜査は要急事件を除き原則予審判事が発付した逮捕状や捜索差押令状により，検察官が配下に置く警察官を直接指揮して行っていた。

しかし，現行刑訴法では，予審制度が廃止され，検察官は裁判所から独立し，警察も第一次捜査機関として独立性が認められている。検察官は，公訴を適正に遂行するための手段として捜査を行い，そのため，刑訴法は検察官に対し，司法警察職員に対する一般的指示権（193条1項），一般的指揮権（193条2項）及び具体的指揮権（193条3項）を付与しており，司法警察職員はこれら検察官の指示及び指揮には従う義務があることとし（193条4項），司法警察職員が正当な理由なく検察官の指示又は指揮に従わない場合，必要に応じて検事総長等からその者を懲戒し又は罷免する権限者（国家公安委員会等）に対し，懲戒又は罷免の訴追をすることができる規定も置き（194条），別個機関である両者同士の協力関係によって，円滑効果的な捜査・公判の遂行を企図している。

一般的指示権とは，検察官が司法警察職員に対し，その管轄区域内における捜査に関し，「捜査を適正にし，その他公訴の遂行を全うするために必要な事

項に関する一般的準則」を定めることによって，例えば，検事総長一般的指示「司法警察職員捜査書類基本書式例」（昭36・6・1付け）のような「一般的な準則」の形式で必要事項を指示することができるものとした権限である（193条1項）。

一般的指揮権とは，検察官が捜査を行うに当たって「捜査協力」を司法警察職員に求める権限をいう（193条2項）。例えば，事件が数個の警察署の管轄区域にまたがるか又は関連性を有する場合，検察官は，各警察署の司法警察職員に対し，捜査が区々になったり不均衡が生じたりしないよう統一的・適切に遂行するために，その管轄区域により，捜査協力を求めて必要な指揮をすることができる。この場合は，指揮の名宛人は個々の司法警察職員に対するものではなく，一般性のある指揮内容となる。

具体的指揮権とは，検察官が自ら認知した独自捜査ないし告訴・告発等による直受事件の捜査ばかりでなく，司法警察職員からの送致・送付事件の捜査の場合において，必要があるときは，司法警察職員を指揮して捜査の補助をさせる権限をいう（193条3項）。

検察官が特定の具体的事件を捜査している場合に許される具体的な捜査指揮権の行使であって，この場合は個々の司法警察職員に対して個別的に行使する権限である。

送致事件の場合は，通常当該事件について補充捜査や継続捜査を指揮するものとして行使されるが，公判係属中の事件についてもこの規定を根拠に補充捜査等具体的指揮権を行使することができる。

また，裁判の執行等に関しても，刑訴法は，司法警察職員に対する法定指揮権を検察官に付与している（70条，98条，108条，229条，489条）。

2　被疑者・弁護人

(1)　被　疑　者

ア　概　説

被疑者とは，個々の犯罪について捜査機関からその犯人であるとの嫌疑を受けて，捜査対象とされている者であって，未だ公訴を提起されていない手続段階の者である。自然人はもちろん，法人もその処罰規定が法令で設けられている限り，被疑者となり得る。

イ　捜査段階での被疑者の地位・権利等

> 〈憲法 34 条〉
>
> 　何人も，理由を直ちに告げられ，且つ，直ちに弁護人に依頼する権利を与へられなければ，抑留又は拘禁されない。

> 〈刑事訴訟法 30 条 1 項〉
>
> 　被告人又は被疑者は，何時でも弁護人を選任することができる。

　被疑者が有する重要な権利としては，**弁護人選任権**がある。

　憲法 34 条は，身体の拘束を受けた被疑者の弁護人依頼権を保障し，刑訴法 30 条 1 項は，この規定を受けて，被疑者は，身体拘束の有無を問わず，捜査のどの段階においても弁護人を依頼・選任することができるとしており，被疑者の他に被疑者の法定代理人，保佐人，配偶者，直系の親族及び兄弟姉妹は，独立しての弁護人選任権を有する（30 条 2 項）。

　逮捕された被疑者は，未だ弁護人を選任していない場合，検察官・司法警察員・刑事施設（警察留置施設等を含む。）の長（その代理者を含む。）に弁護士，弁護士法人又は弁護士会を指定して弁護人の選任を申し出ることができ，その申し出を受けた検察官等は，直ちに被疑者の指定した弁護士，弁護士法人又は弁護士会にその旨を通知しなければならない。被疑者が 2 人以上の弁護士又は 2 つ以上の弁護士法人若しくは弁護士会を指定して申し出をしたときは，そのうちの 1 人の弁護士又は 1 つの弁護士法人若しくは弁護士会にこれを通知すれば足りる（209 条，78 条 1・2 項）。また，身体の拘束を受けている被疑者は，弁護人（又は弁護人を選任することができる者の依頼により弁護人となろうとする者）と立会人なくして接見し，又は書類若しくは物の授受をすることができる（39 条 1 項）。被疑者国選弁護制度については後述する。

　被疑者は，捜査機関から取調べのために出頭を求められたときは，任意に協力してこれに応じることもできるが，それを拒むことも自由である。もっとも，任意の取調べであっても，正当な理由なく出頭要請を拒み続ければ，逮捕の必要性の存在につながる行為とみられる場合もある。また，逮捕・勾留され

ている場合を除いては，出頭自体を拒み又は出頭後いつでも退去することができ（198条1項），さらに，その取調べに対しても，被疑者には供述拒否権がある。捜査官は，取調べに当たっては，被疑者に対し，あらかじめ自己の意思に反して供述する必要がない旨を告げなければならない（198条2項）。

(2) 弁 護 人
ア 概 説

　弁護人とは，刑訴法上，刑事手続において被疑者・被告人の正当な利益を擁護する役割，すなわち適正な弁護活動を通じて，公正な刑事司法の実現に協力する公益的任務を負う専門家であり，被疑者・被告人の防御権の実際的効果を上げるために置かれた制度である。この被疑者・被告人の弁護人は，原則として弁護士の資格を有する者の中から選任される（31条1項）。

　ただし，弁護士以外の者の選任が許される「特別弁護人制度」の例外があるが（同条2項），これは被告人の場合の規定であって，被疑者には，特別弁護人は認められない（最決平5・10・19刑集47・8・67。通説でもある。）。被疑者の弁護人の数は，特別の事情があるものとして検察官若しくは裁判所が許可した場合を除き，3人を超えることはできない（規則27条）。

　従来，被疑者段階では被告人の場合とは異なり，国選弁護人を付する制度はなく，被疑者の弁護人は，私選弁護人に限られていたが，平成16年の法改正で，被疑者に対する国選弁護制度（37条の2）が導入され，平成21年5月に対象事件は，決定刑が①死刑，②無期懲役又は禁錮，③長期3年を超える懲役又は禁錮に当たる事件に改められた。

　この結果，窃盗や覚醒剤の使用等多くが**被疑者国選弁護人を付す対象の罪**となった。さらに，平成28年の改正で，対象は，「被疑者に対して勾留状が発せられている場合」に拡大された。また，同改正に併せて，被疑者に対する国選弁護人選任請求権等の教示について所要の規定の整備なども行われた（203条3項，4項等）。実務では，このような改正の趣旨も踏まえて，被疑者国選弁護人の請求方法や資力要件等を含め，弁護人選任権を分かりやすく記載した書面を作成して，弁解録取時に，それを示しながら被疑者に説明・教示し，その書面を弁解録取書に添付するという運用がなされている。その際は，誰にどのように申し出るべきなのかという点については，可能な限り丁寧に説明すべきで

ある。

　弁護人は，その活動をするに当たって，被疑者その他の者の名誉を害しないように注意し，かつ，捜査の妨げとならないよう注意しなければならない（196条）。また，被疑者の「正当な利益」のために適法の範囲で弁護する活動でなければならない（弁護士法1条参照）。

イ　弁護人の職責と権能

　被疑者の弁護人（弁護人を選任することができる者の依頼により弁護人となろうとする者も含む。）に付与される主要な権能は，以下のとおりである。

---

①　逮捕・勾留等身柄拘束中の被疑者との立会人なくしての接見交通・書類等の授受（39条1項）

②　被疑者の勾留の裁判に対する準抗告の申立て，勾留理由開示の請求，勾留の取消請求（79条，429条1項2号，82条，87条）

③　証拠保全の請求（179条）

④　許可を受け，捜査段階における必要対象者等に実施される226条，227条の第1回公判期日前の証人尋問への立会い

第2章　捜査の端緒

第1節　総　　論

　捜査機関は，犯罪があると思料するときは，犯人の検挙，証拠の収集を目的として捜査を開始する（189条2項，191条1項）。

　捜査機関が，犯罪捜査を開始する契機となる事由を捜査の端緒といい，社会に生起するあらゆる事象から広く捜査の端緒が得られる。

　刑訴法がその効果・要件・手続等につき規定する捜査の端緒としては，①現行犯人の発見（212条以下），②変死体の検視（229条），③告訴（230条以下）・告発（239条）・請求（237条3項，238条2項），④自首（245条）等があるが，捜査の端緒がこれらに限られる趣旨ではない。

　刑訴法に規定のない捜査の端緒としては，⑤被害者の申告（被害届の提出），⑥第三者の申告，⑦職務質問（警職法2条），⑧聞込み，⑨投書・密告，⑩新聞雑誌その他出版物の記事，放送等があり，他事件の捜査中において余罪が被疑者の自白等により発覚することも往々にしてあり，この点には逮捕・勾留事実の取調べにおける余罪取調べの許容範囲の問題も関係することになる。

　なお，捜査の端緒の中には，民事上の紛争を有利に解決するために捜査を利用しようとする意図から出た告訴・告発や，根拠がない又は不確実な，そして，私怨を晴らすための虚実織り交ぜての投書や密告もかなり存在すると言わざるを得ない状況にある。

　このため，捜査機関としては，その端緒の根拠，真実性を慎重に吟味しながら捜査に当たらなければならない（告訴・告発が虚偽の場合は，刑法172条の虚偽告訴等罪の処罰対象となる。）。

第2節　主な捜査の端緒の概要

1　職務質問と所持品検査

(1)　職 務 質 問

〈警察官職務執行法2条〉

1　警察官は，異常な挙動その他周囲の事情から合理的に判断して何らかの犯罪を犯し，若しくは犯そうとしていると疑うに足りる相当な理由のある者又は既に行われた犯罪について，若しくは犯罪が行われようとしていることについて知つていると認められる者を停止させて質問することができる。

2　その場で前項の質問をすることが本人に対して不利であり，又は交通の妨害になると認められる場合においては，質問するため，その者に附近の警察署，派出所又は駐在所に同行することを求めることができる。

3　前二項に規定する者は，刑事訴訟に関する法律の規定によらない限り，身柄を拘束され，又はその意に反して警察署，派出所若しくは駐在所に連行され，若しくは答弁を強要されることはない。

ア　概　　説

　警察官職務執行法は，個人の生命，身体及び財産の保護，犯罪の予防，公安の維持等の行政警察目的を実現するために，必要な手段を定めた法律であり（同法1条），同法が規定する職務質問自体は，刑訴法上の司法警察活動としての捜査ではない。しかし，職務質問によって犯罪を発見し犯人を検挙するに至る場合は多く，捜査の端緒としては極めて重要な手段であるといえる。

　同法2条1項は，前記のとおり，挙動不審者を停止させて質問できる旨規定するが，他方，挙動不審者として職務質問を受ける者は，同条3項により，「刑事訴訟に関する法律の規定によらない限り」身体を拘束されたり，意に反して警察署等に連行されたり，答弁を強要されたりすることはない。

　しかし，相手方が職務質問に応じなかったり，逃走したりすれば，むしろ一層職務質問の必要性が高まるのであり，こうした場合に，警職法は原則的には

相手方の同意を得て執行する任意規定であるとはいえ，一面国民に対し治安維持に協力することを求めることも前提にしている規定でもあるので，一定限度の有形力が行使できないかが問題となる。

判例は，強制にわたらない程度の実力の行使であれば許される場合があるとし，挙動不審の程度，相手方の協力程度，殊更反抗する程度いかんによっては，実力行使が許される範囲・程度も異なってくるとしている。その許容限度は，必要性，緊急性なども考慮した上，具体的状況の下で相当と認められる限度内にあるかどうかが判断基準になると解される（この点は，任意捜査において許される有形力行使の限度について判示した最決昭51・3・16刑集30・2・187参照）。

イ　停止・任意同行

職務質問において，警察官が相手方を停止させて質問する際，質問をすることがその相手方本人に対して不利であり，又は交通の妨害になると認められるときは，質問をするためその者に付近の警察署，派出所，駐在所に同行することを求めることができる（警職法2条2項）。相手方がこの要求に応ずることなく逃走したような場合には，警察官はこれを追跡して停止を求めるなど客観的に妥当な手段の実力行使をすることが当然許されるものであることは，これまでの判例の蓄積でほぼ固まっているといえる。

【判例】　職務質問における有形力の行使の許容範囲（最決昭29・7・15刑集8・7・1137）

- -

夜間警ら中の私服警察官が，職務質問をし任意同行後，突然逃げ出した不審者を約130メートル追跡し，相手の腕に手をかけて停止させる行為を適法としている。

---

(2)　**所持品検査**

警職法は，2条1項所定の者を停止させて質問ができると規定するのみで，所持品検査を明文上認めた規定はない。

しかし，判例は職務質問に付随して所持品検査をすることは，同条項の解釈

として，場合により可能であることを認めている。

【判例】 所持品検査の限界（最判昭53・9・7刑集32・6・1672）

　警察官が職務質問に際して，相手方の上衣内ポケットに手を差し入れて所持品を取り出した行為については，一般にプライバシー侵害の程度の高い行為であり，かつ，その態様において捜索に類するものであるから，本件具体的状況の下においては，相当な行為とは認め難く職務質問に付随する所持品検査の許容限度を逸脱したものと解するのが相当であるとしている。しかし，その所持品検査の結果発見押収された覚せい剤（証拠物）の証拠能力については，所持品検査として許容される限度をわずかに超えていたにすぎないので，その押収手続の違法は必ずしも重大であるとはいえないとして，押収証拠物の証拠能力を肯定した。

　不審な物品の所持の有無を調べるために衣服，携帯品の外側に手を触れる外表検査や，所持品を損壊することなく内容物を確かめる（内部検査をする）ことも，状況によっては許されるものの，ポケットに手を差し入れて所持品を取り出すような捜索に類する検査は，一般的には，職務質問に付随する所持品検査の許容限度を逸脱するものとしていると整理できよう。

(3)　職務質問開始後の対象者の「留め置き」

　警察官が職務質問を開始した後，対象者が覚醒剤等の禁制薬物を使用した又は所持している嫌疑が高まったものの，尿の任意提出や所持品の開示を拒否することは往々にしてあり，そのような場合，捜索差押令状の発付を得て，対象者の尿又は禁制薬物を差し押さえることになる。その際，捜索差押令状の発付を得るには，請求書作成，採尿を実施する医師及び病院等の確保，裁判官による審査等に一定の時間を要するところ，対象者を一旦帰宅させてしまうと，所持品を処分したり，尿からの禁制薬物の成分検出をおそれて行方をくらましたりする可能性が高くなる。それで，対象者を職務質問の現場，又は任意同行先の警察署・交番等に居続けるように説得することになり，捜索差押令状の執行までに要する数時間，対象者を留め置くことが実務上ままある。このような場

合に，留め置きが違法な身柄の拘束であり，その後に捜索差押令状によって得られた薬物や尿そしてその鑑定書の証拠能力が否定されるべきであると争われるケースが散見される。

判例は，留め置きに至る経緯を含め，警察官及び対象者の行為を全体的にみて，対象者が警察官の説得や受動的な有形力の行使を受けて留め置きを受忍したと評価できるときは適法，評価できないときは違法とし，違法の程度により鑑定書等の証拠能力を判断するという動向がみられた（最決平6・9・16刑集48・6・420，大阪高判平元・7・11判時1332・146，東京高判平8・6・28判時1582・138等）。

そのような中，職務質問に続く純然たる任意捜査の段階と，令状請求すなわち強制捜査への移行段階に分けて，後者においては，対象者の所在を確保する必要性が高いことに鑑み，対象者に意に反する一定限度の有形力を伴う留め置きも適法とする裁判例が現れた（「二分論」とする。）。

【裁判例】覚醒剤使用の嫌疑が認められる対象者の留め置き（東京高判平21・7・1判タ1314・302）

　本件留め置きの任意捜査としての適法性を判断するに当たっては，留め置きが純粋に任意捜査として行われている段階と，強制採尿令状の執行に向けて行われた段階とからなっていることに留意する必要があり，両者を一括して判断するのは妥当でない。

上記裁判例の事案は，職務質問開始時から同行先の警察署に到着するまでが約1時間10分，到着後強制採尿令状発付の請求をするまでが約40分，以後令状が発付されて被告人に示し，病院に連行されるまでが約3時間であり，職務質問開始時から令状執行時までは，合計約4時間50分というものであった。職務質問開始後，警察署に同行するまでには，警察官が被告人の背後からベルトをつかむなどの有形力の行使があったものの，①被告人に軽犯罪法違反（スタンガン携帯）及び覚醒剤所持の嫌疑が存在し，②被告人が粗暴な振る舞いに出るおそれがあり，③交通事故等の危険を回避する必要が認められ，④不相当に長時間の職務質問とも認められないとして適法とした。

その後の経過についても，強制採尿令状請求に伴って被告人を留め置く必要性・緊急性は解消されておらず，留め置いた時間も前記の程度にとどまっていた上，被告人を留め置くために警察官が行使した有形力の態様も退出を試みる被告人に対して，被告人の前に立ちふさがったり，背中で被告人を押し返したり，被告人の身体を手で払ったりするなど受動的なものにとどまっており，場所的な行動の自由が制限されている以外では，被告人の行動の制約は最小限にとどまっていたのであって，捜査官に令状主義を潜脱する意図などなかったとして，「本件における強制手続への移行段階における留め置きも，強制採尿令状の執行に向けて対象者の所在確保を主たる目的として行われたものであって，いまだ任意捜査として許容される範囲を逸脱したものとまでは見られないものであったと認めるのが相当である」とした。

　この後にも，二分論に立ち，警察官が覚醒剤の自己使用の嫌疑のある者を職務質問開始から強制採尿令状の提示まで約4時間職務質問の現場に留め置いた措置は，違法，不当とはいえないとした裁判例が出た（東京高判平22・11・8判タ1374・248）。

　留め置きが問題となる事案は，それぞれが特徴的な様相を呈しており，必ずしも二分論が適法性の判断の基準になるとは限らないが，これらの裁判例で述べられていることは，捜査実務に参考になることが多い。例えば前記東京高判平21・7・1では，「強制手続への移行段階における留置きであることを明確にする趣旨で，令状請求の準備手続に着手したら，その旨を対象者に告げる運用が早急に確立されるのが望まれる」とされており，同東京高判平22・11・8では，職務質問開始後約40分で強制採尿令状の請求手続に取りかかっていて，その時点で被告人にその旨を告げられたことが留め置きが任意捜査として適法であったことの1つの理由とされている。令状請求の段階においては，対象者の意に反する一定限度の有形力の行使を伴う留め置きも適法であるといっても，職務質問現場や取調室等から逃走した対象者を追跡してその身柄を拘束して連れ戻したり，留め置き期間中に対象者が弁護士等外部の者と連絡するのを不必要に物理的に制限したりすることは慎まなければならない。

第2章　捜査の端緒　23

2　自動車検問

(1)　概　　説

　自動車検問は，警察官が犯罪の予防・検挙のため，走行中の自動車を一時的に停止させ，車両見分や運転者・同乗者に対して必要な質問を行うことをいう。自動車検問については，法律上これを直接認める規定はないものの，自動車及び道路交通網が発達した現在において，治安維持上極めて有用な手段となり得るものであり，警察実務では通達等に基づいて広く**行政警察活動の一環**として行われている。しかし，これが実施されるときは運転者などの自由を制約するおそれも相当にあるため，許容されるとするとその根拠，限界が問題となる。

(2)　自動車検問の形態とその実施根拠

　自動車検問には，種々の形態のものがある。異常事態の現認形態による分類としては，①対象自動車に対して，異常を具体的に現認できる場合があり，これには，ⓐ職務質問（警職法2条1項）として行う例，ⓑ現行犯逮捕や緊急逮捕（212条・213条，210条）として行う例，ⓒ道路交通法上の危険防止の措置，車両検査等（同法61条，63条，67条）として行う例がある。これらの措置をとる場合は，警察官が当該車両を停止させることができるとされている（名古屋高金沢支判昭52・6・30判時878・118参照）。

　しかし，上記とは異なり，②対象自動車に対して，外観上異常が認められない場合の自動車検問が問題となる。

　一つは，現に発生した犯罪の犯人の検挙やその情報収集を目的とする場合がある（緊急配備活動としての検問）。この例では，犯罪の発生後間がないときや，犯人（重要参考人を含む。）がその検問中の道路を走行する蓋然性が高い場合であるから，行政警察活動としての職務質問（警職法2条），又は手配車両がより特定しているときは司法警察活動の任意捜査として行うこととなる（197条1項）。

　もう一つは，犯罪・危険の一般的予防，検挙を目的とする場合のものがある。この例では，ⓐ交通違反の予防検挙を主たる目的とする場合（交通検問）と，ⓑ一般犯罪の予防検挙を主たる目的とする場合（警戒検問ないし一斉検問）とがある。いずれの場合も，走行自動車の外観上の不審とは無関係に犯罪の一般的予防等の目的で走行中の自動車検問を実施する場合であるから，その法的根拠

と限界には微妙な問題が残る。

> 【判例】 交通検問の法的根拠と適法要件（最決昭55・9・22刑集34・5・272）
>
> ──────────────────────
>
> 　警察法2条1項が「交通の取締」を警察の責務として定めていることを根拠
> とした上で，警察官が，交通取締りの一環として交通違反の多発する地域等の
> 適当な場所において，交通違反の予防，検挙のため自動車検問を実施し，同所
> を通過する自動車に対して走行の外観上の不審な点の有無にかかわりなく短時
> 分の停止を求めて，運転者などに対し必要な事項についての質問などをするこ
> とは，それが相手方の任意の協力を求める形で行われ，自動車の利用者の自由
> を不当に制約することにならない方法，態様で行われる限り，適法なものと解
> すべきであるとしている。

　「警戒検問」（一斉検問）については，職務質問（警職法2条1項）を行うため
の不審者要件の存否を確認するための前提行為として，「停止」を求めること
ができるとする裁判例もある。

3　現行犯人の認知

　現行犯人（212条）の発見は重要な捜査の端緒となり，誰でもこれを逮捕す
ることができる（213条）。

　その際，捜査機関であれば必要な証拠も確保することが認められていること
から（220条1項），非常に重要な捜査の端緒であり，事案も多い。

4　変死体の検視

(1)　概　　説

　検察官は，「変死者又は変死の疑のある死体があるとき」は，検視をしなけ
ればならず，これは殺人罪等の捜査の端緒となる。この検視については，検察
官は，検察事務官又は司法警察員に検視の処分をさせることができ（229条1
項・2項──「代行検視」という。），実務では，大部分は司法警察員による代行
検視がなされている。

⑵ 変死体とその検視

ア 変死体の意義

「変死体」とは，変死者及び変死の疑いのある死体をいう。自然死（病死，行旅病死，老衰死等）ではなく，犯罪死の疑いのある死体か，自然死か不自然死かが不明の死体であって，犯罪死でないとも断定できず不自然死の疑いが残る死体である。不自然死中，犯罪死の疑いのある死体（変死者）及び変死の疑いのある死体が変死体であり，実務では一見して犯罪死ではないかと思われる死体についてもその犯罪の嫌疑の有無を確認する必要上，検視の対象としている。

イ 検視（司法検視）

ここで説明する刑訴法上の「検視」とは，変死体の死因を調査し，犯罪死か否かを判断するために五感の作用により行う処分である（229条1項・2項）。

検視は捜査手続ではないので，特定犯人を前提としたり，証拠資料を得る目的を持ち行われたりするものではない。変死体が発見された以上，個人の安全や社会の治安維持のため，検視の必要性が大きいことから，令状を要することなく，変死体のある場所に住居主（又は看守者）の承諾を得ずに立ち入ったり，医学的外表検査として認められる限度で観察したり，所持品等を調査することはできる。検視の結果犯罪の嫌疑がある場合は，通常，死因等につき鑑定を嘱託し（223条1項），司法解剖に必要な鑑定処分許可状の発付を求める（225条）。

ところで，行旅死亡人や自殺死体等「変死体」に該当しない場合には，公衆衛生，死体処理，身元確認等の行政目的から，刑訴法上の検視（司法検視）とは別個に，一定の行政法規（医師法21条，戸籍法89条，92条等）に基づき，具体的には死体取扱規則（現在は平成25年国家公安委員会規則4号）に従って，警察官が現場に臨んで死体を見分する方法がとられ，これは「行政検視」といわれている。

行政検視に着手後，「変死体」であると認めたときは以後，司法検視の手続を踏みその検視を行う。なお，「警察等が取り扱う死体の死因又は身元の調査等に関する法律」が施行され，警察官が死体を発見し（その旨の通報を受け）た場合等には，警察署長等は犯罪により死亡したと認められる死体又は変死体でない死体につき，死因及び身元を明らかにするため調査をすることとし，その後，犯罪捜査の手続がなされない死体について，死因を明らかにするため必要と認められる場合，検査や解剖等をすることができること等が定められた（司

法解剖・行政解剖とは別の「調査解剖」と呼ばれている。)。

5 告　　訴

〈刑事訴訟法 230 条〉

　犯罪により害を被つた者は，告訴をすることができる。

〈刑事訴訟法 231 条〉

1　被害者の法定代理人は，独立して告訴をすることができる。

2　被害者が死亡したときは，その配偶者，直系の親族又は兄弟姉妹は，告訴をすることができる。但し，被害者の明示した意思に反することはできない。

〈刑事訴訟法 232 条〉

　被害者の法定代理人が被疑者であるとき，被疑者の配偶者であるとき，又は被疑者の四親等内の血族若しくは三親等内の姻族であるときは，被害者の親族は，独立して告訴をすることができる。

〈刑事訴訟法 233 条〉

1　死者の名誉を毀損した罪については，死者の親族又は子孫は，告訴をすることができる。

2　名誉を毀損した罪について被害者が告訴をしないで死亡したときも，前項と同様である。但し，被害者の明示した意思に反することはできない。

〈刑事訴訟法 234 条〉

　親告罪について告訴をすることができる者がない場合には，検察官は，利害関係人の申立により告訴をすることができる者を指定することができる。

(1)　告訴の意義

　告訴とは，告訴権者（犯罪の被害者その他法律上告訴権を有する一定の者，230条～234条）が，捜査機関（検察官又は司法警察員）に対し，犯罪事実を申告して犯人の訴追処罰を求める意思表示をいう。告訴文言がなくても，その意思が実質的に認められるときは告訴として有効である。被害届は，通常，犯罪事実の申告はするものの，訴追処罰を求める意思表示を含まないから，それだけでは告訴とはいえない。ただし，被害届と題する書類でも「犯人の厳重処罰を求

める」旨の意思表示が明記されていれば告訴と認められる。

　実務上は，被害届を告訴状として扱うことはまずあり得ず，とりわけ，検察官が公訴を提起するために告訴が必要とされる親告罪（名誉毀損，器物損壊等）においては，被害者の告訴意思については，警察が慎重に聴取して，それが認められるときは確実に告訴状が徴求されることになる。犯罪の日時・場所・態様等詳細な申告まで要するものではなく，申告事実が特定していれば，被疑者（被告訴人）が特定できていない場合でも，その氏名を不詳とした告訴ができる。

　なお，平成29年の刑法改正で，性的自由を侵す罪について，構成要件が大幅に変更され，併せて，強制性交等罪（旧強姦罪を含む。），強制わいせつ罪等について親告罪規定が撤廃された。また，刑法225条のわいせつ又は結婚等目的の略取・誘拐罪も，非親告罪となった。

(2)　告訴権者
ア　被　害　者

　検察官は公訴権，すなわち事件の被疑者（被告訴人）を起訴するか不起訴にするかを決定する権限を原則的に独占している（247条，248条）。ただし，犯罪の被害者（告訴人）等はその処分に対し重大な利害関係を有していることから，刑訴法は，被害者及びそれと一定の関係がある者に告訴権（告訴をする権利── 230条〜234条）を認めている。刑訴法は告訴権者の権利を保護するため，検察官が，告訴事件を処分したときは，速やかにその旨を告訴人に通知しなければならないこと（260条），そして，告訴事件を不起訴処分とした場合には，告訴人から請求があれば，速やかにその理由を告げなければならないことを定めている（261条）。また，告訴人は，検察審査会に不起訴処分の当否の審査を請求することができること（検察審査会法2条2項），刑法193条ないし196条の罪（公務員職権濫用罪等）について告訴した者は，検察官のした不起訴処分に不服があるときは，裁判所に対し準起訴手続の請求（付審判請求）ができること（262条以下）が認められている。

　他方，告訴人は告訴事件が起訴されて無罪等となった場合，又は不起訴処分となった場合において，告訴人にその告訴について故意又は重大な過失があるときは，訴訟費用の負担を命ぜられることがある（183条1項・2項）。そして，虚偽の告訴であれば刑法172条の虚偽告訴罪となる。

告訴権を有する被害者は，自然人はもちろん公私の法人，国又は地方公共団体そして法人格のない社団も含まれ，等しく告訴権を有する。映画著作物の著作権者から独占的に複製・頒布・上映を許諾された「独占的ビデオ化権者」は，著作権者の許諾を得ない者によって当該映画著作物がビデオ化され，著作権が侵害された場合には，犯罪により害を被った者として告訴権を有するとされる（最決平7・4・4刑集49・4・563）。公法人の告訴は，各内部規程等が規定する管理責任者により行われ，例えば，地方公共団体が設置管理する高等学校校庭に設置してある物件の損壊罪については，所管教育委員会が告訴権者であるが，地方公共団体（長）も告訴権を有する（最決昭35・12・27刑集14・14・2229）。

イ　被害者の法定代理人

被害者が告訴をしないまま死亡したときは，その配偶者，直系親族又は兄弟姉妹が被害者の明示の意思に反しない限りは告訴をすることができる（231条2項）。また，被害者の親権者・後見人等法定代理人（親権者——民法818条，親権者が2名あるときは各自，後見人——民法839条〜841条）は，独立して告訴をすることができる（231条1項）。しかし，法定代理人は，被害者の意思に反して被害者のした告訴を取り消すことはできない。

ウ　その他特別の例

被害者の法定代理人が特別の関係にある場合（被疑者，被疑者の配偶者，被疑者の4親等内の血族若しくは3親等内の姻族である場合）は，被害者の親族が独立して告訴することができる（232条）。死者の名誉を毀損した罪（刑法230条2項，232条1項）については，死者の親族又は子孫が告訴できる。名誉を毀損した罪について被害者が告訴しないで死亡したときも同様である。ただし，被害者の明示した意思に反することはできない（233条1項・2項）。

(3)　告訴の手続

ア　告訴の形式と受理

告訴は，検察官又は司法警察員に対して，事件の管轄を問わず書面又は口頭でなされるが，口頭の告訴に対しては，調書を作成しなければならない（241条1項・2項）。検察事務官・司法巡査には告訴受理の権限は認められていない。

イ　親告罪と告訴不可分の原則

　刑訴法は，親告罪の告訴については，共犯者にも及ぶとの規定を置いており（238条1項），共犯者の一部について告訴又はその取消しがあったときは，他の共犯者に対してもその効力が及ぶ（被告訴人についての不可分）。もっとも，直系血族，配偶者及び同居の親族間で行われた場合は刑が免除され，それ以外の親族間では親告罪となるという親族間の特例が設けられている犯罪（窃盗，詐欺，恐喝，横領等）では，告訴の効力は，告訴の対象者（被告訴人）にだけ及ぶにとどまる。

　したがって，非親族者に対してのみなされた告訴の効力は親族には及ばないことになる。

　1個の犯罪の一部について告訴又はその取消しがあったときは，その犯罪の全部について告訴又はその取消しの効力が及ぶ（告訴対象犯罪についての不可分）。もっとも，同一文書で数人の名誉を毀損するような被害者を異にする2個以上の親告罪が観念的競合に当たる場合は，被害者の1人がなした告訴の効力は他の者の被害事実にまでは及ばない。

ウ　親告罪の告訴と捜査

　親告罪の事件は，告訴がなければ公訴の提起ができない。しかし，告訴は公訴の適法性・有効性の条件ではあるが，捜査の開始・継続の要件ではないため，捜査機関は必要があると認めるときは，告訴がない段階でも捜査をすることはできる。したがって，必要なそして相当な範囲のものであれば任意捜査はもちろん，強制捜査を行うことも差し支えない（大判昭7・10・31刑集11・1558）。もっとも，告訴人に告訴意思のないことが明白となるなど公訴提起の可能性が全くなくなった後は，捜査は終結するというのが法意思といえる。

エ　親告罪の告訴期間，告訴取消し等

　親告罪の告訴は，原則として，犯人を知った日から6か月を経過した後は，することができない（235条1項本文）。

　ただし，刑法232条2項（外国君主等に対する名誉毀損罪の告訴）の規定により外国の代表者が行う告訴及び日本国に派遣された外国の使節に対する同法230条（名誉毀損罪）又は231条（侮辱罪）の罪につきその使節が行う告訴（235

条1項2号）については，告訴期間の制限はない。

　ここで「犯人を知った」とは，犯人が誰であるかを知ることをいい，告訴人が，犯人の住所氏名などの詳細まで知る必要はないが，少なくとも犯人がどういう者であるかを特定し得る程度に認識することは必要である（最決昭39・11・10刑集18・9・547）。告訴人の1人の告訴期間が経過しても，他の告訴権者にはその効力は及ばない（236条）。

　また，告訴をした者は，公訴の提起があるまでの間は，取り消すことができるが（237条1項），いったん取り消した以上は，告訴をし直すようなことはできない（237条2項）。また，判例は告訴権を放棄できないとしている（最決昭37・6・26判時313・22）。

　なお，告訴の効力は，犯罪事実について生じるものであるから，その事実が起訴された以上は，未だ起訴されていない他の共犯者がいても，その者に対する告訴を取り消すことはできない（大判昭3・10・5刑集7・649）。

6　告　　発

　告発とは，捜査機関に対し犯人又は告訴権者以外の第三者が犯罪事実を申告して，犯人の処罰を求める意思表示をいう。告発をすることができる者に制限はなく，自然人，公私の法人（法人格のない社団・財団を含む。）など誰でもできるが，匿名の投書の類や密告は告発とは認められない。処分結果の通知先が確認できなければならないことや（258条，260条，261条），他人の処罰を求める者の責任の所在を明確にするためにも，告発人の特定が必要であるからである。

　公務員は，職務上犯罪があることを知ったときは，告発の義務が課されている（239条1項・2項）。

　告発は，告訴と同じく捜査の端緒にすぎないが，①税関職員，税関長の告発（関税法違反事件につき，関税法144条〜148条），②公正取引委員会の告発（私的独占・不当取引制限等違反事件につき，私的独占の禁止及び公正取引の確保に関する法律96条1項，89条〜91条），③選挙管理委員会の告発（選挙人等の偽証罪につき，公職選挙法253条1項），④国税局長・税務署長等収税官吏の告発（間接国税犯則事件につき，国税通則法155条〜159条——同条所定の犯則行為の告発規定に関し，最判昭28・9・24刑集7・9・1825は，この告発を訴訟条件とするが，同罪以外の告発は訴訟条件とは解さないともする。），⑤国会の各議院・委員会・両議院の合

同審査会のいずれかの告発（議院における偽証罪につき，議院における証人の宣誓及び証言等に関する法律8条——最大判昭24・6・1刑集3・7・901は告発を訴訟条件とする。）等，告発は，一定の罪にあっては訴訟条件でもある。したがって，親告罪における告訴と同じく「告発不可分の原則」が認められている（238条2項）。

　近時の権利意識の向上と，弁護士の活動の活発化により，会社等法人において金銭を巡る不祥事が露見すると，詐欺，横領，背任等の罪名で告訴がなされるケースが増加しており，これを扱う警察の部門，なかでも所轄署の刑事課又は刑事組織犯罪対策課の知能犯捜査係の負担は非常に大きなものとなっている。

　各署の担当者において，担当検察官と頻繁に送付・送致前の相談をなすのが肝要であるが，都道府県警察においては，検察庁と告訴・告発事件についての協議会を定期的に開催しているところも多い。

7　自　　首

　自首とは，捜査機関に対し犯人がその犯罪事実又は犯人が誰かが発覚する前に，自ら進んで自己の犯罪事実を申告して，その処分を求める意思表示をいう。

　犯罪事実が既に発覚している場合でも，その犯人が判明特定する前に捜査機関に対して行う申告は自首に当たる。

　自首申告の相手は捜査機関だけであり，それ以外の者・機関等に行っても自首とは認められない。

　また，犯罪が親告罪の場合に，その告訴権者に対してするものは首服という（刑法42条2項）。

　自首は，刑訴法上，捜査の端緒にすぎないが（245条），刑法上，刑の任意的減軽又は免除の事由となり（同法42条，80条，93条），公判においても，被告人・弁護人から自首である旨の主張がなされることは少なくなく，自首は，刑事手続において非常に重要なものであり，その要件充足を的確に判断するために，犯人の申告状況をつぶさに証拠化しておくことが大切である。

第3章 任意捜査

第1節 刑訴法の規定上の任意捜査

1 総 論

〈刑事訴訟法197条1項〉

　捜査については，その目的を達するため必要な取調をすることができる。但し，強制の処分は，この法律に特別の定のある場合でなければ，これをすることができない。

　捜査機関は，捜査をするについてその目的を達するために，必要な取調べをすることができる。これは，刑訴法197条1項本文に規定されている捜査の総則的規定である。

　ここでの「必要な取調」とは，事案の真相解明のために行う被疑者や参考人の取調べはもちろん，広く捜査のため必要とされる一切の手続をいう。また，同項ただし書は，強制の処分は，この法律に特別の定のある場合でなければできないと規定しており，強制手段を用いることは，法律の根拠規定がある場合に限り許容されるものとされていることから，「強制処分法定主義」を宣明する規定とされている。

第3章 任意捜査 33

> **【判例】 強制処分と任意処分の意義（最決昭51・3・16刑集30・2・187）**
>
> 　判例は，単なる有形力の行使の有無が強制・任意捜査の区分基準ではないとして，「強制処分」とは，特別の根拠規定がなければ許容することが相当でない手段を意味するとした。
>
> 　すなわち，①個人の意思を制圧し，②身体，住居，財産等重要な法益に制約を加えて強制的に捜査目的を実現する行為などを指すと判示した。
>
> 　さらに，強制の程度に至らない有形力の行使は，任意捜査においても許容される場合があるとし，ただ，「強制手段にあたらない有形力の行使であっても，何らかの法益を侵害しまたは侵害するおそれがあるのであるから，状況のいかんを問わず常に許容されるものと解するのは相当ではなく，必要性，緊急性なども考慮した上，具体的状況のもとで相当と認められる限度において許容される」旨判示している。

　従来，有形力の行使を伴う手段を「強制の処分」と解する見解もあったが，判例は以上のような考えを示している。この強制手段に当たる場合が「強制捜査」といわれる捜査手段であり，これに当たらない捜査を「任意捜査」という。

　刑訴法は任意捜査を原則としており，捜査機関はなるべく任意捜査の方法によることになるが（犯捜規99条），しかし，任意捜査と強制捜査のいずれを選択するかは，事件の性質や被疑者が判明する場合の逃亡・罪証隠滅のおそれの有無その他の事情を考慮した上，捜査の目的を達するについて最も適切効果的な手段が選択されることになる。

　任意捜査の手段として刑訴法が規定するのは，

> ① 198条の被疑者の任意出頭・取調べ
> ② 223条1項前段の参考人の出頭要求・取調べ
> ③ 223条1項後段の鑑定・通訳・翻訳の嘱託
> ④ 221条の任意提出による領置

等である。

しかし，この任意捜査の手段は，刑訴法の規定がなくても犯罪捜査規範には，聞込みその他の内偵捜査（101条——聞込み，尾行，密行，張込み），実況見分（104条）が規定され，その他写真撮影等の方法もある。

任意捜査においては，前掲最決昭51・3・16が任意捜査の在り方として，その行為が許される限界・基準を示しているように，任意捜査においても強制手段に至らない有形力の行使であるならば許される場合がある。しかし，その有形力の行使は，相手方など捜査対象者の何らかの法益を侵害し又は侵害するおそれがあるのであるから，状況のいかんを問わず常に許されるものと解するのは相当ではない。

あくまでも，具体的事案を前にして，その判断事項としては，必要性，緊急性なども考慮した上，具体的相当性のある限度において許されるということである。

2　被疑者の取調べ

(1)　概　　説

〈刑事訴訟法 198 条〉

1　検察官，検察事務官又は司法警察職員は，犯罪の捜査をするについて必要があるときは，被疑者の出頭を求め，これを取り調べることができる。但し，被疑者は，逮捕又は勾留されている場合を除いては，出頭を拒み，又は出頭後，何時でも退去することができる。

2　前項の取調に際しては，被疑者に対し，あらかじめ，自己の意思に反して供述をする必要がない旨を告げなければならない。

3　被疑者の供述は，これを調書に録取することができる。

4　前項の調書は，これを被疑者に閲覧させ，又は読み聞かせて，誤がないかどうかを問い，被疑者が増減変更の申立をしたときは，その供述を調書に記載しなければならない。

5　被疑者が，調書に誤のないことを申し立てたときは，これに署名押印することを求めることができる。但し，これを拒絶した場合は，この限りでない。

刑訴法は，捜査機関による被疑者の取調べについてこのような規定を設けており，以前から実務においては，同規定の反対解釈により身柄拘束中の被疑者

には出頭拒否や退去の自由が認められないと解されており，勾留中の被疑者には出頭・滞留の義務である「取調べ受忍義務」が課されているとして扱われている。

これに対し，身柄拘束中の被疑者の取調べを「強制捜査」であると位置付け，取調べ自体が許されないとする見解，取調べは任意捜査である限りで許されるにすぎないとする見解，取調べ事項は逮捕・勾留の被疑事実に限るべきであるとする見解などがある。しかし，取調べ受忍義務肯定説も，もとより供述を強要することは許されないことであり（憲法38条），取調べにおいてはあくまでも任意にその供述を求めるものであって，被疑者には出頭・滞留の義務を負わせる，すなわち取調べを受忍する義務を課すだけなのであり，実務の扱いが妥当である。

【判例】 逮捕・勾留中の取調べと取調べ受忍義務（最大判平11・3・24民集53・3・514）

身体の拘束を受けている被疑者に取調べのために出頭し，滞留する義務があると解することが，直ちに被疑者からその意思に反して供述することを拒否する自由を奪うことを意味するものではない。これを規定した刑訴法198条1項但書の規定は憲法38条1項に反しない。

また，後掲の最決昭36・11・21は，起訴後の被告人の取調べに関してではあるが，「勾留中の取調べであるのゆえをもって，直ちにその供述が強制されたものであるということはできない。」としており，適法に逮捕・勾留のなされている被疑者に対し，逮捕・勾留の基礎となった被疑事実について取り調べることはもちろん，これに付随し，又はこれと並行して他の事実（余罪）について被疑者を取り調べることも，一般的には何ら制限されるところではない（大阪高判昭47・7・17高刑集25・3・290。なお，最決昭52・8・9刑集31・5・821参照）。

⑵ 被疑者取調べの目的と事項

ア 取調べの目的

　被疑者を取り調べる目的は，在宅事件・身柄事件を問わず，早期に当該被疑事件の真相を解明し，真犯人であることを確定した上で，被疑者・犯人に対し，刑罰権を適正に行使をすることにある。事案の真相を解明することで真の犯罪の行為者すなわち犯人を特定することは，捜査の第一義的目的である。しかし，犯人と認定するだけの証拠が収集されているように思えても，まれにではあるが，その被疑者が真犯人でない場合もある。したがって，被疑者が，自分は犯人でないと主張する場合は，特にその取調べが重要となる。真犯人ではない被疑者について特に身柄拘束のままで捜査を継続することは，その者に対する重大な人権の侵害なのであり，捜査機関にとっては，捜査対象の被疑者が真犯人であるかどうかを捜査過程で常に吟味すること，すなわち被疑者が真犯人であるかどうかの捜査を尽くすことが，すべての捜査に優先して行うべき事柄である。犯人と被疑者の同一性のことは「犯人性」と呼ばれるが，犯人性に関する捜査こそが最優先されるべきことであり，被疑者からアリバイ主張等，自分は犯人ではない旨の弁明があれば，直ちにそれについて捜査し，その結果，被疑者が真犯人でないことが明らかになれば，身柄拘束中の被疑者の場合は，直ちに釈放しなければならない。その意味でも，被疑者を取り調べて任意に供述を求めることは，被疑者及び捜査機関双方にとって極めて重要なことなのである。

　こうして，犯人性が確定されれば，事案の真相を解明するために，その犯行の動機，経緯及び態様等についての供述を得る必要がある。被疑者でなければ知る由のない，被疑者に有利・不利な事実・事情もあり，これら事実関係を解明するのは，被疑者の供述から行うことが極めて有効な手段なのであり，究極的には適正な刑罰権の行使につながるのである。

　さらに，取調べのもつ刑事政策的機能も忘れてはならない。被害者や不幸にも被害者が亡くなったときはそのご遺族が何よりも知りたいことは，どうして被害者がそのような目に遭わなければならなかったかということである。また，被疑者が犯行についてどう考えているのかということも被害者らの重大な関心事項である。警察官は，これらを被害者らに説明する必要があるが，その資料として用いられる最たるものは，取調べにおける被疑者の供述である。被疑者に反省をもたらし，更生の道筋をつけるためにも，警察官は被疑者に真摯に向

第3章 任意捜査 37

き合う必要があるが，取調べこそが，警察官が被疑者と対峙する場なのである。

イ 取調べ事項

被疑者の取調べに際して，供述を求めるべき事項としては，①被疑者の身分関係に関する事項，②日常の品行（経歴・性格・素行・交友状況等）及び家庭環境に関する事項（家族関係，資産・収入・借金等生活状況等），③前科・前歴に関する事項，④犯罪の核心（犯行の動機・原因，犯行の状況等）及び情状（被害状況，犯罪後の状況として被害弁償・示談成立の有無・被害者の宥恕状況等）に関する事項等がある。各事件に共通する取調べ事項として，通常，録取の「六何の原則」がある。

六何の原則とは，取調べにおいて，①いつ，②どこで，③誰が，④何に，⑤どんな方法で，⑥何をしたか，とのいわゆる５Ｗ１Ｈを用いて事案を把握することである。共犯者がいる場合，組織犯罪の場合等，犯罪にはすべて固有な事項が存在するから，要は，事案に応じて捜査上必要な事項を臨機応変に取り調べることとなる。捜査における取調べ事項は，事案の真相を解明するために，また，量刑を含め適正な刑罰権が行使されるためにも必要な事項であるが，それはまた，公訴提起に際して検察官が起訴状に記載する公訴事実であり，審判の対象となる事実を犯罪構成要件に当てはめて明示した検察の主張である「訴因」を特定するためにも（256条3項），必要な事項なのである。

(3) 取調べ手続の要点

ア 供述拒否権の告知

憲法38条1項は，「何人も，自己に不利益な供述を強要されない。」と規定し，判例は，同項自体は，供述拒否権の告知義務を要求するものではなく，供述拒否権の告知を要するものとすべきかどうかは，その手続の趣旨・目的等により決せられる立法政策の問題であるとしている（最判昭59・3・27刑集38・5・2037）。刑訴法はその趣旨を受けて，捜査機関は取調べに際して，「あらかじめ，自己の意思に反して供述をする必要がない旨を告げなければならない。」（198条2項）として，供述拒否権ないし黙秘権の告知義務を捜査機関に課している。被疑者に黙秘権が認められるというのは，刑訴法のこのような，いわば裏側からの規定による。

もっとも，判例は，氏名は原則としてここにいわゆる不利益な事項に該当するものではないとしている（最大判昭32・2・20刑集11・2・802）。

また，供述をすることも，また途中から供述拒否権を行使して黙秘することも自由であり，更には嘘をついても処罰されることはない。

供述拒否権は，取調べごとに確実に告知すべきであるが，その告知を欠いても他に供述の任意性を立証する資料があれば，供述が直ちに任意性を失うわけではない（最判昭25・11・21刑集4・11・2359）。あるいは，供述拒否権の告知が第1回目の取調べの冒頭に行われたことにより，被疑者がこれを既に知っている以上，次回以降の取調べに際して改めて告知しなかったとしても，198条2項に違反するものとはいえない（最判昭28・4・14刑集7・4・841）。

もっとも，取調べが相当期間中断した後再びこれを開始する場合，又は取調官が交代した場合には，改めて告知すべきである（犯捜規169条2項）。

イ　取調べの基本的ルール

〈刑事訴訟法319条1項〉

　強制，拷問又は脅迫による自白，不当に長く抑留又は拘禁された後の自白その他任意にされたものでない疑のある自白は，これを証拠とすることができない。

憲法38条1項は，「何人も，自己に不利益な供述を強要されない。」として，また，同条2項は，「強制，拷問若しくは脅迫による自白又は不当に長く抑留若しくは拘禁された後の自白は，これを証拠とすることができない。」と規定している。そして，これを受けた刑訴法319条1項は，憲法38条2項を更に進めてそれら強制等の後の自白のほか，「その他任意にされたものでない疑のある自白は，これを証拠とすることができない。」と規定している。しかし，もともと事案の真相解明は，被疑者の取調べにおいて，あくまでも任意のうちに真実の供述を求めることによって得られるもので，いうならば，捜査官に対する被疑者の真相解明のための協力なくして真相供述はなく，そのような両者の信頼関係の醸成なくして真の「取調べ」は成立しないといえる。

したがって，証拠能力が否定されることとなるような取調べは，本来的に厳に慎まなければならない。このように，被疑者の取調べの場での被疑者と捜査

官の関係は，対立関係として捉えるのではなく，捜査官は被疑者に対して，実体的真実発見を目指し，また，捜査官の利益・不利益を超越したレベルで，事案の真相を任意に供述することを説得する関係にあるのである。その上で，被疑者の供述を吟味して，矛盾点や曖昧な点など不明な点があればそれを問い質すなどして，虚偽・曖昧部分を排除した真実のみの供述をスクリーニングしていくものでなければならない。

　被疑者に対する取調べ自体は，事柄の性質上本来的に強制手段によることはできない。身柄拘束までは強制手段であっても，取調べ自体は被疑者の人格に捜査官の人格が相対する深遠なもので，あくまでも任意捜査の一環としての性格・位置付けとなる。それは取調べ受忍義務を課しても同様であり，事案の軽重・性質・内容，被疑者の嫌疑の程度，性別・年齢・職業，態度等諸般の事情を総合的に考慮し（取調べの心構えに関する犯捜規166条，167条参照），かつ，社会通念上相当と認められる任意の方法・限度においてのみ許されるものである。

ウ　供述録取書の作成

　刑訴法198条3項以下は，捜査官による調書作成に関する規定を置いている。

　警察官が取調べを行ったときは，特に必要がないと認められる場合を除き，被疑者供述調書又は参考人供述調書を作成しなければならないとされているが（犯捜規177条1項），必要性の有無は取調べをした捜査官の判断に委ねられており，調書を作成しないか，作成するとしてもその全部又は一部の録取かなど裁量の範囲内でできる（東京高判平3・6・18判タ777・240，東京地判平7・9・29判タ920・259等）。例えば数日間にわたる取調べの結果を1通の調書にまとめて録取することは差し支えない（東京高判昭29・5・6東時5・4・151）。そして，供述の結果を調書に録取する方法については，いわゆる一問一答式あるいは物語式ないし事項別式等，特段の制限はない。

　供述内容が記載された調書用紙は，被疑者に読み聞かせかつ閲読させ，その際，被疑者が増減変更を申し立てたときは，その申立ての具体的内容を調書末尾に記載される（198条4項）。そのような手続を経て，被疑者から最終的に内容に誤りがない旨の確認が得られれば，被疑者からその場で調書に署名又は押印を得る（198条5項）。規定上は署名か押印かのいずれかでよいのであるが，実務上はより正確を期して，署名及び押印ないし指印を得ている。また，調書

毎葉の欄外に被疑者の署名又は押印（指印）を求めている（犯捜規 179 条 3 項）。

322 条 1 項は，署名又は押印のある被疑者の供述調書には一定の制限の下，証拠能力を認めている。その署名は，自署を原則としているが，手の自由がきかないなど自署ができないときは，取調官などが代書し，代書者が代書した理由を記載して署名・押印することで供述者の自署に代えることが許される（規則 61 条 1 項・2 項）。このように，まず供述者の署名又は押印があることを条件としているのは，これによりその供述の正確性を保障することにあるものと解されるから，供述調書に当該供述者において署名又は押印（指印を含む。）をすることのできないことについて，正当の事由があるときは，たとえ当該書面に供述者の署名又は押印がなくても，所定の条件を具備するものと同一視し，証拠能力を有するものと解されている（福岡高判昭 29・5・7 高刑集 7・5・680 参照）。

ところで，供述者の署名・押印を欠く供述調書は，322 条 1 項による証拠能力を有しないが，被告人・弁護人が同意した場合は，裁判所が相当と認める限り証拠能力が付与される例が多い（福岡高判昭 29・5・7 高刑集 7・5・680 等参照）。

エ　取調べの録音・録画

捜査官の被疑者取調べの録音・録画については，平成 18 年から検察庁が一部試行を開始し，平成 26 年には，検察官による取調べのうち，①裁判員裁判対象事件，②被疑者に知的・精神的障害が認められる事件，③特別捜査部等が立件する独自捜査事件については，録音・録画が原則実施され，録音・録画の試行の範囲が，④被疑者が逮捕され，起訴が見込まれる事件で被疑者の供述が重要な意味を持つ事件，⑤被害者・参考人の供述が立証の核となる事件にまで拡大された。

警察でも裁判員裁判対象事件を中心に，被疑者の取調べの録音・録画が試行されてきた。

被疑者供述調書については，警察官調書であっても，検察官調書であっても，任意性が認められて始めて公判で証拠として採用されるが，従前は，任意性が問題となった場合，その立証は，取り調べた警察官・検察官を証人として尋問する方法が用いられていた。法廷では，捜査官側と被告人側の供述が対立して，水掛け論となるのが通常であり，このような不毛なやり取りをなくすために行

われるようになったのが，取調べの録音・録画であった。公判で被告人の供述調書の任意性が争われた場合には，捜査官の証人尋問に代えて，あるいは証人尋問と併用して，公判廷で取調べの記録媒体であるDVDを再生して任意性の判断材料とすることが企図された。

　他方，とりわけ組織犯罪においては，取調べが録音・録画されることによって，報復を恐れて供述できなくなるなどの弊害が指摘され，取調べの録音・録画は，法律によって制度化されることなく，検察庁及び警察における「試行」にとどまっていた。

　このような状況に大きな変化をもたらしたのが，平成22年に明るみに出た，大阪地検特別捜査部を舞台としたいわゆる「厚生労働省局長無罪事件」であり，供述調書，その元となる取調べに過度に依存した捜査姿勢が厳しい非難にさらされた。それに応える形で，平成23年5月，法務大臣が法制審議会に「時代に即した新たな刑事司法制度を構築するための法整備の在り方」を諮問し，法制審議会は，特別会を設置して調査審議を始め，基本構想が策定された。その基本構想における理念及びその法案の制度設計の基本的な趣旨として，①被疑者取調べの録音・録画制度の導入を始め，取調べに対する過度の依存を改めて適正な手続の下で供述証拠及び客観的証拠をより広範囲に収集することができるようにするため，証拠収集手段を適正化・多様化すること，②供述調書への過度の依存を改め，被害者及び事件関係者を含む国民への負担にも配慮しつつ，真正な証拠が顕出され，被告人側においても，必要かつ十分な防御活動ができる活発で充実した公判審理を実現することの2点が示された（平成26年9月18日会議録）。

　このような趣旨が具現する形で，平成28年6月に刑事訴訟法等の改正が実現し，一つの重要な項目として，被疑者取調べの録音・録画制度が創設された（刑訴法301条の2）。

　その制度の骨子は，検察官又は警察官が一定の事件（裁判員制度対象事件及び検察官独自捜査事件）で身柄拘束中の被疑者を取り調べる際は，その全過程を録音・録画せねばならず，検察官は，公判で被疑者供述調書の任意性が争われたときは，当該供述調書が作成された取調べの状況を録音・録画した記録媒体の証拠調べを請求しなければならないとするもので，令和元年6月1日に施行された。

対象例外事由としては，

---

① 記録に必要な機器の故障その他のやむを得ない事情により，記録をすることができないとき
② 被疑者が記録を拒んだことその他の被疑者の言動により，記録をしたならば被疑者が十分な供述をすることができないと認めるとき
③ 当該事件が指定暴力団の構成員による犯罪に係るものであると認めるとき
④ 前②③に掲げるもののほか，犯罪の性質，関係者の言動，被疑者がその構成員である団体の性格その他の事情により，被疑者の供述状況が明らかにされると，被疑者又はその親族に対し，身体・財産への加害行為又は畏怖・困惑行為がなされるおそれがあることにより，記録をすると被疑者が十分に供述できないと認めるとき

の4つが挙げられている。

　ところで，取調べの録音・録画の結果たる映像と音声は，記録媒体（DVD）に保存されるが，法律上の位置付けは，前述のとおり，供述調書の任意性の判断資料とするものである。被告人の被疑者段階の自白を内容とする供述調書は，任意性の認められる限り，公判で証拠として採用されうるが（刑訴法322条1項，319条1項），記録媒体に保存された取調べの結果は，それが争点であれば信用性の判断資料ともなる。任意性は，供述調書が証拠として採用される資格（「証拠能力」という。）を基礎付けるものであるが，信用性は，供述の内容が公訴事実を証明する力を有していること，すなわち証拠としての価値（「証明力」という。）に係るものである。このように，公訴事実そのものを証明するための証拠（「実質証拠」という。）ではなく，そのような証拠の任意性や信用性に関する事実を証明するための証拠（「補助証拠」という。）があるが，録音・録画の記録は，条文上は，補助証拠として使用することが想定されている。しかし，取調べの記録を保存したものである点では，供述調書と変わるところはなく，被疑者自身が供述したことは，署名・押印がなくても映像上明らかである。それで，録音・録画の記録を実質証拠として使用する運用がすでになされており，実質証拠として用いることを肯定した裁判例もある（東京高判平30・4・25裁判所ウェブサイト等）。

そこで，取調べに当たる捜査員としては，録音・録画の例外適用は厳格に運用する態度が重要である。その例外適用で疑義がもたれてはかえって任意性立証に支障を来しかねないからである。そして，任意性に疑いを抱かせないよう捜査技術の向上（心理学，カウンセリング技法等の習得などがあろう。），実質証拠としてもそれに耐えられる実のある取調べ（否認する被疑者も，時にいわゆる「語るに落ちた供述」をしてしまうものであり，録音・録画の効用の積極評価のポイントでもある。），被疑者の尊厳に配意した誠意ある取調べを行う必要があるといえる。

(4) 任意性が問題となった事案

以下の事案では，取調べにおける被疑者の供述の任意性，任意捜査としての取調べの方法が問題となったものである。最高裁の決定には反対意見が付されており，微妙な適法判断がなされたことが分かる。

【判例】 偽計による自白（最大判昭45・11・25刑集24・12・1670）

いわゆる「切り違い尋問」について，捜査官が被疑者を取り調べるに当たり偽計を用いたため，被疑者が心理的強制を受け，その結果虚偽の自白が誘発されるおそれのある場合には，その自白は任意性に疑いがあるものとして，証拠能力を否定すべきであるとした。

【判例】 宿泊を伴う取調べ（高輪グリーンマンション殺人事件）（最決昭59・2・29刑集38・3・479）

捜査官が殺人事件の被疑者を前後5日間にわたり連日取り調べ，その間，被疑者を捜査官手配の宿泊施設に4連泊させて実施したという事案について，最高裁は，任意取調べの方法としては必ずしも妥当でないが，基本的に被疑者が任意に応じていた上，事案の性質上速やかに詳細な事情及び弁解を聴取する必要があるなど本件の具体的状況の下では，社会通念上やむを得なかったものであり，任意捜査の限界を超えた違法なものであったとまでは断じ難いとして，その適法性を肯定した。

> **【判例】** 長時間にわたる取調べ（平塚ウェイトレス殺人事件）（最決平元・7・
> 4刑集 43・7・581）
>
> ----
>
> 　強盗殺人事件の被疑者を午後 11 時過ぎに任意同行の上，翌日午後9時25分
> ころまで約 22 時間，一睡もとらせずに取調べを続けた事案について，このよう
> な取調べ方法は特段の事情のない限り容易に是認できないが，被疑者の積極的
> な承諾を得て当初参考人として取調べが開始されていること，概略自白後も取
> 調べが続けられたのは強盗殺人か否か枢要部分において虚偽供述が含まれてい
> たためであること，その取調べの間被疑者から帰宅や休息の申し出をした形跡
> がないことなど，事案の性質・重大性等の事情を勘案して，取調べが社会通念上，
> 任意捜査として許容される限度を逸脱したものとまではいえない，としている。

3　被告人の取調べ

　被疑者は公訴を提起されることにより被告人となるが，公訴提起後，検察官
と相対するいわば対等の立場となった被告人に対して取調べができるかという
問題がある。公判段階では，被告人はまぎれもなく訴訟の一方当事者となる。
そして，被疑者の段階では認められていない権利も有することから（298 条1
項の証拠調請求権，304 条2項の証人尋問権等），訴訟構造上被告人の取調べは許
されないとの見解もある。

　しかし，例えば，犯行を否認・虚偽等種々の弁解をしていた被疑者が，起訴
後に至って反省悔悟し，警察官や検察官に対し，積極的に供述聴取を求める場
合もある。また，共犯者の供述との相違が捜査段階で残っていたところ，新証
拠の発見等により，改めて被告人から聴取する必要が出てくる場合もある。さ
らに，起訴後も余罪取調べ自体は問題がないところ，特に起訴に係る公訴事実
と余罪とが事実上ないし法律上密接に関連することから，既に起訴済みの事実
に関連してその余罪取調べの必要がある場合もある。

　そして，事件によっては，勾留期間内に捜査をできるだけ尽くしたものの，
事案複雑で事件の全容が十分に解明され切れない点が残っていて，どうしても
起訴後に被告人から新たに聴取する必要性が出てくるという場合もある。

第3章 任意捜査　45

　確かに，被告人の当事者たる地位を考えれば，公訴事実について起訴前と同様な取調べをすることは，なるべく避けなければならないことは当然である。

　そもそも被告人は公判段階でも，証拠方法（供述の対象者となったり，その身体自体が検査対象となったりすることをいう。）の地位にあることに変わりがないのであるから（311条，129条），事案の真相解明と適正な刑罰権の行使を全うするためには，取調べの必要が起訴後に生じる場合もあることをどう考えるかということが問題となるのである。

【判例】　被告人に対する取調べの適法性（最決昭36・11・21刑集15・10・1764）

　　起訴後においては，被告人の当事者たる地位にかんがみ，捜査官が公訴事実について被告人を取り調べることはなるべく避けなければならないが，刑訴法197条は，捜査については，その目的を達するため必要な取調べをすることができる旨を規定しており，同条は捜査官の任意捜査について何ら制限をしていないから，同法198条の「被疑者」という文字にかかわりなく，起訴後においても，捜査官はその公訴を維持するために必要な取調べを行うことができる。

4　参考人の取調べ・鑑定嘱託等

〈刑事訴訟法223条1項〉

　検察官，検察事務官又は司法警察職員は，犯罪の捜査をするについて必要があるときは，被疑者以外の者の出頭を求め，これを取り調べ，又はこれに鑑定，通訳若しくは翻訳を嘱託することができる。

---

(1)　参考人の取調べ

　捜査機関は，「被疑者以外の者」すなわち，犯罪の被害者や目撃者等事件の関係者である「参考人」も捜査の必要があれば取調べができる。223条1項における「被疑者以外の者」の「被疑者」とは，当該事件で対象とされている被疑者を指し，判例は，この被疑者と必要的共犯関係にある他の者を含まないと解しており，したがって，共同被疑者（共犯者）であっても，当該被疑者以外

の者は，すべて被疑者以外の者として，当該被疑者に対する関係において223条による取調べができるとしている（最判昭36・2・23刑集15・2・396）。

これら被疑者以外の者を，一般に「参考人」と指称しているが（犯捜規177条参照），これらの者は，他の事件で逮捕又は勾留されている場合を除いて，取調べ受忍義務を課されておらず，捜査官による供述録取書の作成などは，被疑者について述べたのと同様である（223条2項，198条1項但書，198条3項・4項・5項）。しかし，参考人の取調べは，被疑者が起訴された後の取調べの場合とは基本的に異なっており，起訴前はもちろん，起訴後でも判決が確定するまではいつでもこれを行うことができると解されている。

また，参考人の取調べに際しては，被疑者の場合と異なり，供述拒否権を告知する必要はないが（223条2項では，198条2項は準用していない。），その場合でも，その取調べがその者の犯罪事実に及ぶ可能性があるときは，供述拒否権の告知をすることが法の精神に適うものであり，実務でもそのようにされている。

そして，参考人の供述調書で特徴的なのは，取調官が検察官の場合，その面前供述であれば321条1項2号の要件を具備すること，また，検察事務官及び司法警察職員らの面前における供述であれば同項3号の要件を満たすことで，それぞれ証拠能力が認められると規定されていることである（221頁〜224頁参照）。

なお，参考人の中でも，犯罪事実の存否の証明に欠くことができない者については，その者が出頭又は供述を拒んだ場合，並びに検察官，検察事務官又は司法警察職員の取調べに際して任意の供述をしたものの，公判期日においては前にした供述と異なる供述をするおそれがある場合には，第1回の公判期日前に限り，検察官は，裁判官にその者の証人尋問を請求することができるとの規定が置かれている（226条。また227条）。また，召喚を受けながら正当な理由なく出頭しない証人に対しては，刑罰による制裁があり，勾引をすることもできる（150条〜152条）。このような実務で「第1回公判期日前の証人尋問」と呼ばれているものは，捜査機関が参考人の供述を得にくくなっている昨今，利用される機会が増えており，検察官の立証活動においてその役割が高まっている。

第1回公判期日前の証人尋問については，強制捜査の章（118頁参照）で詳しく述べる。

(2) 鑑定等の嘱託

ア 概　　説

　刑訴法は，捜査機関が犯罪捜査上必要があるときに，必要な専門知識などを充足するため，特別の学識経験者などに対し，鑑定や通訳・翻訳を委嘱する処分ができることを規定している（223条1項）。

　捜査機関の行う鑑定等の嘱託に対しては，裁判所が，鑑定人に鑑定を命ずる場合とは異なり（165条），鑑定人等はこれを拒否することができ，鑑定等に際しての宣誓もない。

イ　鑑定の意義・方法

　鑑定とは，特別の学識・経験・技能等を有する者が（裁判所から命じられた者を「鑑定人」，捜査機関から嘱託された者を「鑑定受託者」という。），その目的に従い，学識等を発揮して実施し，その知得結果や法則，これを具体的事実に適用した結果の判断を，嘱託先である捜査機関や裁判所へ回答（報告）する行為をいう。

　捜査段階で鑑定受託者から，その事実や実験結果を聴取する場合は，参考人の取調べとして扱うこととなる。医師が対象者を診断する場合も，性質上は鑑定に当たる。

ウ　鑑定上の必要な処分

　捜査機関は，鑑定の目的上必要がある場合は，裁判官の令状を得て，鑑定留置，あるいは死体解剖等強制処分としての捜査手続をとることができる（224条1項，167条，168条）。

　勾留中の被疑者に対する鑑定留置期間中は，勾留の執行は停止されたものとされ（224条2項，167条の2），もし接見禁止等決定も付されている場合は鑑定留置期間中はその執行停止の扱いとなるから，従前の接見禁止決定の効力はいったん消滅する。したがって，鑑定留置期間終了後は，必要に応じて新たに請求して接見等禁止決定を得ることとなる。また，鑑定留置期間中も被疑者に対する接見禁止等の必要があれば，その鑑定留置期間中の接見禁止等決定（81条）はあり得る（167条5項）。そして鑑定留置期間中も捜査機関は，鑑定目的遂行に支障を及ぼさない限り，鑑定留置中の被疑者の取調べが許されるものと解されるので（広島高判昭49・12・10判時792・95），捜査の必要がある場合，

弁護人（又は弁護人となろうとする者）に対し，接見指定等をすることができる（39条3項）。

エ　通訳・翻訳の嘱託

　日本語に通じない者に陳述をさせる場合には，通訳人に通訳をさせなければならない（175条），耳の聞こえない者，口のきけない者の陳述も通訳をさせることができる（176条）。翻訳とは，日本語でない文字又は符号を日本語に直すことをいう（177条）。通訳・翻訳については，いわば言語鑑定とも評される。実務では，通訳を介して被疑者・参考人を取り調べた場合は，供述録取書に通訳人の氏名を付してその旨明らかにしている。

5　領　　　置

〈刑事訴訟法221条〉

　検察官，検察事務官又は司法警察職員は，被疑者その他の者が遺留した物又は所有者，所持者若しくは保管者が任意に提出した物は，これを領置することができる。

---

(1)　概　　　説

　221条は，捜査機関の行う「領置」という，捜査の必要上行う物の占有を取得する処分であるが，①遺留物の領置と②任意提出物の領置の2つがあり，特に任意提出物の領置は，実務では極めて頻繁になされており，非常に重要な証拠物の取得方法である。

　「遺留」とは，占有者の意思に基づくことなくその所持を離れた物のほか，占有者がわざと一時的に置き去りにした場合などの状態をいう。

　なお，例えば，公道上のゴミ集積場に捨てられた物は，以後は無主物となるから，「遺留物」として「領置」できるが（最決平20・4・15刑集62・5・1398参照），占有者が物を第三者の庭等に隠したり，自己居住のマンション敷地内のゴミ集積場に捨てたりした場合は，「遺留物」としてではなく，その第三者やゴミ収集管理者から，本条規定の「所持者」からの任意提出として「領置」するのが相当と言える。領置は任意処分であるが，これと強制的に占有を取得

する処分である「差押え」とを合わせ総称して「押収」という。

　領置した遺留物や任意提出物は，領置がなされた以上は，その後は遺留者や提出者から還付の要求があっても，捜査上の必要があれば，還付を拒否することができ，捜査機関のした押収又は押収物の還付に関する処分に不服がある者は，裁判所に対し，その処分の取消し・変更を請求することができる（430条1項・2項）。

　郵便物，電信に関する書類は，憲法21条2項に規定する「通信の秘密の不可侵」の問題があるため，郵便局等通信事務取扱者の承諾があっても，領置手続によるのではなく，裁判所の発する令状による差押手続による（222条1項，100条）。

(2)　領置・保管，還付等の手続

　遺留物を領置すれば（221条），物の発見された状況を明確にするため，領置調書を作成し，領置物は，その当該領置官署で善良な管理者の注意義務をもって保管するのを原則とする。領置した遺留物や任意提出物は，領置がなされた以上は，その後は遺留者や提出者から還付の要求があっても，捜査上の必要があれば，還付を拒否することができるが，留置の必要がなくなった物は，事件の処理の途中でも還付しなければならない。また，仮還付の措置，すなわち関係人（所有者・所持者・保管者・差出人）の請求により，仮にこれを還付することもできる（222条1項，123条1項・2項，規則178条の11）。そして，領置物及び差押物は，検察官が事件を不起訴処分にした場合や，起訴事件での有罪判決で没収の言渡しがなされていないときは（346条），還付しなければならない。

　これら捜査機関の押収物還付に関する処分については，これに不服がある者は，裁判所にその処分の取消し・変更を求める準抗告ができる（430条）。

6　公務所等に対する照会

〈刑事訴訟法197条2項〉
　捜査については，公務所又は公私の団体に照会して必要な事項の報告を求めることができる。

　「公務所」とは，国及び地方自治体の機関であり，「団体」には事実上の個人

事業者は含まれず，個人に対する照会は，本項の回答義務を負う関係のものとはならない。本項により照会を受けた公務所等の団体は，報告すべき義務を負うが，義務の履行を直接間接に強制する手段はない。その意味では，被照会者の捜査に対する一般的協力義務を規定するものである。

法的義務を課した本項に従って回答したとしても，国家公務員等について守秘義務違反は問われないと解される（なお，本条5項参照。）。

第2節　刑訴法の規定外の任意捜査

1　総　　論

任意捜査とは，強制処分によらないで任意処分を用いながら行う形態の捜査一般をいい，その手段・方法については，法律の特別の定めに従うことなど特段の制限はなく，捜査目的を達するために必要な最も適切妥当な範囲での手段・方法を，その都度捜査機関がその裁量において選んで実行するものである。

とはいえ，社会通念上相当と認められる方法・態様で実施されなければ許容されない。したがって，任意捜査として行おうとするその手段・方法が，捜査対象者の重要な権利・利益の制約・侵害につながり，社会通念に照らし相当と認められない場合，例えば，憲法の保障する基本的人権の侵害等があるときには（憲法13条，35条のプライバシーの権利侵害等），その程度いかんにより，そのような手段によって獲得された証拠の証拠能力の有無なども問題点として検討されることとなる。

刑訴法に規定のないものとして，実況見分，写真・ビデオ撮影，秘聴・秘密録音，尾行・張込み等が任意捜査の一環として行われている。

2　実況見分

実況見分とは，捜査官が任意捜査の一環として，捜査に必要な対象の場所，物又は身体について，五感の作用でその状態を認識することをいう。

刑訴法や刑訴規則上の用語ではなく，犯捜規上用いられているものである（犯捜規104条，105条）。実況見分は裁判官の発する令状によらない点で，令状による強制処分としての検証とは異なり，その手続は任意処分であるが，その実

質においては検証と異ならない。

　刑訴法は，このような捜査形態は，憲法で保障するプライバシー，住居不可侵権（憲法35条）などの基本的人権を侵害するおそれがあるため，裁判官の発する検証許可状による強制処分としての検証として行うことを規定している（218条）。しかし，例えば，公共施設等が犯罪現場となる見分や，窃盗事件の被害者の承諾を得てその被害にあった現場の住居内の状況を見分する場合などのように，基本的人権を侵害するおそれのないような対象の見分もあり，そのような場合は，裁判官の令状によることなく，実況見分という任意処分により目的を達しても，問題は生じなく，証拠の迅速な収集の観点からは好ましい。実況見分の実施に際しては，公道上等を除き，対象場所その他対象物件の所有者・管理者等関係者の承諾と立会いを得て行う必要がある。

　任意処分であるから，見分実施中誰に対しても義務を課しあるいは強制を加えたりすることは許されず，検証の場合に許される出入禁止，退去命令，看守者を付するなどの処分が必要な場合は（142条，112条参照），令状を得て検証として行われることになる。

　実況見分の結果は，実況見分調書が作成される。その証拠能力は，検証調書と同じく321条3項により付与される（最判昭35・9・8刑集14・11・1437）。実況見分調書の証拠能力の付与については，検証調書と同様に，被告人側が同意（326条）しない限りは，その作成者の捜査官が法廷に証人として出廷して，その調書が真正に作成されたものであることを証言し，それが認められたときに証拠能力が付与される経過をたどる。写真撮影報告書（227頁）という名称になっていたとしても，実質的に実況見分の結果が記載されている場合は，証拠能力の判断については，実況見分調書と同じである（225頁以下参照）。

　実況見分では被疑者や被害者・目撃者等の参考人が立会人となり，現場で指示説明する場合が多く（**現場指示**），そのような立会人の説明の言葉がその現場の写真と一体となって調書の内容を形成することとなる。

　しかし，立会人が現場において指示説明の限度を超えて，目撃状況や犯行状況の具体的な供述にわたる説明をした場合（**現場供述**），その記載部分は，むしろその場での立会人の供述を録取したものとして別途証拠能力を検討する必要がある。立会人が被疑者の場合は，322条1項の，参考人の場合は，321条1項2号（見分者が検察官の場合）又は3号（見分者が警察官の場合）の要件を

それぞれ具備する場合でなければ，伝聞証拠の例外として証拠能力は付与されない（最判昭 36・5・26 刑集 15・5・893。なお，被害・犯行状況を再現した実況見分の証拠能力の根拠を整理した最決平 17・9・27 刑集 59・7・753 も参照。なお，226 頁「再現実況見分調書」で詳述する。）。

3　写真・ビデオの撮影

　かつては，高級品として，一家に 1 台あるかないかであった写真機やビデオカメラは，スマートフォンがかくも普及した昨今にあっては，一人ひとりが保有するに近い状態となっており，捜査機関も日常的に写真機やビデオカメラを使用している。

　また，かつては，設置すること自体，プライバシーに対する重大な侵害であるとの意見もあった街頭の防犯カメラは，今や防犯の観点からあちこちに設置され，日常生活に欠かせないスーパーマーケットや，コンビニエンスストア，あるいは金融機関の現金自動預払機（ATM）には必ず設置されている。

　さらに，自動車にはドライブレコーダーやイベントデータレコーダー（EDR）が広く設置されるようになっており，当該自動車のみならず，前方・後方に存在する自動車等の動態も映像等によって克明に記録されるようになった。

　したがって，写真やビデオの撮影は，捜査機関が積極的に実施する場合と，捜査機関以外が撮影したものを捜査機関が入手する場合（実際には電子データの形で入手する場合が多い。）の両方があり，むしろ後者の重要性が高まっている。

　捜査機関が被疑者の行動等を写真やビデオで撮影する際は，憲法 13 条が保障する個人の私生活上の自由・プライバシーとしての基本的人権の一部とみられる「みだりに容ぼう・姿態を撮影されない自由」を侵害するおそれがあり，任意捜査の手段・方法として，写真・ビデオ撮影が許容される限度の吟味と，それによって獲得された証拠の証拠能力が問題となる（「京都府学連デモ事件」最大判昭 44・12・24 刑集 23・12・1625 参照）。

　写真やビデオの撮影も，被撮影者本人の承諾がある場合や裁判官の発する令状に基づく場合には許されることに問題はない。また，身体の拘束を受けている被疑者の写真撮影は，218 条 3 項によって認められる。

　もっとも，同項に基づいての逮捕中の被疑者に対する写真撮影でも，被疑者が任意に応じずこれを拒否し間接強制では効果がないと認められるときは，

222 条 1 項により準用される 139 条により，その目的を達するため必要最小限度の有形力をもって直接強制をすることもできると解される（東京地決昭 59・6・22 刑裁月報 16・5 = 6・504）。

　身柄の拘束を受けていない者に対して，被撮影者の承諾もなく裁判官の令状もない場合でも，一定の要件を具備すれば，写真やビデオ撮影が許される場合は当然あってよいところである。

【判例】　犯人同一性の資料収集としてのビデオ撮影（最決平 20・4・15 刑集62・5・1398）

　強盗殺人等事件でのビデオカメラによる撮影に関し，前記最大判昭 44・12・24 及び最判昭 61・2・14 刑集 40・1・48（自動車速度監視装置による写真撮影）について，「警察官による人の容ぼう等の撮影が現に犯罪が行われ又は行われた後間がないと認められる場合のほかは許されないという趣旨まで判示したものではない」とした上，「前記事実関係及び記録によれば，捜査機関において被告人が犯人である疑いを持つ合理的な理由が存在していたものと認められ，かつ，前記各ビデオ撮影は，強盗殺人等事件の捜査に関し，防犯ビデオに写っていた人物の容ぼう，体型等と被告人の容ぼう，体型等との同一性の有無という犯人の特定のための重要な判断に必要な証拠資料を入手するため，これに必要な限度において，公道上を歩いている被告人の容ぼう等を撮影し，あるいは不特定多数の客が集まるパチンコ店内において被告人の容ぼう等を撮影したものであり，いずれも，通常，人が他人から容ぼう等を観察されること自体は受忍せざるを得ない場所におけるものである。以上からすれば，これらのビデオ撮影は，捜査目的を達成するため，必要な範囲において，かつ，相当な方法によって行われたものといえ，捜査活動として適法なものというべきである。」と判示した。

　これらの判例にあるように，撮影される者の承諾のない写真・ビデオ撮影は，「捜査目的を達成するために，必要な範囲において，かつ，相当な方法によって行われたもの」と認められる場合は，任意捜査として許容されるが，近時，注目すべき下級審の裁判例が出た。

> **【裁判例】 長期間に及ぶ定点設置型ビデオカメラによる撮影（さいたま地判平30・5・10判時2400・103）**
>
> ---
>
> 暴力団抗争に絡んだ暴力団組事務所への火炎瓶を投げ入れての放火未遂事件等（平成28年3月発生）に関し，暴力団員である被告人と実行犯との共謀の成否が問題となった事案で，被告人方近隣の私有地にビデオカメラを設置し，撮影範囲を被告人方公道及び被告人方玄関として，平成27年10月から平成28年5月までの間，ほぼ24時間連続で撮影したことによる被告人及びその家族のプライバシー侵害の度合いは高く，本件放火未遂時以降は，その必要性も相当程度低下しており，任意捜査を逸脱した違法なものであり，その違法の程度は重大であり，同撮影によって得られた各証拠の証拠能力は認められない。

この事案では，被告人には，本件とは別件の盗品等運搬事件で逮捕状が発付されていて，警察は被告人の立ち回り先を突き止めるために上記ビデオカメラを設置しており，その過程で上記放火未遂事件が発生した。放火行為にはガソリンが使用され，被告人が窃取した自動車内にガソリンの入った赤色のガソリン携行缶が存在し押収されていたところ，放火がなされた数日前に，被告人が赤色のガソリン携行缶様のものを持って歩く姿と，レンタカー内に赤色のガソリン携行缶様のものを運び込むところが，前記設置のビデオカメラに撮影されていた。約7か月半にもわたって，ほぼ常時被告人方玄関を撮影するに際しては，玄関開閉時に玄関内部が映り込んでおり，警察官は，一部の映像をパソコンにダウンロードして保存し，被告人や被告人方の来客以外に，無関係の近隣住民等の映像も保存され続けていた。裁判所は，このような点を捉えて，本件撮影はプライバシー侵害の度合いが高く，その度合いを下げるための配慮もなされていないとし，本件撮影が類型的に強制処分に当たるとまではいえないが，任意捜査として相当と認められる範囲を逸脱した違法なもので，違法は重大で将来の違法捜査抑制の見地からも証拠排除が相当である旨判示して，撮影された映像に基づく捜査報告書の証拠能力を否定した。

このような定点設置型の撮影は，撮影機器及び撮影データの蔵置装置の性能向上により，採用される局面が増えてきたところ，撮影自体のみならず，その

データの保存についても，プライバシー侵害の度合いが類型的に高いことを十分考慮して，その必要性をよく検討した上，撮影時間をいたずらに長くせず，データについても必要な部分だけを限定的に保存するなどの措置を講じる必要があろう。

　なお，関連する捜査手法として「GPS 捜査」の問題がある。これは，最高裁が「車両に使用者らの承諾なく秘かに GPS 端末を取り付けて位置情報を探索し把握する刑事手続上の捜査」と定義しているものであるが（最大判平 29・3・15 刑集 71・3・13），同判決において，最高裁は，「個人のプライバシーの侵害を可能とする機器をその所持品に秘かに装着することによって，合理的に推認される個人の意思に反してその私的領域に侵入する捜査手法である GPS 捜査は，個人の意思を制圧して憲法の保障する重要な法的利益を侵害するものとして，刑訴法上，特別の根拠規定がなければ許容されない強制の処分に当たる（中略）とともに，一般的には，現行犯人逮捕等の令状を要しないものとされている処分と同視すべき事情があると認めるのも困難であるから，令状がなければ行うことのできない処分と解すべきである」とした上，刑訴法上の検証と同様の性質を有するものの，対象車両に加えてその使用者の所在の検索を行う点で検証では捉えきれない性質を有し，秘かに行うのでなければ意味のない GPS 捜査において，事前の令状呈示が想定できないことなどから，検証令状によって行うことも問題であり，結局は，現行刑訴法に規定された令状によって行うことができず，GPS 捜査を行うのであれば，新たな立法措置が必要であるとした。このような状況にあるので，現時点では GPS 捜査は行われていない。

4　秘 密 録 音

　公開の場所における会話録音，戸外においての会話録音の場合は，会話当事者がその会話の秘密性を放棄したものというべきであり，これを秘聴ないし秘密録音したとしても，特段の問題はないと解される（最決昭 56・11・20 刑集 35・8・797 参照）。

　対話当事者の一方が，相手方の同意を得ずに自ら又は第三者をして，その会話を密かに録音する「秘密録音」については，無限定許容説，原則違法説，留保付合法説，及び利益衡量説等見解が分かれている。

　対話者が一方の同意を得ないでした秘密録音につき，録音の目的，対象，手

段方法，対象となる会話の内容，会話時の状況等の諸事情を総合して，その適
法性が判断されるとした裁判例もある（東京地判平2・7・26判時1358・151,
松江地判昭57・2・2判時1051・162等）。

【裁判例】 秘密録音の適法性（「千葉収用委員脅迫事件」千葉地判平3・3・29
判時1384・141）

「秘密録音することが，相手方のプライバシーないし人格権を多かれ少なかれ
侵害することは否定できず，いわんやこのような録音を刑事裁判の資料とする
ことは司法の廉潔性の観点からも慎重でなければならない」とした上で，本件
録音の全過程に不当な点は認められなかったことや，被告人の法益を侵害する
程度が低いのに比し，証拠収集をしようとした事件が電話による脅迫という事
件で，その特質から秘密録音によらなければ有力証拠の収集が困難であるとい
う公益上の必要性が高度であることなどに鑑みると，例外的に本件録音を相当
と認めて許容すべきであるとしている。

5　おとり捜査

　薬物事犯，銃器事犯等は，国民に及ぼす害悪が重大であり，その供給源を根
絶する必要性が大きいところ，暴力団等により組織的にあるいは世界を股にか
けて隠密のうちに巧妙に敢行されることから，犯罪組織内の情報が通常の捜査
に比し特に入手し難い。

　そのため，この種の犯罪捜査に当たっては，犯罪情報に接する協力者の情報
を得たり，更なる協力により捜査の端緒を得たりして，犯人を現行犯逮捕等に
よって検挙する事例が見られる。

　「おとり捜査」とは，捜査機関又はその依頼を受けた捜査協力者が，その身
分や意図を相手方に秘して犯罪を実行するように働き掛け，相手方の犯意を誘
発又は強化させて相手方をしてこれに応じて犯罪の実行に出たところで，現行
犯逮捕等により検挙する捜査方法をいう。

　捜査機関（警察官のほか特別司法警察職員としての麻薬取締官・海上保安官）は，
犯罪情報の収集活動を任意捜査の一環として行うが，その捜査自体は手段・方

法が社会通念上相当な態様・限度内で許される。

　しかし，更に踏み込んで捜査官がいわば「わな」にかけて犯人を検挙するようなおとり捜査が果たして許される捜査手法といえるのか，許されるとしてその許容限度はどうかが問題となる。

　このようなおとり捜査は，欧米先進諸国では適用犯罪の範囲も広く相当活用されている捜査手法であるが，我が国では，国民の潔癖性からも，おとり捜査の違法性が主張され，その根拠としては，①捜査の公正さを損なう違法，②法益保護の立場の国家自らが犯罪を作出する違法，③人格的自律権や個人の尊厳を侵害する違法，④これらの違法複合説等がある。

　実務では，全く犯意を抱いていない者に対し，おとり役が働き掛け，初めて犯意を生じさせて犯罪の実行に至らせるような場合は，これを「犯意誘発型」として違法視し，犯人が覚醒剤等の密売先を探しているような場合のほか，当初から少なくとも概括的な犯意ないし犯罪性向を有している者に対して，おとり役が買手を装ったりして犯行の機会を提供する「機会提供型」については，これを適法視する見解が多い。

　捜査官としては，おとり捜査の許容限度を超えないよう，機会提供型のケースにあっては，その捜査の方法・程度，必要性，相手方の積極性など具体的事案に沿って諸般の事情を総合判断して行うべきである。

　したがって，相手方が薬物事犯，銃器事犯等の犯罪を行っていると疑うに足りる合理的かつ相当な根拠があること，捜査官やおとり役がその身分等を隠して相手方と接触する場合において，取引を申し出るにとどめて，薬物等の入手先を指示するなど取引を積極的に要請，教唆したりすることは厳に控えることが求められ，職務熱心の余りに，いやしくも脅迫や欺罔的言辞に走り，相手方の意思決定の自由を奪ったとの疑念を指摘されないようにする必要がある。

> **【判例】 おとり捜査の適法性（最決平16・7・12刑集58・5・333）**
>
> おとり捜査とは，「捜査機関又はその依頼を受けた捜査協力者が，その身分や意図を相手方に秘して犯罪を実行するように働き掛け，相手方がこれに応じて犯罪の実行に出たところで現行犯逮捕等により検挙するものである」とした上，この捜査手法が，「少なくとも，直接の被害者がいない薬物犯罪等の捜査において，通常の捜査方法のみでは当該犯罪の摘発が困難である場合に，機会があれば犯罪を行う意思があると疑われる者を対象に行うことは，刑訴法197条1項に基づく任意捜査として許容される」とし，その捜査方法の適法性につき，「捜査協力者からの情報によっても，被告人の住居や大麻樹脂の隠匿場所等を把握することができず，他の捜査手法によって証拠を収集し，被告人を検挙することが困難な状況にあり，一方，被告人は既に大麻樹脂の有償譲渡を企図して買手を求めていた状況下で，麻薬取締官が，取引の場所を準備し，被告人に対し大麻樹脂2kgを買い受ける意向を示し，被告人が取引の場に大麻樹脂を持参するよう仕向けたとしても，おとり捜査として適法というべきである」と判示した。

第4章　強制捜査

第1節　総　　論

1　強制捜査の意義

　強制捜査とは，判例に従えば「強制的手段，すなわち個人の意思を制圧し，身体，住居，財産等に制約を加えて強制的に捜査目的を実現する行為など，特別の根拠規定がなければ許容することが相当でない手段によって行われる捜査」（最決昭51・3・16刑集30・2・187）であり，このような強制手段にわたらない限りは，必要性，緊急性等も考慮した上，具体的状況の下で相当と認められる限度にとどまる有形力の行使は，任意捜査として許容される（同判例）。

　前述のとおり，197条1項は任意捜査を原則とするものの，**強制手段**（強制捜査）によらなければその目的を有効適切のうちに達成することができない場合も多い。

　しかし，強制力の行使は，被疑者，参考人等事件関係者の人権に直接影響を及ぼすから，憲法は，33条ないし35条において，身柄拘束や捜索・押収に対する保障規定を設け，逮捕や捜索・差押えなどの強制処分は，原則（現行犯逮捕等は例外）として，裁判官の発する一定の要件を具備する令状を要するとの「令状主義の原則」を採用し，刑訴法上は，強制処分法定主義を規定している（197条1項ただし書）。

2　規定上の強制処分

　捜査機関が裁判官から令状の発付を得て行う強制処分の例としては，通常逮捕（199条），緊急逮捕（210条），捜索・差押え・検証・身体検査（218条1項）がある。

これら裁判官が発付する令状は，通説・実務の取扱いはこれを許可状としての性質を有するものと捉え，令状の発付を得た後も現実にこれを執行するか否かは，捜査機関の判断に委ねられるものと解されている。また，捜査機関から鑑定嘱託を受けた鑑定受託者も，令状を得て鑑定に必要な処分をすることができることとされている（225条）。

次に，捜査機関が自らの判断で捜査の必要性に応じて，裁判官の令状なしに行う強制処分の例としては，現行犯逮捕（213条），逮捕に伴う捜索・差押え・検証（220条），身体の拘束を受けている者の指紋・足型の採取，身長・体重の測定，裸にしない限りの写真撮影（218条3項）等がある。

また，捜査機関の請求により裁判官が行う強制処分の例としては，被疑者の勾留（207条），鑑定留置（224条），第1回公判期日前の証人尋問請求（犯罪捜査の不可欠性・出頭又は供述拒否を要件とする参考人に対する第1回公判期日前の証人尋問の226条，供述変更のおそれがある者の証人尋問の227条）がある。

これらは，いずれも裁判官が自ら実施するものである。勾留状及び鑑定留置状は，許可状ではなく裁判官の命令状としての性質を有するため，捜査機関は必ずその執行をしなければならない。

第2節　逮　　捕

1　通常逮捕

(1)　概　　説

〈刑事訴訟法199条1項〉

　検察官，検察事務官又は司法警察職員は，被疑者が罪を犯したことを疑うに足りる相当な理由があるときは，裁判官のあらかじめ発する逮捕状により，これを逮捕することができる。ただし，30万円（刑法，暴力行為等処罰に関する法律及び経済関係罰則の整備に関する法律の罪以外の罪については，当分の間2万円）以下の罰金，拘留又は科料に当たる罪については，被疑者が定まつた住居を有しない場合又は正当な理由がなく前条の規定による出頭の求めに応じない場合に限る。

199条1項はこのように規定し，裁判官のあらかじめ発する逮捕状によってする通常逮捕の要件を定めている。逮捕状の発付を得るための実質的な要件として，逮捕の理由，すなわち，「罪を犯したことを疑うに足りる相当な理由」の存することを要し，緊急逮捕に要求されるような「充分な理由」までは要しない。個々の事件の態様，証拠の内容は千差万別であるため，「相当な理由」の類型的・明確な基準を設定することは困難であるが，それは捜査官の単なる主観による嫌疑ではなく，客観的・合理的な根拠・資料の存在が必要である（規則143条）。

なお，国会議員には，法律の定める場合を除いて不逮捕特権が認められている（憲法50条，国会法33条〜34条の2，100条）。

(2)　逮捕状の請求と発付

〈刑事訴訟法 199 条 2 項〉

　裁判官は，被疑者が罪を犯したことを疑うに足りる相当な理由があると認めるときは，検察官又は司法警察員（警察官たる司法警察員については，国家公安委員会又は都道府県公安委員会が指定する警部以上の者に限る。以下本条において同じ。）の請求により，前項の逮捕状を発する。但し，明らかに逮捕の必要がないと認めるときは，この限りでない。

このように，199条2項は，逮捕状の請求権者を，「検察官又は司法警察員（警部以上）」に限定している（なお，規則141条の2）。

もっとも，緊急逮捕の場合は，逮捕後「直ちに」逮捕状の請求手続を行う必要があるため，検察事務官及び司法巡査もその逮捕状を請求することができると規定する（210条）。逮捕状の請求は，所定事項を記載した逮捕状請求書（規則139条，142条）を，事件管轄を問わず請求権者所属官公署の管轄地方裁判所又は簡易裁判所の裁判官宛てに提出し，やむを得ない事情があるときは，最寄りの下級裁判所の裁判官に請求することができる（規則299条1項）。少年事件については，請求権者所属官公署の管轄家庭裁判所の裁判官にも請求することができる（規則299条2項）。

逮捕状請求書の記載要件は規則142条1項所定の事項であり，その逮捕状の

記載事項の1つである被疑者の氏名が明らかでないときは，人相，体格その他その者を特定するに足りる事項で指定し，被疑者の年齢，職業又は住居が明らかでないときは「不詳」又は「不明」と記載すれば足りる（規則142条2項・3項）。

逮捕状の請求を受けた裁判官は，被疑者が罪を犯したことを疑うに足りる相当な理由があると認めるときは，逮捕状を発するが，明らかに逮捕の必要がないと認めるときは，発付しないことができる（199条2項但書）。そして，規則143条の3は，「逮捕の理由があると認める場合においても，被疑者の年齢及び境遇並びに犯罪の軽重及び態様その他諸般の事情に照らし，被疑者が逃亡する虞がなく，かつ，罪証を隠滅する虞がない等明らかに逮捕の必要がないと認めるときは，逮捕状の請求を却下しなければならない。」と規定する。ただし，逮捕の必要性の存否が不明の場合は，「明らかに逮捕の必要がないとき」には当たらないことから，逮捕状を発しなければならない。なお，駐車違反など軽微事件でも被疑者が正当な理由なく不出頭を続ける場合，それを逃亡・罪証隠滅のおそれがあると判断して逮捕状請求になるというのが実務の扱いである。

【判例】 逮捕の必要性（最判平10・9・7判時1661・70）

在留外国人に対する指紋押捺制度の撤廃運動の参加者である被疑者が，指紋押捺拒否事件で逮捕された事案について，「被疑者の生活は安定したものであり，警察が逮捕状請求時までに被疑者が指紋押捺拒否に関する証拠を相当程度有しており，被疑者も押捺拒否については自ら認めていたため，逃亡・罪証隠滅のおそれが強いものであったということはできないが，被疑者が警察から5回にわたって任意出頭を求められながら，正当な理由なく出頭せず，また，被疑者の行動には組織的な背景が存することがうかがわれたこと等にかんがみると，明らかに逮捕の必要がなかったとはいえない」旨判示した。

逮捕状の発付又は却下に対する裁判に不服がある場合，その当事者からの準抗告は認められていない（429条1項参照。最決昭57・8・27刑集36・6・726）。

したがって，捜査官は逮捕状請求が却下された場合，新たな疎明資料を追加して再請求することになる。

(3) 逮捕関連の諸手続

ア 逮捕状の呈示

検察官，検察事務官又は司法警察職員が逮捕状によって被疑者を逮捕する場合（199条1項），被疑者に対し，その要求の有無にかかわらず逮捕状を示さなければならない（201条1項）。

逮捕状を所持しないためこれを示すことができない場合であって，急速を要するときは，被疑事実の要旨及び逮捕状が発せられている旨を告げて逮捕することができる（逮捕状の緊急執行）。その場合は逮捕後できる限り速やかに逮捕状を示さなければならない（201条2項，73条3項）。緊急執行の方法があることから，警察における被疑者の「全国指名手配制度」も運用できることになる。

イ 逮捕時の有形力の行使

逮捕の際には，社会通念上逮捕のために必要かつ相当であると認められる限度内の有形力を行使することが許される。その場合，仮にその有形力行使が刑罰法令に触れることがあるとしても，刑法35条の正当業務行為として罰せられることはない（現行犯逮捕に関する最判昭50・4・3刑集29・4・132参照）。

なお，逮捕の際は，合理的に必要と判断される限度において，武器を使用することも許される（警職法7条）。

ウ 逮捕後の手続

捜査機関は被疑者を逮捕した場合，被疑者は，逮捕状に記載された「引致すべき官公署その他の場所」へ連行されるが，司法巡査が逮捕したときは，「直ちに」被逮捕者（被疑者）を，司法警察員に引致しなければならない（202条）。

〈刑事訴訟法203条1項〉

司法警察員は，逮捕状により被疑者を逮捕したとき，又は逮捕状により逮捕された被疑者を受け取つたときは，直ちに犯罪事実の要旨及び弁護人を選任することができる旨を告げた上，弁解の機会を与え，留置の必要がないと思料するときは直ちにこれを釈放し，留置の必要があると思料するときは被疑者が身体を拘束された時から48時間以内に書類及び証拠物とともにこれを検察官に送致する手続をしなければならない。

この 203 条に基づく手続段階での司法警察員の被疑者に対する弁解録取書の作成は（204 条，205 条に基づく検察官の弁解録取書も同じ。），専ら被疑者を留置する必要があるか否かを調査するための**弁解録取手続**であって，刑訴法上その弁解の機会を与えるには犯罪事実の要旨を告げるだけで十分であり，198 条 2 項のように被疑者に対し，あらかじめ供述を拒むことができる旨を告げなければならないことは要請されていないと解されている（最判昭 27・3・27 刑集 6・3・520）。もっとも，被疑者に対する質問が弁解の釈明を求める限度を超え，犯罪事実の動機・犯行状況等弁解の範囲外に及ぶときは，供述拒否権の告知を要する。

実務では，そのような場合は，供述拒否権を告知してから取調べを行って弁解録取書兼通常の供述調書として調書を作成しているが，被疑者が被疑事実を自認する旨の供述をしたときは，弁解録取書にはその旨記載され，その弁解録取書は，公判では被告人の自白調書として刑訴法 322 条 1 項により証拠として採用される余地があるので，将来的に供述の任意性を証明する手段となることも考慮して，供述拒否権を告知した上で弁解録取の手続がなされるのが通常である。

弁解録取手続の際の弁護人選任権の告知に当たっては，国選弁護人の選任請求手続の教示をするとともに（203 条 3 項），逮捕された被疑者から弁護士，弁護士法人又は弁護士会を指定して弁護人選任の申し出があったときは，直ちに被疑者の指定した前記弁護士等にその旨を通知しなければならない（209 条，78 条。なお，複数の弁護士等への依頼の場合は，そのうちの 1 人への通知で足りる。）。

被疑者国選弁護制度の拡充及び弁護人選任に関する事項の教示の拡大については前述のとおりである（15 頁参照）。

司法警察員は，弁解録取の結果を踏まえて留置の要否を判断し，留置の必要がある場合は身柄拘束時から 48 時間の制限時間以内に検察官への送致手続をとるが（203 条 1 項後段），被疑者が少年で事件が罰金以下の刑のみに当たるときは，家庭裁判所に送致することになる。

ただし，告訴・告発・自首事件については，罰金以下の刑のみに当たる事件でも検察官へ送付しなければならない（少年法 41 条，40 条）。

検察官が検察事務官から被疑者の引致を受けたとき，又は自ら逮捕状により被疑者を逮捕したときは，司法警察員の場合と同様の弁解録取手続をとる。その結果，留置の必要がないときには，直ちに釈放し，留置の必要があるときには，被疑者の身柄拘束時から 48 時間の制限時間以内に，裁判官に被疑者の勾

留を請求する（204条1項。ただし，同条2項は同制限時間内に公訴を提起するときは勾留の請求を要しないとしている。）。

検察官が司法警察員から逮捕された被疑者と共に事件送致を受けたときは，被疑者に対する弁解録取手続をとり，留置の必要がないときは，直ちに釈放し，留置の必要があるときは事件送致を受けた時から24時間の制限時間以内に裁判官に被疑者の勾留を請求しなければならない（205条1項）。この場合も制限時間中に公訴を提起したときは，勾留の請求をすることを要しない（205条3項）。

2　緊急逮捕

(1)　概　　説

〈刑事訴訟法210条1項〉
　検察官，検察事務官又は司法警察職員は，死刑又は無期若しくは長期3年以上の懲役若しくは禁錮にあたる罪を犯したことを疑うに足りる充分な理由がある場合で，急速を要し，裁判官の逮捕状を求めることができないときは，その理由を告げて被疑者を逮捕することができる。この場合には，直ちに裁判官の逮捕状を求める手続をしなければならない。逮捕状が発せられないときは，直ちに被疑者を釈放しなければならない。

憲法33条は，「何人も現行犯として逮捕される場合を除いては，権限を有する司法官憲が発し，且つ理由となってゐる犯罪を明示する令状によらなければ，逮捕されない。」としているが，刑訴法上は現行犯逮捕以外にも，無令状逮捕について一定の要件を満たすことで認めており，それが緊急逮捕である。

緊急逮捕規定の合憲性について，肯定説の根拠として，事後とはいえ令状による逮捕であること，現行犯逮捕に近いものでありこれに含まれること，憲法33条が許容する合理的な例外である等，各説があったが，判例（最大判昭30・12・14刑集9・13・2760）は，「厳格な制約の下に，罪状の重い一定の犯罪のみについて，緊急已むを得ない場合に限り，逮捕後直ちに裁判官の審査を受けて逮捕状の発行を求めることを条件とし，被疑者の逮捕を認めることは，憲法33条規定の趣旨に反するものではない」旨判示して，この争いに決着をつけた。

緊急逮捕の要件として，法定刑が「死刑又は無期若しくは長期3年以上の懲

役若しくは禁錮」に当たる重大な犯罪に限定され，また，通常逮捕における「相当な理由」がある場合よりも高度の嫌疑であり，罪を犯したことを疑うに足りる「充分な理由」のあることを要する。

　もっとも，捜査がまだ初期段階のことであり，有罪判決を言い渡す程度の確信を抱くまでの嫌疑まで求めるものではない。

　「急速を要し，裁判官の逮捕状を求めることができないとき」とは，逮捕状の請求と発付手続までの数時間経過の間に，被疑者が逃亡又は罪証の隠滅をするおそれのある場合をいう（集団暴行事件における緊急逮捕事案の最判昭32・5・28刑集11・5・1548）。

　また，「直ちに裁判官の逮捕状を求める手続をしなければならない」ことについては，通常，「直ちに」，「速やかに」，「遅滞なく」の時間的段階を示す用語のうち「直ちに」は，時間的には最も早い段階を示すものといわれ，その用語自体の意味は，「即刻に」ということである。

　しかし，実際には逮捕状請求のための疎明資料を作成し，逮捕状請求書を完成して裁判所へこれを請求するまでの手続には，数時間単位の時間的経過を要するものであり，「即刻」という最大限度の時間的早急性とはなり得ないのであり，その点について，法は不可能を強いるものではないと解されている。

【判例】　緊急逮捕の「直ちに」の要件（最決昭50・6・12裁判集196・569）

　被疑者を遅くとも午後1時30分までに緊急逮捕したのに，午後10時ころに逮捕状の請求がなされた場合，当日が休日で最寄りの簡裁まで片道2時間を要する事情があっても，右逮捕は「直ちに」の要件を欠くとするのが，団藤裁判官の補足意見であるが，法廷意見は裁判官全員一致で，「被告人の所論各供述調書を除くその余の各証拠によって優にその認定を妨げない」などと判示して弁護人の上告を棄却した。

　その他の裁判例として，大阪高判昭50・11・19判時813・102は，午後1時20分ころには現住建造物放火の疑いで緊急逮捕したが，その後に実況見分に被疑者を立ち会わせ，更に取調べを行うなどして，同日午後8時になした逮捕状請求は，「直ちに」の要件を欠くとしている。

しかし，広島高判昭58・2・1判時1093・151は，内ゲバ事件で傷害罪により緊急逮捕から逮捕状の請求まで約6時間を経過したとしても，被疑者も被害者も捜査に協力していないなど本件事情の下では，必要最小限度の疎明資料の収集・整理に要した必要やむを得ないものといえるから，「直ちに」の要件を欠くものではないとしている。

検察官としては，司法警察員から身柄付きで事件送致を受け，その事件が，現行犯逮捕の手続の要件を具備しない逮捕であるとき，また，通常逮捕の逮捕事実の嫌疑が認められないが他の被疑事実が認められるときには，被疑者の身柄拘束についての判断を求められるが，身柄拘束の必要があり緊急逮捕の要件を具備している限りは，身柄を釈放の上，前者については同一の被疑事実で，後者については嫌疑がある他の被疑事実で，要件を具備する限り再度の逮捕（緊急逮捕）を行って，身柄拘束の適正・厳格化を図っている。

(2) 逮捕関連の諸手続

緊急逮捕をするに当たっては，逮捕者が被疑者に対し，緊急逮捕の理由すなわち，所定の重罪を犯しその嫌疑が充分であること，逮捕の急速性の事情があることを告げなければならず（210条1項），緊急逮捕後は，直ちに逮捕状を請求する手続をしなければならない（同項）。

要件上，逮捕後に被疑者を釈放した場合も，逮捕状の請求をしなければならない（なお，犯捜規120条3項）。緊急逮捕の権限者には，その緊急性から検察事務官及び指定司法警察員以外の司法巡査も含まれることとしており，したがって，これらの者も緊急逮捕に係る逮捕状を請求できる。

緊急逮捕が適法であるとの要件の有無は，緊急逮捕当時に存在した資料によって判断されることとなり（最判昭25・6・20刑集4・6・1025），緊急逮捕後の逮捕状の発付が却下された場合は，直ちに被疑者を釈放しなければならない。

緊急逮捕後のその他の手続については，通常逮捕の場合の規定が準用される（211条）。

3　現行犯逮捕

(1)　概　　説

〈刑事訴訟法 212 条〉

1　現に罪を行い，又は現に罪を行い終つた者を現行犯人とする。

2　左の各号の一にあたる者が，罪を行い終つてから間がないと明らかに認められるときは，これを現行犯人とみなす。

一　犯人として追呼されているとき。

二　贓物又は明らかに犯罪の用に供したと思われる兇器その他の物を所持しているとき。

三　身体又は被服に犯罪の顕著な証跡があるとき。

四　誰何されて逃走しようとするとき。

現行犯人とは，212 条 1 項規定の「現に罪を行い，又は現に罪を行い終った」現行犯人（狭義）と，同条 2 項の特別事由の該当者が，「罪を行い終ってから間がないと明らかに認められるとき」の準現行犯人（広義）とがある。現行犯は，比喩的にいえば「燃えている犯罪」であり，いわば火が「燃え上がっている」か，「ちょうど消えたばかり」のものである。現に罪を行っている者とは，犯罪の実行に着手しその行為が続いている者である（継続犯では，犯罪が既遂に達した後でも実行行為が続いている限りこれに当たる。）。刑訴法は現に罪を行い終わった者は，本来「燃えている犯罪」ではないが，「ちょうど消えたばかり」の状態であるから「現行犯」として前者と同視しこれに含ませている。

これに対し，準現行犯は，いわば，火が燃え上がった後，火は消えたが，消えた後間もなく「まだ煙が出て燻っている」状態の犯罪といえる。

「罪を行い終ってから間がないと認められるとき」を要件（212 条 2 項）としていることに照らすとき，「現に罪を行い終った者」とは，犯行に極めて接着した「時間的段階」をいい，犯罪の残した形跡がまだ熱く，客観的に事実を見れば，「まだ燃えているような場合」を指すことになる。したがって，犯行に極めて近接した時間的段階をいう以上，必然的に場所的にも基本的には犯行場所を離れては考えられない概念である。この広狭義の現行犯に当たる犯人は，

第4章 強制捜査　69

何人も無令状で逮捕できる（213条）。

　令状主義の例外として現行犯人を何人でも無令状で逮捕できるとする根拠は，①現に犯罪が行われ，又は行い終わった直後であることから，犯罪が行われたことと，その犯人が明白であり，令状請求をして審査を経ることをしなくとも誤認逮捕のおそれが少ないこと（明白性）と，②令状を請求していたのでは，その間に犯人が逃走して所在不明となってしまうおそれが極めて大きいのが通常であるため，その場で速やかに犯人を逮捕する必要性，緊急性が高いこと（必要性）にある。

ア　明　白　性

　①については，逮捕者にとって現に行われた犯罪の明白性と，その犯罪を犯した犯人が逮捕する相手本人（被逮捕者）と一致していること，すなわち犯人性の明白性とのいずれも具備していなければならない。電車内での痴漢犯罪などの場合は，通常，逮捕者自身が犯行を正確に目撃している場合が多く，誤認逮捕のおそれは小さいといえる。しかし，その直接の目撃者から現行犯罪とその犯人像を聞いた警察官が逮捕するときは問題がある。その場合は，被害者・目撃者が逮捕の現場で被逮捕者を犯人であると明示したとしても，逮捕者にとって直接的明白性があるわけではない（ただし，この場合は現認の被害者・目撃者である私人による現行犯逮捕行為の代わり，ないしその私人との共同しての逮捕行為とみる余地はある。）。

　結局，犯行現場と被害の状況や，被逮捕者の逮捕時の態度，当該犯罪の証拠物の所持，被逮捕者に残された犯罪の痕跡等の客観的状況等を総合して判断するという「判断作用」が入る上，一切の令状審査がないことから，その現行犯逮捕の正確性・適法性は厳格に判断することが必要である。

イ　逮捕の必要性

　②については，現行犯逮捕の場合，通常逮捕と異なり規定上は「逮捕の必要性」は求められていない。しかし，軽微事件の現行犯逮捕の例外として，30万円（刑法，暴力行為等処罰に関する法律及び経済関係罰則の整備に関する法律の罪以外の罪については，当分の間2万円）以下の罰金，拘留又は科料に当たる罪の現行犯については，犯人の住居若しくは氏名が明らかでない場合又は犯人が逃亡する

おそれがある場合に限り，逮捕することができる（217条）ことに注意する必要がある。つまり，軽微事件では，「逮捕の必要性」が明文化されているのである。これは，私人でも軽微事件の場合ならば，逮捕の必要性の判断要素が定型的に少ないことから，その有無の判断が容易にできるとの法意思と解される。軽微事件の例外に当たらない場合でも，交通違反等比較的軽い犯罪での現行犯では，実際には逃亡・証拠隠滅のおそれがほとんどないとみなされ，逮捕の必要性が実質的にはないとして問題となる事例もある。

例えば，①東京地判平19・10・16判タ1275・122は，信号無視の疑いで現行犯逮捕された被疑者（原告）が，逮捕は不要であったものとして都に損害賠償請求をした事案において，「道路交通法で警察官が免許証の提示を求めることができるのは，無免許，酒気帯び運転，過労運転などと認められる場合で，原告に免許証を提示する義務がなく，逃亡のおそれもなかったから逮捕の必要のない違法な逮捕であった」として都に対し1万円の支払いを命じている。

現行犯逮捕は私人でもできることから，その必要性の判断を私人に求めることは困難であり，現行犯逮捕の段階では逮捕の必要性を問わず，その点は，現行犯逮捕後における捜査機関の留置の必要性の判断段階で，厳格な解釈をすることにより対応すべきとするのが法意思といえる（東京高判昭41・1・27下刑集8・1・11は，現行犯逮捕については逮捕の必要性を問題にする余地がないとしている。）。

なお，逮捕後も留置継続の適否の問題がある。③広島高判平2・10・25判タ752・74は，速度違反の被逮捕者の身柄につき，留置する必要があると認めたときは，その後の捜査の結果，身柄送致の必要がなくなったか，身柄送致に必要な捜査資料が既に十分揃っていたのに早急にこれを送致することを怠る等の特段の事情がない限り，留置の必要性は消滅せず，制限時間内の留置継続は原則として違法でないとした。他方で，④屋外広告物条例違反の現行犯逮捕事案につき，一審京都地裁は留置の必要性に欠けるところはないとしたが，控訴審の大阪高判平3・9・27判時1427・67は，逮捕後約20時間を経てその身元が確認されたことにより，弁護士の身元引受の申し出と相まって留置を継続する必要性は消滅したとして，その後の判断に必要な時間も5時間程度でそれ以降の留置については違法とした例もある。

道路交通法違反等比較的軽微な違反事件は，氏名等が判明し家族関係や前科

等の確認もでき（通常その資料収集に必要な時間は留置を継続できる。），逃亡の
おそれがなくなれば，証拠隠滅のおそれがない限りなるべく早期に釈放すべき
であるといえる。

(2) 現行犯人（狭義）

「現に罪を行い，又は現に罪を行い終った者」（212条1項）を狭義の現行犯
人という。その犯罪が現在の事件であって，逮捕者の見ている前で行われてい
るか，又は犯罪の終了直後ないし犯行後時間的・場所的に接着した段階である
ことが要件となる（犯罪の現行性と時間的・場所的近接性）。そして，そのこと
が逮捕者に明らかであることを要する（犯罪と犯人の明白性）。

逮捕者に明らかとは，「何らかの犯罪を犯した犯人」という漠然としたもの
ではなく，「特定の犯罪を犯した犯人」であることを逮捕者が明白に確知し得
ることである。要するに，犯行の「現場性」の確知である。

【判例】　現行犯人と認められた事例（最決昭31・10・25刑集10・10・1439）

犯人がA飲食店内において飲酒酩酊の上，玄関で従業婦の胸を手拳で強打し，
さらに同店勝手口のガラス戸を故意に破損したため，同店主人が直ちに付近の
派出所へ届け出，現場に急行した警察官が同従業婦から犯人の犯行状況を聞き，
「今B飲食店にいる。」と告げられたことから，破損箇所を確認した上直ちにA
店から約20メートル隔てたB店に赴き，犯行後三，四十分を経過した時点で手
を怪我して大声で叫びながら洗足している犯人を狭義の現行犯人として逮捕し
た事案につき，適法としている。

【判例】　現行犯の要件，犯罪と犯人の明白性（最判昭50・4・3刑集29・4・132）

あわびの密漁犯人を現行犯逮捕するため，その密漁船を約30分間追跡した漁
船員から依頼を受けた船足の速い他の漁船追跡者が，逃走船の船員があわび密
漁犯罪の現行犯人であると知って，約3時間にわたり同密漁船の追跡を継続し
た末，犯人を現行犯逮捕した行為は適法であるとしている。

上記判例は，いずれも逮捕者にとって犯行の「現場性」（犯罪と犯人の明白性）を確知するに十分なものと判断したものと解される。

⑶　準現行犯人

ア　準現行犯人の意義

準現行犯人とは，212条2項に挙げられた4つの特別事由の1つに該当する者が，「罪を行い終つてから間がないと明らかに認められる」ことによって，現行犯人とみなされた者のことで，「みなし現行犯人」ともいわれる。その4つの特別事由は，①犯人として追呼されているとき，②贓物又は明らかに犯罪の用に供したと思われる兇器その他の物を所持しているとき，③身体又は被服に犯罪の顕著な証跡があるとき，④誰何されて逃走しようとするときであり，その1つにでも該当すれば特別事由の該当者となる（212条2項）。

イ　準現行犯人の一般的要件

「罪を行い終つてから間がない」とは，犯行終了時から客観的に時間的に近接した時点をいう。狭義の現行犯の場合は，「現に罪を行い，又は現に罪を行い終った」ことが要件とされるが，これと比較すれば時間的近接性が緩やかになる分（学説では犯行との時間的近接性については，最大数時間を出ない程度とされるのが多い。），それを4つの特別事由の1つにでも該当することで補完する法形式をとる。「間がない」との判断は，逮捕者が現場で逮捕する際に認識することができた状況をもって判断するものであるが，それは逮捕者にとって必要な「犯罪と犯人の明白性」である。その現行犯性の基礎付けは，このために時間的近接性に対応した場所的近接性も考慮されることとなるが，それは単に時間の経過の長短で決せられるわけではない。「まだ煙が出て燻っている」状態，すなわち，犯罪とその犯人（被逮捕者）との結びつきが消え去っていない，「明白性」があると評し得る状態でなければならない。

第4章 強制捜査 73

> **【判例】 犯罪と犯人の明白性——和光大学内ゲバ事件（最決平8・1・29刑集50・1・1）**
>
> 　過激派の対立から鉄パイプ等を所持集合して殴り合う等の犯行に及んだ，いわゆる内ゲバ事件（凶器準備集合，傷害）が発生し，犯人逃走中としてその犯人の服装等無線情報を受けた警察官甲，乙らが，犯人を探索中に甲らにおいて犯行後約1時間が経過し犯行現場から直線距離で約4キロメートル隔てた場所でAを発見し，不審な挙動等から職務質問のため停止を求めたところ，逃走したので約300メートル追跡して追い付いた際，Aが腕に籠手を装着しているのを認めたので準現行犯人として逮捕した。また，乙らにおいて，犯人探索中に犯行後約1時間40分が経過し犯行現場から直線距離で約4キロメートル隔てた場所で着衣等が泥で汚れたB，Cを発見し，職務質問のため停止を求めたところ，逃走したので数十メートル追跡して追い付いた際，同人らの髪がべっとり濡れて靴は泥まみれであり，Cが顔面に新しい傷跡があり血の混じった唾を吐いているなどの事情があったので，B，Cを準現行犯人として逮捕したことは，いずれも212条1項2号ないし4号に当たる者が，「罪を行い終ってから間がないと明らかに認められたとき」に当たるということができるとした。

　本決定は，警察官が行ったAの逮捕については，犯行後約1時間経過で犯行場所から約4キロメートル隔て，特別事由は2号・4号に該当し，また，B・Cの逮捕については，犯行後約1時間40分経過で犯行場所から約4キロメートル隔て，特別事由は3号・4号に該当するとする事案であるが，その時間経過と犯行場所からの相当の隔たりが問題となる。準現行犯人の場合，犯罪と犯人の結びつきの徴表となる具体的状況を4つの特別事由として列挙し，そのいずれかに該当することが準現行犯人とみなされる前提要件であり，「煙が出て燻っている」状態からして，その直前の火事（犯罪）を現認したのと同視される。したがって，その燃え上がっていた火事（犯罪）に代わるだけの，「犯罪と犯人との結びつき」が明白であることの類型的徴表・担保となる重要な4つの特別事由を，逮捕者が逮捕に当たって自ら直接確認することが求められる。

　しかし，4つの特別事由の間にも犯罪と犯人との結合徴表力には濃淡がある

のであり，その結合徴表力は1号ないし3号は比較的濃いものの，4号はそれ
ほど濃くはないことから，その分より犯罪と犯人の結びつきを補完する他の補
強事情が求められ，それに応じて犯罪との時間的・場所的近接性の長短が検討
されなければならない。その補完事情は，本決定の場合は，判断資料に無線情
報による犯人像があり，それとの総合判断があることが逮捕を適法との結論に
導いた要因になったものと考えられる。この補完事情に関しては，本決定の原
審の東京高判平5・4・28高刑集46・2・44が，「『罪を行い終ってから間が
ないと明らかに認められるとき』とは，何の情報も与えられていない一般人の
立場に立ってこれを判断すべきものではなく，現に発生した犯罪行為の概要や
犯人像について一定の情報を与えられ，警戒に当たっている警察官の認識力や
判断力を基準としてよいことはいうまでもない。

　原判決（東京地八王子支判平3・3・11）が分断評価したこれらの事実を総合
すれば，和光大学南方に逃走した内ゲバ事件の革マル派犯人たちが派出所周辺
に現れてもおかしくない時分に，一見して活動家風の2人連れの男が現れ，し
かも，この2人が揃って傘もささず，頭髪やジャンパーの袖口が雨に濡れ，派出
所付近は舗装道路で靴が泥で汚れるはずもないのに，泥で汚れた靴を履き，小
走りに駆けて来て，きょろきょろ辺りを見回したうえ，立哨中の警察官と目が
合うや慌てて目をそらして，小走りに立ち去ろうとしたというのであるから，
これを疑わない方が不思議といってよく，このような同被告人らの挙動や服装
には，約1時間ほど前に和光大学で発生した本件内ゲバ事件との関連を疑わせ
る異常性が十分あったことは明らかである」と判示していることが参考になる。

ウ　各特別事由の検討

　1号は，「犯人として追呼されているとき」で，「追呼」とは，犯罪終了後，
その犯人として追跡又は例えば，「泥棒！」などと呼ばれている状況をいう。
声を発して追うのが通常であるが，身振り手振りで追いかけている状況も含む。

　犯罪終了後継続して追呼することを要するが，犯人を一時見失った場合でも，
追跡が中断することで犯人が入れ替わっているおそれがない場合，すなわち，
袋小路などで間もなく発見して追呼したような場合で誤認のおそれがないとき
は，「追呼」と認めてよい。

　2号は，「贓物又は明らかに犯罪の用に供したと思われる兇器その他の物を

所持しているとき」で、「贓物」とは、財産犯によって得られた物をいう。犯罪の用に供したと思われる「兇器」とは、人を現実に殺傷し得る物件をいうのであって、紐などのように用法上は人を殺傷し得る物であっても、通常、殺傷用具としての危険性を人に抱かせないような物件はここでいう「兇器」には当たらない。「犯罪の用に供した」とは、住居侵入罪ならそれに用いたドライバー等である。凶器以外の「その他の物」とは、贓物や凶器以外の物でなおこれらと同様に犯罪と犯人とを結びつけると思われる物をいい、犯罪の組成・生成物件、獲得物件等がある。犯人が被害時の被害者の状況を撮影した写真を携帯電話機の中に保存していることなどがそれに当たる。これらの物件の所持は必ずしも逮捕時に所持している必要はなく、これを犯人が捨てて逃走した状況のつながりが現認されていればその場合も含まれる。最判昭 30・12・16 刑集 9・14・2791 は、現行犯人とみなされるためには、必ずしも逮捕の瞬間に 2 号掲記の物件を所持している必要はないとしている。同事案では、贓品らしいモーターを携えていたのでこれを追跡し、モーターを売却後職務質問をした結果、窃盗してきたことを自白した事案について、準現行犯であることを認めている。

　3 号は、「身体又は被服に犯罪の顕著な証跡があるとき」で、身体に傷跡があったり、被疑者が着用している衣服（帽子や履物を含む。）に血痕の付着や破損状況があって、殺人・傷害罪等の犯人であることが推認されるような場合や、手に石油が付着していることから放火の犯人であることが推認されるような場合をいう。名古屋高判平元・1・18 判タ 696・229 は、酒気帯び運転の被疑者に対し、飲酒検知器により呼気を測定した結果、呼気 1 リットルにつき 0.35 ミリグラムのアルコール量を検出したときは、3 号に当たるとしている。

　4 号は、「誰何されて逃走しようとするとき」で、「誰何」とは、「誰か」と声をかけて問い質すことである。問い質すのは警察官である場合が通常であろうが、私人による誰何も含まれる。最決昭 42・9・13 刑集 21・7・904 は、犯罪発生直後現場に急行した警察官が、引き続き犯人を捜索中、犯行後四、五十分を経過した頃、現場から約 1,100 メートルの場所で、犯人と思われる者を懐中電灯で照らし、警笛を鳴らしたのに対し、相手方が警察官と知って逃走しようとしたときは、口頭で「誰か」と問わないまでも「誰何されて逃走しようとするとき」に当たるとしている。

(4) 逮捕関連の諸手続

　現行犯人は，犯罪と犯人が明白であることから，何人でも（捜査機関はもちろん私人でも），逮捕状なくして逮捕することができ，その際には被疑事実の要旨を告げる必要はない。犯罪と犯人が明白であるからその必要はないのである。

　また，前述のとおり，現行犯人として逮捕する者自身において，現行犯人であることが自ら直接的に認識できるものでなければならない。このため，被害者から被害の通報を受けた警察官は，犯行自体は現認していないが，その犯人像等の申告内容，被害者の被害傷跡等，警察官が直接知ることのできた諸事情を総合判断することにより，逮捕する相手がその犯人像に該当する現行犯その者であると判定して逮捕するということも許される。

　下級審の裁判例では，警察官が，被害者から暴行被害事実とその痕跡を確認した上，更に被疑者の暴行事実の自認に基づいて警察官が現行犯逮捕することは適法であるとしたものがある（釧路地決昭48・3・22刑裁月報5・3・372）。その他，東京高判昭53・6・29東時29・6・133は，私人が犯人の現行犯逮捕に着手後に警察官に通報したことから，通報を受けた警察官が，犯行現場から約200メートル隔てた場所で犯人を発見して任意同行を求め，被害私人の確認を得て逮捕したことは適法であるとしている。

　警察官・私人を問わず，現行犯人を逮捕するに当たって認められる必要な有形力行使の程度は通常逮捕の場合と同様であるが（最判昭50・4・3刑集29・4・132），私人は警察官と異なって，逮捕の訓練を受けておらず，逮捕の職責を有する警察官に要求される限度より緩和される（東京高判昭37・2・20下刑集4・1＝2・31）。犯人は現行犯逮捕しようとして実力行使に至る逮捕者に対しては，正当防衛として反撃することは許されない。

　逮捕後の手続としては，捜査機関が逮捕した場合はその現場でとることができる行為として，通常逮捕や緊急逮捕の場合と同様，令状なくして「逮捕の現場における捜索・差押え・検証」をすることがある。私人逮捕の場合はそれは許されない（220条1項）。

　私人が現行犯人を逮捕したときは，直ちにこれを検察官又は司法警察職員に引き渡さなければならず（214条），司法巡査が私人から「私人逮捕」の現行犯人を受け取ったときは，速やかにこれを司法警察員に引致しなければならない（215条）。その他の手続については，通常逮捕の場合と同様である（216条）。

4 任意同行と実質逮捕

(1) 任意同行の態様

任意同行の態様としては，まず**行政警察活動**としての任意同行がある。警職法2条の規定に基づき，警察官が一定の要件に従い挙動不審者等に対し職務質問を行うため，一定の事情を考慮の上，付近の警察署等に同行を求める場合である。この場合，刑事訴訟に関する法律によらない限り，身柄を拘束し，あるいはその意に反して警察施設へ連行し，又は答弁を強要することはできない（同条3項）。

次に検察官の捜査あるいは警察官の**司法警察活動**（捜査）としての任意同行がある。198条1項の規定に基づき，捜査機関が被疑者に対して取調べを行うため出頭を求める場合で，任意捜査として行われる。犯罪を犯したと疑うに足りる相当な理由のある者，すなわち挙動不審者であり犯罪の嫌疑が濃厚な者に対する任意同行は，特段の事情がない限りは，警職法上の任意同行と刑訴法上の捜査の必要性のある任意同行とが競合していると言える。

(2) 任意同行と実質逮捕の区別

前記いずれの場合も，任意の同行であるので，実質的に逮捕となるような強制手段にわたることは許されない。しかし，事案によっては，強制手段にわたらず，必要性，緊急性などを考慮し，具体的状況の下で相当と認められる限度内で有形力の行使に至ることも許される場合があることは前述のとおりである。それが逮捕と「同視」されるような強制手段にわたるものであるか否かの判断は，具体的事案において，同行を求めた理由・目的，事案の軽重と必要性，時間帯（早朝・深夜等），場所（同行先への距離の関連），同行方法・態様，被疑者の年齢・性別等，同行前後の被疑者の意思（拒否の強弱），取調べ状況（取調べの方法，取調べの長短，取調べ場所，捜査官の数，休憩の有無等），監視状況，被疑者の対応（任意取調べのため取調べ受忍義務がなく退去の自由があることを前提として，その退去意思の表示の有無ないし強弱等），逮捕状発付の有無，捜査官の令状主義潜脱の意図等，要は任意同行前後の諸事情を総合的に考慮し，令状主義違反となるか否かが判断されることになる。しかし，実務上は任意同行が実質的な逮捕に当たるか否かは，捜査初期の切迫状況の中で微妙な場合が起こ

りうる。こうして，任意同行とそれ以後の取調べについては，①適法な任意捜査といえる場合，あるいは，②相当性を欠くとされて違法とされる任意捜査，そして，③違法が大きく任意捜査を超えて強制捜査そのものとなる場合，の各形態に分類される。

　なお，職務質問時の「留め置き」については，前述のとおり（20頁参照）である。

【裁判例】　実質的な逮捕と同視されないとされた事例（長崎地決昭44・10・2 判時580・100）

　　鋼材贓品を売りに来た者がいるとの業者からの通報で現場へ駆けつけた警察官が被疑者を不審者として職務質問しようとするや，いきなり逃げ出したため，同被疑者を追跡して追いつきざまにその肩に手をかけて立ち止まらせて質問を続行したところ，被疑者が窃盗の犯行を自白し，このため同被疑者を警察官3名で取り囲むようにして自動車に乗車させてこれを任意同行した上，被害者からの確認等により緊急逮捕した事案において，警察官らが被疑者を追尾の上停止させるために肩に手をかける程度の行為の有形力の行使は，逮捕と同視し得るほどの強制力であるとはいえ，被疑者が観念して同行に応じたものとして適法としている。

　他方で，実質的な逮捕と同視された裁判例もあり，任意同行の実質が逮捕と同視される状態に至ったときは，その時点でこれを始期として，以後は203条ないし205条の制限時間に関する規定が適用され，その超過があるとしてその後の勾留請求が却下される場合，あるいは，その制限時間内でも令状主義潜脱の重大違法として勾留請求が却下される場合がある。

> **【裁判例】　実質的な逮捕と同視された事例（高松地決昭 43・11・20 下刑集 10・11・1159）**
>
> 　警察官 3 名が任意同行を求めた被疑者に寄り添って監視し，携行の逮捕状でいつでも逮捕できる態勢で警察署まで乗用車で連行した後，直ちに取調べと被疑者宅等の捜索・差押えを行った行為は，実質的にみて有形力の行使と同視すべき無形的方法による身体的拘束状態の連行であり，その時点で逮捕がなされたものといえるとし，逮捕状が発付されている被疑者の任意同行の連行時を逮捕の始期と認定し，勾留請求は 205 条 2 項の制限時間を超えているとして勾留請求を却下した。

(3)　捜査方法としての任意同行

　任意同行は，被疑者が任意に応ずることが前提であり，最決昭 51・3・16 刑集 30・2・187 は，これまでみてきたように，任意捜査における有形力行使の限界の基準を示し，「任意捜査における有形力の行使は，強制手段，すなわち個人の意思を制圧し，身体，住居，財産等に制約を加える強制的な捜査目的を実現する行為など特別の根拠規定がなければ許容することが相当でない手段にわたらない限り，必要性，緊急性などをも考慮したうえ，具体的状況のもとで相当と認められる限度において，許容される」としている。

　有形力の行使がなくても心理的に「個人の意思を制圧」する場合があり，その場合の許容性の限界の基準を示したものとして，警察が手配した宿泊施設に泊めて 5 日間連続して取調べをした事案についての，非常に重要な最高裁決定（前掲高輪グリーンマンション殺人事件）がある。

> 【判例】 任意同行の限界──高輪グリーンマンション殺人事件（最決昭59・2・29刑集38・3・479）
>
> 　「任意捜査の一環としての被疑者に対する取調べは，強制手段によることができないというだけでなく，事案の性質，被疑者に対する容疑の程度，被疑者の態度等諸般の事情を勘案して，社会通念上相当と認められる方法ないし態様及び限度において許容される」とした上，被疑者が自ら寮に帰るのはいやなのでどこかに泊めてほしい旨の答申書を提出するなどして取調べに応じている等の具体的状況の下では任意捜査の限界を超えた違法のものとはいえないと判示した。

(4)　違法な任意同行後の逮捕を前提とする勾留請求の適法性

ア　任意同行又はその後の取調べの時点で実質逮捕と評価される場合

　実質逮捕と同視される時点から起算して法定の制限時間内に検察官送致手続・勾留請求がなされており，実質的に緊急逮捕の要件が存在し，かつ，実質逮捕の違法が重大とまでは言えないのであれば，勾留を認めるというのが実務の大勢であるといえる。

　しかし，実質的な逮捕中の長時間の取調べの有無，その時点から起算した制限時間内の勾留請求であるか否かなど諸事情を総合して，実質的な逮捕が重大な令状主義違反であるか否かを判断する学説や下級審裁判例もある（名古屋地決昭44・12・27刑裁月報1・12・1204，東京地決昭47・8・5刑裁月報4・8・1509等参照）。いずれにせよ，任意同行に許容限度を超えた違法があったとしても，すべてが実質的な逮捕になるわけではなく，前記最決昭59・2・29が示した諸事情を総合考慮して，逮捕と同視できるだけの身体拘束がされたと客観的に認められる場合に限り，違法と結論づけられる。もっとも，制限時間以内でも，任意同行に重大な違法がある場合には勾留が認められない場合もある。

　実務の運用実態は，任意同行後の取調べの後に逮捕状を請求して逮捕した場合や，当初から逮捕状を用意して任意同行後，取調べを行ってから逮捕した場合には，任意同行時点を起算点として制限時間を遵守している。

イ　任意同行中に収集された証拠（自白調書等）の証拠能力を巡る問題

　判例は，任意同行等に違法があってもそれが令状主義の精神を没却するような重大なものでなく，将来における違法な捜査の抑制という見地からも悪影響がなければ証拠能力を認める趣旨の見解をとっていると言える。

　任意同行が違法であるとして，その後に得られた証拠の証拠能力を否定した下級審裁判例も少なくない（松山地判平22・7・23裁判所ウェブサイト等）。

第3節　被疑者の勾留

1　被疑者勾留の要件

〈刑事訴訟法207条1項本文〉
　前三条の規定による勾留の請求を受けた裁判官は，その処分に関し裁判所又は裁判長と同一の権限を有する。

〈刑事訴訟法60条1項〉
　裁判所は，被告人が罪を犯したことを疑うに足りる相当な理由がある場合で，左の各号の一にあたるときは，これを勾留することができる。
　　一　被告人が定まつた住居を有しないとき。
　　二　被告人が罪証を隠滅すると疑うに足りる相当な理由があるとき。
　　三　被告人が逃亡し又は逃亡すると疑うに足りる相当な理由があるとき。

(1)　検察官の勾留請求

　刑訴法207条1項本文により，被疑者の勾留に関し，被告人の勾留に関する規定が準用され，検察官は，被疑者が逮捕された場合，所定時間内において，勾留裁判の権限を有する裁判官に対して勾留請求をすることができる。

　その制限時間内に勾留請求又は公訴提起のいずれもしない場合は，被疑者を釈放しなければならない（逮捕状による通常逮捕に関する204条1項，205条1項。

82

さらに，緊急逮捕に関し211条，現行犯逮捕に関し216条がそれぞれ199条の通常逮捕の手続を準用することで，204条1項，205条1項も準用する。）。

(2)　裁判官の判断

勾留請求を受けた裁判官は，勾留質問手続（207条，61条，規則39条）を行い，勾留請求を認容するときは勾留状を発付し，捜査機関はその勾留状を執行する（執行指揮は検察官が行う。70条1項・2項，207条1項）。

勾留請求を認容しない場合は，これを却下する裁判をする。なお，「被告人」を勾留することについては，検察官には請求する権限はなく，裁判所に対し，職権発動を求めることだけができる。

被疑者を勾留するためには，被疑者が特定の罪を犯したことを疑うに足りる相当な理由がある場合であって，①定まった住居を有しないとき，②罪証を隠滅すると疑うに足りる相当な理由があるとき，③逃亡し，又は逃亡すると疑うに足りる相当な理由があるときのいずれか1つ以上に当たることを要する（60条1項，207条1項）。

ただし，30万円（刑法，暴力行為等処罰に関する法律及び経済関係罰則の整備に関する法律の罪以外の罪については，当分の間2万円）以下の罰金，拘留又は科料に当たる罪については，勾留は被疑者が①の要件を満たしたときに限られ，②③の要件では勾留することができない（60条3項）。

(3)　逮捕前置主義

207条1項の「前3条」（204条～206条）は，逮捕に続いての勾留請求の規定であるから，身柄を拘束していない在宅被疑者をいきなり勾留することはできない。その理由は，まず48時間以内の留置時間を法定した逮捕に際して一度司法審査し，身柄拘束の要否・継続を認め，勾留の必要があれば，更に判断（司法審査）するという二段階の司法審査を行うことで，身柄の扱いをより慎重に行うべきとするからであり，これを逮捕前置主義と呼んでいる。

この「逮捕に続く勾留請求」における逮捕と勾留請求の両事実は同一であることが前提であるが，逮捕事実を勾留請求するに際し，逮捕事実に未逮捕の被疑事実を付加して勾留請求をしても，被疑者に不利益でないことから裁判官もこれを許容している。

第4章　強制捜査　83

2　勾留の手続

(1)　勾留状の発付と身柄拘束

　検察官が，204条及び205条所定の制限時間内に勾留請求をした場合，裁判官の勾留に関する裁判がなされるまで，逮捕の効力により被疑者の拘束を継続することができる。したがって，その制限時間を経過してから勾留状が発付されたり，あるいは勾留請求却下の裁判が出されたとしても，それまでの間は被疑者の身柄の拘束を継続できる（204条，205条，207条）。

　検察官から被疑者の勾留の請求を受けた裁判官は，その処分に関し，保釈を除き，裁判所又は裁判長と同一の権限を有する（207条1項）。

　なお，勾留に関する処分を行う裁判官は，職権により被疑者又は被告人の勾留場所を変更する旨の移監命令を発することができるものと解される（最決平7・4・12刑集49・4・609）。

(2)　勾留請求が却下される場合

　刑訴法は，勾留の請求を受けた裁判官は，速やかに勾留状を発しなければならないとしているが（207条5項本文），一定の場合に勾留請求が却下される場合も規定している（同項但書）。それは，勾留の理由がない場合（60条1項各号），正当な事由なくして203条ないし205条の制限時間に従わなかった場合（206条2項），勾留の必要性がない場合の3つである。

　裁判官にも勾留の必要性に関する審査権限があるかということについては，短期間の留置である逮捕についてその必要性の判断権が裁判官にあること（199条2項），勾留の必要性がない場合に勾留取消しができること（87条）などを理由に，実務では積極説で運用されている。

　勾留の必要性のある場合の典型としては，勾留の理由になる住居不定，罪証隠滅のおそれ及び逃亡のおそれ（60条1項1号〜3号）の内1つに該当すれば，これで勾留の必要性は一応推定されると解される。また，被疑者の勾留期間は，本来捜査を主宰する検察官が起訴・不起訴の処分を決するために，被疑者の取調べなどの捜査のため認められたものであるから，勾留の必要性の判断については，第一次的には検察官の判断（請求）を尊重すべきものと解される。

　明文の規定はないが，勾留状を発しない場合として，逮捕手続に勾留請求を

違法とするほどに重大な違法がある場合も挙げられる。

逮捕前置主義をとっているため，勾留請求に先立つ逮捕手続に勾留請求を違法にするほどの重大な瑕疵があれば，勾留を容認できないものと解されている。

しかし，逮捕手続に瑕疵があっても，その後の勾留請求が当然に違法となるものではない。具体的事案において瑕疵の程度を総合的に判断し，結局，勾留請求を違法にしなければならない程度に重大な違法があるとされる場合に，初めて勾留請求が却下される。

逮捕手続の違法を理由に勾留請求が却下された裁判例としては，①青森地決昭52・8・17判時871・113及び②富山地決昭54・7・26判時946・137が，任意同行を実質的逮捕に当たるとして勾留請求を却下している。

そのほか，③逮捕状請求書に規則142条1項8号所定の事項を記載しなかった瑕疵により，同逮捕状による逮捕手続を違法としたもの（大阪地決昭43・3・26下刑集10・3・330等），④現行犯人又は準現行犯人に当たらないとしたもの（青森地決昭48・8・25刑裁月報5・8・1246）等がある。

しかし，①任意同行が実質的逮捕に当たるとしながらも，逮捕手続の瑕疵が勾留請求を違法とするほどに重大なものではないとして，勾留請求を認容したもの（名古屋地決昭44・12・27刑裁月報1・12・1204，京都地決昭47・4・11刑裁月報4・4・910），②緊急逮捕手続に違法があるとしながらも，重大違法でないとして勾留請求が認容されたものもある（東京地決昭47・8・5刑裁月報4・8・1509）。

(3) 逮捕手続の瑕疵の治癒

検察官が，勾留請求するに当たっては逮捕手続の適否を検討し，要件を欠く現行犯逮捕がなされた場合のように，その逮捕手続に勾留請求を違法とするほどに重大な違法がある場合には，被疑者を釈放して新たに通常逮捕状の発付を得て再逮捕することにより，あるいは緊急逮捕をすることにより，手続の瑕疵を治癒させてから，勾留請求をすることも実務では少なからず行われている。

(4) 勾留の裁判に対する不服申立て

検察官は，勾留請求の却下裁判に不服のある場合は，その取消しを求めて，その裁判をした裁判官所属の裁判所宛て（簡易裁判所の裁判官がした裁判につい

ては管轄地方裁判所宛て）に準抗告をすることができる（429条1項2号）。

　準抗告の申立てには裁判の執行を停止する効力がないため，本来は直ちに釈放しなければならないが，逃亡・罪証隠滅のおそれがあると検察官が判断するからこそ準抗告を申し立てるのであり，通常は準抗告に併せて勾留請求却下裁判の執行停止の申立てをする（432条，424条）。

　他方，被疑者及びその弁護人は勾留の裁判に不服のある場合，その取消しを求めて準抗告ができる。勾留状の発付に対して，被疑者・弁護人から犯罪の嫌疑がないことを理由として準抗告をすることはできないが（429条2項，420条3項。反対説あり。），準抗告審が犯罪の嫌疑の有無について職権による判断をすることに関しては，異論はない。

(5)　勾　留　期　間

　勾留期間は，勾留の請求をした日から10日間である。検察官はこの期間内に公訴を提起しないときは，直ちに被疑者を釈放しなければならない（208条1項）。しかし，やむを得ない事由があるときは，検察官は裁判官に勾留期間の延長を請求することができる。通常の事件についての延長は，通じて10日を超えることができない（208条2項）。

(6)　勾留中の被疑者の地位

　勾留中の被疑者を釈放する権限は検察官にある（208条1項）。これは検察官に対して，捜査の主宰者としての独立した釈放権限を付与したものと言える。被疑者の場合，被告人と異なり保釈は認められないが（207条1項但書），勾留の執行停止は認められる（95条）。また，被疑者が勾留された後も，勾留の理由又は必要がなくなったときは，裁判官は勾留を取り消すことができる（207条1項，87条）。勾留されている被疑者は，裁判官に対し，勾留理由の開示を請求することができ，その弁護人及び配偶者その他利害関係人もこの請求ができる（207条1項，82条1項・2項）。この勾留理由の開示は，公開の法廷で裁判官が勾留の理由を告げることであり，その手続においてなされる裁判官の行為は，429条1項2号にいう「勾留に関する裁判」には当たらず，これに対しては準抗告をすることはできない（最決平5・7・19刑集47・7・3）。

(7) 少年事件の特則

少年に対する被疑事件については，少年法によって勾留に関し特別の手続がとられ，少年法 43 条 1 項により，検察官による勾留請求は「やむを得ない場合」でなければできない（少年法 43 条 3 項）。検察官は，少年の被疑事件においては，裁判官に対して，勾留の請求に代え，観護措置（少年法 17 条 1 項）を請求することが認められる。**観護措置**は，少年審判のために家庭裁判所が行う少年の身柄保全措置をいう。検察官は，少年の被疑事件において，勾留の請求に代えてこの措置を請求することができるとされており，この観護措置は，通常は少年鑑別所に収容し身柄拘束する（収容期間は 2 週間以内で，更新は原則 1 回。少年法 17 条）。

観護措置請求手続には，勾留請求の手続が準用される（規則 281 条）。

第 4 節　逮捕・勾留を巡る諸問題

1　事件単位の原則

(1) 逮捕・勾留の効力の及ぶ範囲

逮捕・勾留は何を基準として行うべきかについて，被疑事実ごとに行われるという原則を「**事件単位の原則**」という。逮捕・勾留は，逮捕状・勾留状に記載されている「被疑事実」を基準とし，したがって，その効力は当該被疑事実にだけ及ぶとするのがこの事件単位説であり，判例・通説の採る立場である。

これは，①二重の逮捕・勾留の可否と，②勾留延長・保釈の決定に際して余罪を考慮することの可否とについて，明快な判断基準を示す原則である。

逮捕・勾留に関する規定では，「犯罪事実」，「被疑事実」，「公訴事実」などの文言が用いられているが（199 条，200 条，210 条，212 条，60 条，61 条，64 条等），これは，逮捕・勾留の理由ないし必要性は，各被疑事実（事件）ごとに判断すべきことを示すものと解され，実務でも事件単位説で運用されている。

また，身柄拘束の判断（逮捕・勾留の要件や，勾留延長・保釈の各事由の存否などの判断）は，逮捕・勾留の被疑事実ごとになされる。

捜査が進展した結果，逮捕の被疑事実と勾留の被疑事実とに「ずれ」が生じ，更に起訴に際して勾留の被疑事実と公訴事実との間にも「ずれ」が生じること

があるが，この場合は，両事実間に基本的な事実の同一性があるか否かが判断基準となり，これが認められれば同一事実として許容される。

(2) 二重の逮捕・勾留の可否

前記①の二重の逮捕・勾留の可否の問題については，逮捕・勾留の単位は被疑事実ごととすることから，例えば，同一人に対し，甲事実と乙事実の複数の被疑事実が認められる以上，二重の逮捕・勾留，すなわちその競合が可能であることとなる。この事件単位説では，被疑事実を異にしていれば，同一被疑者に対する逮捕・勾留を繰り返すことができるものの，合理的な理由を欠く逮捕・勾留の不当な蒸し返しは許されない。

【裁判例】 違法な勾留の蒸し返しとされた事例（福岡地決昭44・6・10刑裁月報1・6・714）

- -

凶器準備集合と殺人未遂の被疑事実とは実質上1個の社会的事実とみられることから，捜査も当初から一体の事実として行い，検察官は被疑者を凶器準備集合の被疑事実についてのみ起訴したところ，保釈が許可されたため改めて一体となっていた殺人未遂の被疑事実について逮捕したのは，違法な勾留の蒸し返しであるとされた。

---

(3) 勾留延長・保釈の決定の際に余罪を考慮することの可否

前記②の勾留延長・保釈の決定の際に余罪を考慮することの可否の問題についても，事件単位の原則を貫く限りは，余罪の考慮が被疑者に不利益に働く以上，容認できないこととなる。

もっとも，余罪が起訴・不起訴の決定に不可分的に関係する場合の勾留延長や，保釈の決定に際しても余罪の存在が被疑事実に関連して罪証隠滅に大きく影響するような例外的な場合は，余罪考慮も許容されるというべきである。

2　同一事実での再度の逮捕・勾留

⑴　同一事実での再逮捕・再勾留の問題点

　ある被疑者を特定の被疑事実で一度逮捕・勾留した限りは，後にそれと同一被疑事実で同一被疑者を再度逮捕・勾留することは，原則として認められないと解され，これを「一罪一逮捕一勾留の原則」という。逮捕前置主義を採用する法の立場から，この趣旨を徹底するためにも，身柄拘束（逮捕・勾留）の一回性の要請があるからである。しかし，事情により再度の逮捕・勾留を必要とする事由が生ずることもあり，そのような場合は認めてよいかが問題となる。

〈刑事訴訟法 199 条 3 項〉

　検察官又は司法警察員は，第 1 項の逮捕状を請求する場合において，同一の犯罪事実についてその被疑者に対し前に逮捕状の請求又はその発付があつたときは，その旨を裁判所に通知しなければならない。

---

　199 条 3 項はこのように規定し，また，逮捕状請求書の記載事項として前に同一の被疑事実の逮捕状の発付があったときは，その旨を逮捕状請求書に記載すべしと規定している。この規定は，同一の犯罪（被疑事実）の逮捕状請求を 2 度以上できることと，それに対する逮捕状の発付を認めていることを示すものである。勾留については，逮捕状請求の場合のような同一被疑事実で再度の勾留ができることを前提とする規定はないが，これを禁ずる規定もない。

　被疑者の勾留は，逮捕を前提とした手続であり，逮捕と勾留は，捜査上密接不可分の関係にあることから，再逮捕ができる以上，それ以後の勾留もできるものと解されており，同一の被疑事実での身柄拘束は逮捕も勾留も同一に論じることができる。

⑵　同一の被疑事実で再度の逮捕・勾留ができる場合

　この場合については規定はないが，逮捕・勾留の時間・期間につき厳格な制限規定を設けている趣旨からすれば（203 条以下），再度の逮捕・勾留が認められるにしても，合理的な必要性があり，不当な逮捕・勾留の蒸し返しにならない場合にだけ，一罪一逮捕一勾留の原則の例外として，これを認めるべきであ

ると解される。その**事例としては**，

---

① 逮捕・勾留中の被疑者が逃亡した場合の再逮捕

② 先行する逮捕等の手続に違法がある場合の再逮捕（ⓐ要件を欠く現行犯逮捕のため検察官が釈放又は勾留請求却下後，ⓑ要件を欠く緊急逮捕として緊急逮捕状の発付却下後，ⓒ正当理由のない制限時間不遵守として勾留請求却下後の場合等の各再逮捕）

③ 逮捕・勾留した被疑者を捜査官・裁判官の判断等で釈放した場合の再逮捕（ⓐ捜査官が逮捕・勾留の理由と必要性が消滅したとして釈放，ⓑ逮捕・勾留期間満了により釈放，あるいは勾留の理由と必要性なしとして勾留請求却下，ⓒ裁判官の勾留取消決定により釈放などされた場合に，その後新たに有力証拠が出てきたときの再逮捕）

などが想定される。

①の場合は，被拘束者の行為による不測の事由によって適法な拘束が中断された場合であり，その原状回復は不当な逮捕・勾留の蒸し返しとは言えない。

②の場合は，その要件を欠く現行犯逮捕であっても，緊急逮捕の実質要件があれば逮捕手続の選択の誤りとして，緊急逮捕ないし通常逮捕による再逮捕はできると解される。これに関する裁判例としては，(a)現行犯逮捕手続が違法であるとして勾留請求が却下された後，同一被疑事実で逮捕状の発付を得て再逮捕したのを適法とした例（札幌地決昭 36・10・2 下刑集 3・9 = 10・974），また，(b)現行犯逮捕手続の違法を理由に勾留請求が却下されたため，その釈放直後に検察事務官が，現行犯逮捕に係る被疑事実と同一の事実につき緊急逮捕し，緊急逮捕状の発付を得て，当初身柄拘束から 72 時間以内に再度なした勾留請求を適法とした例がある（京都地決昭 44・11・5 判時 629・103）。さらに，(c)緊急逮捕状の請求が却下された場合は，その違法の程度・内容など具体的事情の総合判断により，再逮捕の可否が判断され肯定される場合もある。

緊急逮捕状請求が「直ちに」の要件を欠くとして令状発付が却下されたことから，同一の被疑事実により通常逮捕状の発付を得て逮捕後に勾留請求した事案につき，そのような場合でもなお逮捕の理由と必要性の存する場合には，「直ちに」といえる合理的な時間を超過した時間が比較的僅少で，その合理な

超過理由がある上，事案重大で治安上社会に及ぼす影響が大きいと考えられる限り，緊急逮捕状請求が却下された後もなお再逮捕を許すべき合理的な理由があるから，通常逮捕状に基づく再逮捕が許されるとした例もある（浦和地決昭48・4・21刑裁月報5・4・874）。

③の場合は，逮捕・勾留して捜査したものの，結局その期間中には公訴維持に必要な証拠を得られず釈放した場合の再度の逮捕・勾留の可否が問題となる。

釈放した以上は事情のいかんを問わず，再逮捕が認められないとするのは妥当性を欠き，釈放後にそれまでの通常の捜査の過程では発見されなかった新証拠が発見された場合や，いったん消滅していた逃亡・罪証隠滅のおそれが新たに生じるなど逮捕を必要とする事由が生じた場合は，再度の逮捕・勾留を必要とする正当な事由があり，このような特殊の場合は身柄拘束の不当な蒸し返しに当たらないと判断され，再度の逮捕・勾留は認められるものと解される。

(3) 一罪一逮捕一勾留の原則の「一罪」の意義

一罪一逮捕一勾留の原則にいう「一罪」とは，どの範囲までを指すのか。

これは，構成要件の犯罪類型上，同種の行為を繰り返すことが予想されている常習賭博罪のような集合犯（各行為を包括し全体として単純一罪）や，数個の犯罪（可罰的行為が一罪を構成する場合の包括一罪や，科刑上一罪）の捜査において，1個の可罰的行為について逮捕・勾留した後に，一罪関係にある他の犯罪行為につき逮捕・勾留できるかという問題である。

常習犯のように刑訴法の制限時間内で，一罪関係すべての犯行の捜査を遂げ得ることは不可能な場合も多く，法も不可能を強いているとは考えられない。

したがって，個々の犯罪行為ごとに逮捕や勾留の必要性（逮捕の理由，逃亡・罪証隠滅のおそれの存否）が判断されるべきものであり，1個の犯罪行為について逮捕・勾留した後，これと一罪関係にある他の犯罪行為について捜査するとき，その理由・必要性が認められ，不当な蒸し返しにならない以上は，更に逮捕・勾留することができると考えるべきであり，それが実務の取扱いといえる。

第4章 強制捜査　91

> 【裁判例】　保釈中の犯罪と再勾留（福岡高決昭42・3・24高刑集20・2・114）
>
> 　保釈中に前件と常習一罪の関係にある罪を犯した場合，後の罪についても勾留できるかが争われた事案につき，勾留の対象は，逮捕とともに現実に犯された個々の犯罪事実を対象とするものと解するのが相当であるとして，「各事実が包括的に一罪を構成するにとどまる場合であっても，個々の事実自体の間に同一性が認められないときには，刑訴法60条所定の理由があるかぎり各事実毎に勾留することも許されると解するのが相当である。けだし，勾留は主として被告人或は被疑者の逃亡，罪証隠滅を防止するために行われるものであって，その理由の存否は現実に犯された個々の犯罪事実毎に検討する必要があるからである（刑訴法60条1項参照）。……公訴の提起の効力及び既判力が一罪の全てに及ぶ（刑訴法256条，312条，337条1号）とされるのは同一の犯罪について重ねて刑事上の責任を問われないいわゆる一事不再理の原則（憲法39条）に基づく法的安定性の強い要請によるものであるのに対し，他方勾留は主として被告人或いは被疑者の逃亡，罪証隠滅を防止するというきわめて現実的な要請によるものであり，それとこれとはそれぞれ制度本来の趣旨を異にするものであって，必ずしも直接関連するものではない」旨判示した。

3　別件逮捕・勾留論

⑴　概　　要

　いわゆる「別件逮捕・勾留論」とは，明文の規定がある概念ではなく，捜査機関がとる捜査手法の一つについて，これを俎上に載せその適法性を論議するための，あくまでも講学上の概念である。

> **【判例】　別件逮捕・勾留の概念──狭山事件（最決昭52・8・9刑集31・5・821）**
>
> 　捜査手法として「専ら，いまだ証拠の揃っていない『本件』について被疑者を取調べる目的で，証拠の揃っている『別件』の逮捕・勾留に名を借り，その身柄拘束を利用して，『本件』について逮捕・勾留して取調べるのと同様な効果を得ることをねらいとしたもの」を，別件逮捕・勾留であると一応定義づけているものの，本件ではそれには当たらないと断じており，判例としては当該判決の結論に不可欠でなく付随的理由にとどまり，先例としての拘束力を持たない，いわゆる「傍論」になるものである。

　別件逮捕・勾留論は，憲法33条が規定する令状主義の潜脱問題，その後になされる本件での逮捕・勾留の身柄拘束に関する制限時間（203条以下）の潜脱問題，これがひいては憲法38条2項に反する自白獲得のための逮捕・勾留につながるという問題があるとして，その適法性を問題とするものである。また，違法な別件逮捕・勾留であるとされた場合は，その間に獲得した被疑者の自白の証拠能力や信用性が否定されることもある。別件逮捕・勾留による取調べが違法とされて自白の証拠能力が否定された裁判例としては，①蛸島事件の金沢地七尾支判昭44・6・3刑裁月報1・6・657，②東京ベッド事件の東京地判昭45・2・26刑裁月報2・2・137，③東十条強盗殺人事件の東京高判昭45・8・17判時603・27，④神戸まつり殺人等事件の大阪高判昭59・4・19高刑集37・1・98等の各判決があるが，最高裁の判例で否定されたものはない。

　違法な別件逮捕・勾留であるかどうかの判断は，別件の逮捕・勾留の理由と必要性の存否を中心として，別件の事案の軽重・性質，別件と本件の取調べの方法・期間・程度・両事件の関連性等の比較，捜査官の意図（令状主義の潜脱意図等）などの事情を資料として総合判断することとなる。この点，別件を基準とし違法性の有無を判断するとする別件基準説と，本件を基準とすべきであるとの本件基準説とが従来対立するとされてきた。

　しかし，別件の逮捕・勾留の必要性があり，別件と本件とが社会的事実として一連の密接な関連がある場合において，別件で逮捕・勾留中の被疑者に対する別件の取調べに関連付随した本件の取調べが適法であることは前掲の狭山事

件（最決昭52・8・9）の判例に照らしても認められ，また，そもそも逮捕・勾留事実以外の余罪の取調べをすることも，令状主義を潜脱する特段の事情がない限り，一般的には許容されるところである。

(2) 別件逮捕・勾留論の根本

　前掲狭山事件の判例は，別件の逮捕・勾留中に「専ら」本件を取り調べた場合にこそ，「別件逮捕・勾留」に当たるとしていることは，このような極限的な捜査方法を現実に行った場合に初めてこれが論じられるということを判示したものといえる。

　この別件逮捕・勾留が違法であるかどうかの判断基準を巡っては，以前から本件基準説と別件基準説とが対立しているとして扱われてきたことは前述のとおりであるが，両説は対立しているようで実は必ずしも噛み合っているものではないと言える。別件逮捕・勾留論は，別件逮捕・勾留は，そもそも「敵は本能寺にあり」の敵本主義とでもいうべきものであって，「捜査機関は別件で逮捕状ないし勾留状を請求しているが，実はそれは別件に仮借した本件取調べのためのものであるから，令状主義を潜脱する違法なものである」とするものである。したがって，実は別件逮捕・勾留論はそもそも，本件基準説でなければ成り立たない論というべきである。しかし，裁判所は請求された事件・被疑事実（別件逮捕・勾留論でいうところの「別件」）に対して判断するものであって，それ以上のものであってはならない。したがって，逮捕・勾留の目的は，起訴前のそれは捜査の必要のために認められる制度であって，捜査機関は逮捕・勾留期間中被疑者・参考人を取り調べるなどして，起訴・不起訴の終局処分をするに十分な段階に至るまで捜査を続けることができる。その間，逮捕・勾留事実の処分をするに必要な限り，余罪であっても取調べ受忍義務を課して被疑者を取り調べるなどの捜査ができ，こうした捜査の結果，処分の機が熟して起訴が相当と判断されれば，検察官は公訴を提起し，不起訴処分をするのであれば，仮に勾留期間が残っていても速やかに身柄を釈放することになる。

　この逮捕・勾留の目的基準からすれば，逮捕・勾留事実の捜査がこれに適っていないと判断される時点以降の勾留が違法と判断され，違法と判断される勾留期間における自白調書であれば，違法収集証拠として証拠能力が問題とされ，その違法が重大であれば任意性に欠ける供述としてその証拠能力が否定される

こととなる（319条1項）。このようにして，別件逮捕・勾留論を持ち出すこともなく，逮捕・勾留自体の適法性の問題として解決し得るのであり，この見解からすれば，実はそもそも別件逮捕・勾留論の存在自体が不要であり，同論議はもはや歴史的意義しか有しないということになる。

第5節　捜索・差押え・検証

1　令状による捜索・差押え・検証

(1)　概　　説

　捜索・差押え・検証は，強制捜査として行われる捜査手段であり，捜査機関（検察官，検察事務官，司法警察職員）は，犯罪の捜査をするについて必要があるときは，裁判官の発する令状により，捜索・差押え・検証をすることができる（憲法35条1項，刑訴法218条1項・2項）。

　裁判官の発付する捜索・差押え及び検証令状は，逮捕状と同様に命令状ではなく許可状であることから，捜査機関においてこれら令状を得ても執行に際しては現実に強制処分をするかどうかの判断をして，必要に応じてこれらを行うことになる。

　捜索・差押えは，場所・事件等ごとに捜索する場所及び押収する物を明示した各別の令状を必要とする（憲法35条1項・2項）。

　また，人の身体の検査は捜索・差押えや検証を超えるものであるため，人の身体を検査するためには，これらの令状の他に，身体検査令状も必要とする（218条1項・5項・6項。ただし，鑑定のための身体検査は，168条による。）。

　このほか，報道機関の取材ビデオテープに対する捜査機関の差押処分が憲法21条に違反しないか争われることがあるが，これを合憲とするのが判例・多数説である。

> **【判例】　報道機関の取材ビデオテープと差押え（最決平元・1・30刑集43・1・19）**
>
> 　重大な贈賄被疑事件において，現金供与申込みの犯行の状況をありのままに収録した報道機関のビデオテープ（マザーテープ）の捜査機関が行う差押処分について，同テープが重大な被疑事件の解明にはほとんど不可欠であり，報道機関による同テープの放映自体には支障を来さないなどの事情を考慮し，その具体的事情の下においては，憲法21条に違反しないとしている（その他，最決平2・7・9刑集44・5・421も参照）。

(2)　捜索・差押え・検証の意義

　捜査段階で行う捜索とは，捜査機関が証拠物件又は犯人を発見するため，強制的に特定の場所に立ち入るなどして物又は人を探求するための処分をいう。

　物の発見のための捜索は，特定の人の身体，物件又は住居等の場所について，証拠物件又は没収すべき物件の発見を目的として行う（222条1項，102条）。通常は，捜索と差押えを併せた1通の「捜索・差押許可状」の発付を得て執行される。

　人の発見のための捜索は，住居その他特定の場所について，逮捕すべき被疑者，勾引・勾留すべき被告人の発見を目的として行う。しかし，通常の逮捕のための人の捜索は，220条1項1号により捜索令状なくしてできるので，実務上はほとんど同号の範囲で目的は達成されている。

　差押えは，所有者，所持者又は保管者から証拠物又は没収すべき物の占有を強制的に取得する処分をいう（222条1項，99条1項）。差押えと任意処分としての領置（任意提出と遺留物領置）とを併せて「押収」という。

　検証とは，特定の場所，物，人を対象として，五感の作用によりその存在・形状・性質及び状態を認識することを目的として行う令状による強制処分をいい，令状なくして同様の目的を果たす任意処分としての手続を「実況見分」ということは，前述のとおりである。

⑶ 令状請求の要件

ア　捜索・差押え等の必要性

令状請求の要件としては，まず，捜査のため必要があることである（218条1項）。ここで，捜査機関が本来目的とする事件（本件）があってその証拠物を収集する目的で，他の令状請求の資料の調った別事件で発付を受けた令状によって捜索・差押えを行うことがあれば，**別件捜索・差押えの適法性**としての問題が生じる。

この場合は，前述した別件逮捕・勾留論と同様，別件について捜索・差押えを行う理由と必要性が存在する以上，別件の捜索・差押えの限りでなら適法との考え方ができそうであるが，捜索によって本件証拠物が「発見」されただけで，実質目的を果たし得ることから，別件捜索は消極説が相当である。

ところで，捜索の結果，たまたま本件の証拠関係物件が発見された場合に，これを差し押さえるためには，どうすればよいかが問題となる。

所有者等から任意の提出が受けられれば，それによればよいのであるが，それができなければ令状の発付を新たに得て差し押さえなければならない。もっとも，それが拳銃や覚醒剤のような場合は，その所持者が現場に居る限り，その不法所持の現行犯人としてその所持者を逮捕して，その逮捕に伴う無令状の差押えを行うことは可能である。

イ　嫌疑の存在

令状請求の要件の2つ目は，被疑者が特定の罪を犯したと思料される一定の嫌疑があることである。その犯罪の嫌疑の程度は，逮捕状請求の場合に求められる「罪を犯したことを疑うに足りる相当な理由」までは要求されないと解される（199条2項参照）。

したがって，令状請求書にも，「罪を犯したと思料されるべき資料」を提出することで足り（規則156条1項），実務ではこれを疎明資料という。

捜索等は捜査の初期の段階で行われることが多いため，現実にも嫌疑の程度の高い資料を収集することが困難であることと，逮捕の場合と比べて人権侵害の程度が低いことから，「嫌疑の程度」を一定の程度にとどめたものと言える。

ウ　第三者に対する場合

　また，被疑者以外の第三者の身体，物又は住居その他の場所については，押収すべき物の存在を認めることができる状況があることが必要である（222条1項，102条2項。規則156条3項）。被疑者の住居・事務所・机等には通常，証拠物件が存在する蓋然性が高いのであるが，第三者の住居等となれば，必ずしもそうとはいえず，特に証拠物件がそこに存在している事情が必要だからである。

　この点に関しては，郵便物等に関しても，被疑者から発し，又は被疑者に対して発したものの場合は，それだけで押収の必要性は満たされるが，これがそれ以外の郵便物等の書類で通信事務取扱者が保管し，又は所持する物を差押えの対象とするためには，その物が被疑事件に関係があると認めることができる状況が求められる（222条1項，100条1項・2項。規則156条2項）。

【判例】　差押えの目的物（最判昭51・11・18 裁判集202・379）

　暴力団組員による恐喝被疑事件の捜索差押許可状に差押えの目的物として，「本件に関係のある暴力団を標章する状，バッジ，メモ等」と記載されている場合，同組組員らによる常習的な賭博場開張の模様が記載されているメモを差し押さえれば，これにより被疑者と同組との関係を知り得るばかりでなく，同組の組織内容と暴力団的性格を知ることができるなどの事情があるときは，右メモは差押えの目的物に当たるとしている。

---

(4)　令状の請求と発付

　令状の請求は，検察官，検察事務官又は司法警察員（司法巡査は含まれない。218条4項）であれば，起訴の前後を問わず必要があればどの段階でもできる。

　当該事件の管轄にかかわらず，成人事件については，その所属する捜査機関の所在地を管轄する地方裁判所又は簡易裁判所の裁判官に対して行うが，やむを得ない事情があるときは，最寄りの下級裁判所の裁判官に請求できる（規則299条1項）。通常は事件の発生地を管轄する捜査機関がその捜査に当たり令状請求をする。少年事件については，家庭裁判所の裁判官に対しても請求できる（規則299条2項）。

憲法 35 条 1 項は，令状請求について「捜索する場所及び押収する物を明示する」ことを要すると規定し，これを受けて刑訴法 219 条 1 項は，令状には，「差し押さえるべき物，捜索すべき場所，身体若しくは物，検証すべき場所若しくは物」を記載するものとして，その方式を規定する。

場所の表示は，対象場所を合理的解釈により特定し得る程度に記載することを必要とする（最決昭 30・11・22 刑集 9・12・2484）。集合マンションのように単一ビルのうち，独立の管理権に支配される 1 個の住居と認められる場所は，他の部分と区別して「特定の場所」として明示される必要がある。マンション等集合住宅の場合は，居住者ごとに各別に特定した令状を必要とする。また，各住居・事務所等が数個の部分に分かれて各独立していても，管理権者・居住権者を同じくする限りは，1 通の令状で足りる。しかし，旅館やホテル等客が宿泊中の客室を捜索する場合は，憲法 35 条 2 項の趣旨にも照らせば，各室ごとに令状の発付を受けるか，1 通の令状に捜索対象の各室の番号の表示があるべきであって，単にホテルや旅館などの名を示しただけの包括的場所表示の令状でその捜索をすることは許されない（東京地判昭 50・11・7 判時 811・118 参照）。

なお，最判昭 27・2・21 刑集 6・2・266 は，捜索場所の表示中，捜索対象者の氏名について「佐藤コヨ」を「工藤コマ」とする誤記があった事案で，それによって押収した物件の証拠能力には問題がないとしている。

差し押さえるべき物の表示も，場所の特定の場合と同様，対象物件を合理的解釈により特定し得る程度に記載すれば必要にして十分であると解される。

したがって，「本件に関係のある一切の物件」という包括的記載では特定としては十分でないといえるが（東京高判昭 47・10・13 刑裁月報 4・10・1651），具体的な物件を表示したその上で，このような記載をする場合にはこれが許容されるものと解される。例えば，「会議議事録，闘争日誌，指令，通達類，連絡文書，報告書，メモ」と記載した後に「その他本件に関係ありと思料せられる一切の文書及び物件」と記載した場合では，「一切の文書及び物件」という記載も，前段の具体的な例示に付加されたものであるから，物の明示に欠けるところはない（最大決昭 33・7・29 刑集 12・12・2776）。

第4章　強制捜査　99

> **【判例】　捜索差押許可状の効力（最決昭61・3・12判タ609・47）**
>
> 　Ａを大麻取締法違反の被疑者，捜索すべき場所を「Ｂ室被疑者居室」として令状発付を得て捜索した事案について，「捜索時にはＡがＢ室から転居していたとしても，麻薬取締官が，郵便受けの名前の表示，同室の構造や室内の状況，及び二,三の荷物がある旨の被告人の返答から，前記令状によるＢ室の捜索が許容されるものとして，その捜索を実施したのは適法であるといえる」旨判示している。

　裁判官は，逮捕状発付の場合（199条2項ただし書）とは異なって明文の規定はないが，令状請求の要件を満たしていると認めるときは，さらに，その発付の「必要性」の有無も実質的に判断する。ただし，逮捕の場合と同様に明らかに捜索等の必要がないと認めた場合以外は令状を発付することとなる（219条）。

　この点，最決昭44・3・18刑集23・3・153は，218条1項によると，捜査機関は「犯罪の捜査をするについて必要があるとき」は差押えをすることができる以上，捜査機関の行った差押えに関する処分に対して，430条の規定により不服の申立てを受けた裁判所は，差押えの必要性の有無についても審査することができるとしている。

(5)　捜索・差押え等の手続と執行方法

ア　概　　説

　捜索・差押え・検証令状は，前述のとおり許可状であり，捜査機関は，その執行に当たってはその要否を判断することができ，例えば，捜索・差押えの被処分者が差押え対象物を任意提出した場合や，執行前に捜索・差押えの必要性が何らかの事由により消滅したような場合等においては，執行しないことができる。

　令状の呈示は，「処分を受ける者」（被処分者）にしなければならない（222条1項，110条）。「処分を受ける者」（被処分者）とは，捜索場所や差押え対象物件を直接に支配する者をいう（東京高判昭40・10・29判時430・33）。被処分者が不在などのため令状を呈示できないときは，これに代わるべき者，その人もいない場合は114条による立会人に呈示する。

そのほかやむを得ない理由によって、被処分者に令状呈示ができないときは、これら立会人に対して呈示するようにしなければならない（犯捜規141条2項）。執行着手後に被処分者が帰宅などしたときは、その者に改めて令状を呈示すべきかについては呈示するのが妥当ではあるが、現場の状況や被処分者の態度等により柔軟に対応でき、その例外もあることが裁判例で示されている。

また、被処分者が呈示された令状の閲読を拒否した場合は、令状を呈示しないで執行しても違法ではない（東京地判昭50・5・29判時805・84）。令状呈示と立会人臨在の立法趣旨は、手続の公正を保持し被処分者の利益を尊重するためである。したがって、被処分者が逃走したような場合、令状呈示ができなくてもやむを得ない。また、令状呈示、立会人確保の前に証拠隠滅防止等のため人の居る室内にとどまるなど必要な措置をとることも許される（東京高判昭58・3・29刑裁月報15・3・247）。ただし、被処分者が捜索の立会いを拒否したからといって、直ちに令状の呈示を受ける利益を放棄したとは言えず、呈示自体を省略してしまうことは許されない。この点、大阪高判平7・1・25高刑集48・1・1では、捜索・差押えの実施を本人に告げ、その親に令状を呈示し立ち会わせているなどの事情を考慮すると、違法の程度は重大でないとして、押収された覚醒剤の証拠能力を肯定している。

このように、222条が準用する110条による令状の呈示は、その執行着手前にするのが原則であるが、執行の動向を察知されれば直ちに覚せい剤を洗面所に流すなど短時間のうちに差押え対象物件を破棄隠匿するおそれがあったため、ホテル支配人から借用のマスターキーで開錠して客室に入ったという事情の下では、警察官らが令状の執行に着手して入室した直後に呈示を行うことは、捜索・差押えの実効性を確保するためやむを得ないところであり適法であるとした事例もある（最決平14・10・4刑集56・8・507）。

イ　立　会　人

令状を執行するには立会人を要する。公務所内を捜索・差押えする場合は、その長又はこれに代わるべき者を立ち会わせなければならない（222条1項、114条1項）。公務所以外の場合において、人の住居又は人の看守する邸宅、建造物若しくは船舶内で捜索・差押えを行うときは、住居主・看守者、これらの者に代わるべき者を立ち会わせなければならず、これらの者を立ち会わせるこ

とができないときは，隣人又は地方公共団体の職員を立ち会わせなければならない（222条1項，114条2項）。実務では，消防署の職員等がこのような場合の立会人となることが多い。

また，必要があるときは被疑者を立ち会わせることもできる（222条6項）。

【裁判例】 適法な立会人の要件（東京地決昭40・7・23下刑集7・7・1540）

　5部屋の個人住宅で合理的な理由もなく，14名の過大な員数の警察官が各部屋の捜索をほとんど同時に一斉に行ったため，2名の立会人では到底全部の捜索状況を見守ることができなかったときは，実質的に十分な立会いの目的を達し得る状況とはいえず，捜索手続は違法である。

ウ　女子に対する執行

　女子に対する身体捜索では，原則として成年の女子の立会いを要し（222条1項，115条），身体検査では，必ず医師又は成年の女子を立ち会わせなければならない（222条1項，131条2項）。犯捜規107条は，「女子の任意の身体検査は，行つてはならない。ただし，裸にしないときはこの限りでない。」と規定している。なお，女性警察官だけで女子の身体捜索を行う場合は，成年の女子の立会いは不要と言える（東京地決平2・4・10判タ725・243参照）。

エ　夜間執行

　人の住居の平穏を保護する必要から，令状を夜間に執行する場合はその旨の許可（令状にその旨記載）を得る必要があるが，その許可がない場合でも日没前に執行に着手していれば，日没後でもその処分を継続することができる（222条3項〜5項，116条）。

　賭博，富くじ又は風俗を害する行為に常用されている場所，あるいは旅館，飲食店その他夜間でも公衆が出入りすることができる場所であって公開された時間内の執行の場合は，夜間執行の制限はない（222条3項，117条）。

102

オ　郵便物等に対する執行

　郵便物に対する執行は，憲法で通信の秘密が保障されていることから特に留意を要する。法令の規定に基づく通信事務取扱者が保管・所持する郵便物，信書便物又は電信に関する書類のうち，①被疑者から発し又は被疑者に対して発せられた物と，②それ以外の物に分け，①の場合は特に条件は付されないが，②の場合は，被疑事件に関係があると認めるに足りる状況がある場合に限って差押え又は提出させることができる（222条1項，100条1項・2項）。差押郵便物を特定するには，前記通信事務取扱者が他の郵便物や電信と区別し得る程度の特定で足りると解される。実務では，発信人・受信人・差出地程度の特定で足り，それ以上詳細な特定までは要しないとして運用されている。

　警察官が覚せい剤取締法違反被疑事件により被疑者方を捜索中，被疑者に荷物が配達されたような場合，当該捜索差押許可状によりその捜索中に配達された荷物について，捜索・差押えができるかが問題となる。この点について，令状呈示後に捜索場所に配達され被疑者が受領した荷物について，警察官が被疑者の承諾なく開封し，在中覚醒剤を発見押収した場合でも，同許可状に基づき捜索したものとして適法とされている（最決平19・2・8刑集61・1・1）。

【判例】　梱包物のエックス線検査（最決平21・9・28刑集63・7・868）

　　捜査機関が，宅配便業者の配達過程下にある荷物を，捜査のため，荷送人や荷受人の承諾なく宅配業者の承諾だけを得て，任意捜査の一環として外部からエックス線照射（検査）により内容物を観察した行為について，検証令状によることを判示した。最高裁は任意捜査として適法とした原審の判断は誤りとしてこれを違法としたが，この結果を一疎明資料として荷受人方の捜索差押許可状の発付を得て，荷受人方事務所の捜索・差押えを実施して得た押収物の証拠能力については，重大な違法ではないとしこれを肯定した。しかし，以後の同種事例では検証令状によることが求められることとなるので，留意を要する。

カ　職務上の秘密と押収

　捜査機関は，公務員又は公務員であった者が保管し，又は所持する物につい

て，本人又は当該公務所等から職務上の秘密に関するものであるという申立て
があったときは，その監督官庁等の承諾がなければ押収をすることはできない
（222 条 1 項，103 条，104 条。ただし，監督官庁等は「国の重大な利益を害する場合」
を除いては承諾を拒むことはできない。）。

医師等は，業務上委託を受けたため，保管し，又は所持する物で他人の秘密
に関するものについては，押収を拒むことができる。ただし，本人が承諾した
場合，押収の拒絶が被疑者のためにのみする権利の濫用と認められる場合（被
疑者が本人である場合を除く。），その他裁判所の規則で定める事由がある場合は，
この限りではない（222 条 1 項，105 条）。

105 条で掲記する一定の業務者である医師等の身分は，制限列挙と解される。
これらの業務者に押収拒絶権が認められる理由は，医師等一定の業務に対する
利用者の抱く信頼を担保し，社会一般人が安心して利用できるものとすること
にある。業務上委託を受けて保管・所持する物には，委託者の物に限らず，例
えば，医師が作成したカルテ，弁護士が日常業務内容を記録する業務日誌も含
まれると解される。承諾する「本人」とは，秘密の主体をいい，委託者に限ら
ない。「押収の拒絶が被疑者のためのみにする権利の濫用と認められる場合」
は押収することができるが，ここで，かっこ書きで「被告人が本人である場合
を除く」とあるため，秘密の主体が被疑者自身である場合は，仮にそれが権利
の濫用に当たると認められる場合であっても，押収を拒絶できることになる。

被疑者自身が証拠物を隠滅するなどしてもそれ自体が処罰されないことや，
押収を拒絶することが即有罪を避けるための行為とはいえないことからして，
このような除外規定を置いたものと解されるが，立法の妥当性を疑問視する見
解もある。なお，「その他裁判所の規則で定める事由がある場合」とあるが，
未だその規則は制定されていない。本人が承諾の有無の判断を理解できないよ
うな一定の除外事由が，立法当時考えられたとされている。

キ　必要な処分

捜索・差押えをするときは，錠をはずし，封を開き，執行中許可なく出入り
することを禁止し，その他必要な処分をすることができる（222 条 1 項，111 条，
112 条）。また，111 条 2 項は，押収物に対しても「必要な処分」をすることが
できるとしている。

必要な処分とは，執行の目的を達するため合理的に必要であり，社会的にも相当な処分を指し，かつその範囲内の処分に限られる。

【裁判例】「必要な処分」の範囲（東京高判昭45・10・21 高刑集23・4・749）

　被告人らが被害者を輪姦した際に撮影した写真をネタに恐喝した事案につき，捜査機関が，この写真フィルムを証拠物として押収の上，現像して，その影像を明らかにしたことは,当該押収物の性質上これに対する「必要な処分」であり，別に検証許可状を要するものでもないとしている。

　この裁判例にあるような光学カメラの時代は既に終わっており，現在はデジタルカメラの時代であり,スマートフォンには確実にカメラ機能が付いており，静止画だけでなく，動画も撮影することができ，撮影された静止画や動画はスマートフォンに保存されている。

　捜査機関が犯人のスマートフォンを差し押さえた場合，捜査機関にとって必要な情報は，そのスマートフォンの物理的な形状ではなく（そのスマートフォンが暴行の用具に用いられたというまれな例外はあるにせよ），そのスマートフォンに保存されている通話記録，メールやSNSのやりとり，そして画像である。

　捜査機関は，当然それらを分析して，必要なものをプリントアウトするなどして証拠化していくわけであるが,これらも押収物に対する必要な処分であり，検証許可状を得る必要はない。

ク　執行の中止

　捜索・差押え・検証を中止する場合，必要があるときは，執行が終わるまで，その場所を閉鎖し，又は看守者を置くことができる（222条1項，118条）。中止しても執行中ではあるので，その間出入り禁止の処置もできると解される。

ケ　身体検査

　身体検査は検証の一種であるため，身体検査令状を必要とする。令状による身体検査を正当な理由なく拒めば，まずは秩序罰である過料に処して間接強制を図り，又は罰金・拘留の制裁があり，さらに，過料に処し刑罰を科して

第 4 章　強制捜査　　105

も，その効果がないと認められるときは（過料や刑罰を現実に処したことを要しない。），その拒否にもかかわらず直接強制として現実に身体検査を行うことができる（222条1項，137条，138条，139条）。**直接強制**により，有形力を行使して身体検査を実施する際は，あらかじめ検察官の意見を聴き，かつ，身体検査を受ける者の異議の理由を知るため適当な努力をしなければならないとの訓示規定が置かれており（140条），検察官との緊密な連携が必要となる。

コ　捜索場所の現在者に対する捜索・差押え

　場所に対する捜索差押令状によって，捜索場所に居合わせた者に対する身体の捜索ができるかという重要な問題がある。

　令状の方式として，捜索場所と身体とを明確に区別する219条1項の趣旨からして，捜索場所の捜索令状でその場所に現在する人の身体に対する捜索をすることは，原則的にはできないといわざるを得ない。

　しかし，捜索執行中に現在者がたまたまその場で差押えの対象物を携帯するに至れば，また，捜索を察知した現在者が捜索開始直前に対象物を携帯するに至れば，一切その場での所持品及び身体の捜索が不可能になるというのはいかにも不合理であり，対象物を現に隠匿していることを疑うに足りる具体的な状況が存在する以上，その場所に対する捜索差押令状をもってその対象物を捜索する必要性は大きく，このため，すぐその場で場所に対する捜索差押令状の効果として当該現在者の身体等に対する捜索を実施することは許されると解される。

【判例】　執行場所に居る人が携帯する物の捜索（最決平6・9・8刑集48・6・263）

- -

　「被告人の内妻の居住する場所に対する捜索差押許可状（内妻に対する覚せい剤取締法違反被疑事件）により，そこに同居する被告人がその場で携帯していたボストンバッグについても捜索することができる」としている。被告人がその場所（住居）の同居人であることが，令状の効力が及ぶ範囲か否かの重要な判断要素となっている事案と言える。

【裁判例】 令状による捜索の許容範囲（東京高判平6・5・11高刑集47・2・237）

捜査官において，A方捜索場所に現在するBが両手をズボンのポケットに突っ込んだままで，その挙動はポケット内に捜索対象物を隠匿所持しているとの疑いが極めて濃厚であり，かつ同人が部屋から出て行く素振りを示し，更に捜査官に体当たりするなど抵抗してその場から逃走を図る状況からして，ポケット内の物を破棄する行動に出る危険性が顕著に認められるときは，当該場所に対する捜索令状によりBの着衣・身体に対しても強制力を用いて捜索をする必要性，緊急性が認められ，Bに対する捜索の実施は適法であるとしている。

サ 執行の範囲

前述のとおり最判昭51・11・18裁判集202・379は，憲法35条1項及びこれを受けた刑訴法218条1項，219条1項は，差し押さえるべき物を明示した令状によらなければ執行できない旨を定めているとしている。

その趣旨からすれば，捜査機関が専ら別罪の証拠に利用する目的で差押許可状に明示された物を差し押さえることも禁止されることとなる。そこで，本件そのものの捜索・差押えの執行に当たっても，被疑事実との関連性の有無を確認することなく，広範囲に差押えをすることは，令状主義の趣旨に照らし，一般的探索に等しく原則的には許されないことに留意しなければならない。

なお，別件捜索・差押えの説明でも触れたが，捜索中に別事件の証拠物が発見された場合には，任意提出を受けるか，別に差押令状の発付を得てこれを差し押さえるのが相当である。あるいは，発見した物件が覚醒剤等禁制物である場合は，立会人等をその所持事犯の現行犯人として逮捕した上，その逮捕に伴う令状によらない捜索・差押えで対応することもできる。

シ 執行状況・差押物件の写真撮影

捜査機関が捜索・差押えに際して，その執行状況や証拠物を写真撮影することは，実務ではよく行われているが，これは捜索・差押えに付随するものとして許される（東京地決平元・3・1判タ725・245参照）。捜索・差押えの状況は

調書に記載されるが，その執行状況や証拠物を写真撮影するのは，捜索差押許可状がきちんと呈示されていることを後日証明する必要が生じることに備える意味と，どこで何が見つかったかを明らかにする意味があり，特に後者が重要である。往々にして，捜索の対象場所は，整理整頓ができておらず，薬物関係の捜索・差押えの場合などでは，混沌とした状況の中で，多くの物が多くの箇所から差し押さえられることがあり，図面を使用するとしても，書面のみの捜索差押調書では，とてもその状況を証拠化することはできない。

　しかし，捜索の現場で捜索差押令状の目的物以外の物件等を写真撮影することが脱法行為とみなされる場合もある。この点，最決平2・6・27刑集44・4・385は，司法警察員が捜索・差押えをするに際し，捜索差押許可状記載の「差し押さえるべき物」に該当しない印鑑等について写真を撮影した場合，その写真撮影は，「押収に関する処分」（430条）には当たらず，その撮影によって得られたネガ及び写真の廃棄又は申立人への引渡しを求める準抗告は不適法であるとしている。なお，前掲最決平2・6・27の藤島裁判官の補足意見は，「捜索差押手続の適法性を担保するためその執行状況を写真撮影し，あるいは，差押物件の証拠価値を保存するため発見された場所，状態においてその物を写真撮影することが捜査の実務上一般的に行われている。このような撮影もまた検証と解されるが，捜索差押に付随するため，捜索差押許可状により許容されている行為といえる。しかし，本件のように令状に明記されている物件以外の物を撮影した場合は，捜索差押手続に付随した検証行為とはいえないので，本来は検証許可状が必要であり，その令状なしに写真撮影したことは違法な検証行為といわざるを得ないが，検証について刑訴法430条の準抗告の規定の適用がないのでこの点に関する準抗告は現行法上認められない。もっとも，例えば，令状に明記された物件以外の日記帳の内容を逐一撮影し，収賄先献金先等を記載したメモを撮影するなど，捜査の帰すうに重大な影響を及ぼす可能性のある，あるいは重大事件の捜査の端緒となるような文書の内容等について，検証許可状なくして写真撮影が行われた場合を考えると，写真撮影によって実質的に当該物件が差し押さえられたものと観念し，これを『押収に関する処分』として刑訴法430条の準抗告の対象とし，同法426条2項によりネガ及び写真の廃棄又は引渡を命ずることができるとする考え方もあり得よう。」というものである。

　同補足意見は，極めて傾聴すべき意見であり，実務の運用においても，写真

撮影も重大な違法行為とならないように適正な執行方法によるべきである。

ス　差押処分に対する不服申立て

　捜査機関の押収処分に不服のある者は，その処分の取消し又は変更を求めて裁判所に対して準抗告をすることができる。警察は，検察官に事件送致した後においては，当該事件に関する押収処分を取り消し又は変更する裁判に対して不服があっても抗告申立てはできない（最決昭44・3・18刑集23・3・153）。

(6)　コンピュータ等に保存されているデータの差押えの留意点
ア　概　　説

　コンピュータのハードディスクやUSBメモリ等の記録媒体に保存されているデータは，現在においては，その捜査上の有用性は極めて大きい。反面，これらのデータを差し押さえる場合，有体物と異なりそれら自体に可視性・可読性がないために，捜査機関がコンピュータごと，あるいは相当数にのぼるUSBメモリ等を全部押収しようものなら，前述の「被疑事実との関連性」の問題が生じかねず，被処分者に対する不利益も大きい。そのため，実務上は，コンピュータのディスプレイに内容を表示させるなどして関連性を確認した上でハードディスク内のデータについては，必要な部分のみプリントアウトして，その紙を差し押さえる，USBメモリ等については，必要なデータが入っているもののみを差し押さえるという扱いがなされてきた。また，プロバイダや携帯電話会社のサーバ内のデータの場合は，物理的にサーバ自体を差し押さえることはできず，必要部分を書面化したものを差し押さえるという形が取られてきた。

　しかしながら，差押えの執行現場で被疑事実との関連性を確認するに当たっては，往々にして被処分者側の任意の協力は期待できず，捜査機関側が確認作業に時間を費やす間に，データ消去や記録媒体の廃棄・隠匿等の行為がなされることもあり得，そのようなおそれが認められる場合は，前述の確認作業を完遂させることなく，コンピュータや記録媒体全体を差し押さえることができる。その場合は，差押えの後速やかに内容を確認した上，コンピュータであれば必要な部分を別媒体に複写したり，プリントアウトしたりして（222条1項が準用する111条1項の「必要な処分」），コンピュータ本体及び関連するデータを含まない記録媒体は，速やかに還付するのが相当である。

> **【判例】 記録媒体の差押え（最決平10・5・1刑集52・4・275）**
>
> 　オウム真理教越谷アジトにおける，パソコン1台，フロッピーディスク合計108枚等を押収した捜索・差押え許可の裁判及び司法警察職員の処分に対する準抗告棄却決定に対する特別抗告事件であるが，押収対象のフロッピーディスク等に本件の組織的背景及び組織的関与を裏付ける情報が記録されている蓋然性が高いことや，この記録された情報を瞬時に消去するコンピュータソフトを開発しているとの情報もあったとの事実関係を認めた上で，「令状により差し押さえようとするパソコン，フロッピーディスク等の中に被疑事実に関する情報が記録されている蓋然性が認められる場合において，そのような情報が実際に記録されているかをその場で確認していたのでは記録された情報を損壊される危険があるときは，内容を確認することなしに右パソコン，フロッピーディスク等を差し押さえることが許されるものと解される。したがって前記のような事実関係の認められる本件において，差押え処分を是認した原決定は正当である。」とした。

イ　平成23年の改正（平成24年施行）の要点

㋐　必要なデータを他の記録媒体に複写するなどして差し押さえる方法

　これには，「記録命令付差押え（99条の2，106～110条，218条1項，219条）」と「電磁的記録に係る記録媒体の差押えに代わる処分（110条の2，222条1項）」があり，いずれもコンピュータ等自体を差し押さえず，必要なデータを他の記録媒体（USBメモリ等）に複写したり，プリントアウトしたりして，それを差し押さえることができるとしたものである。前者は，あらかじめ裁判官の記録命令付差押令状を得て，被処分者側に他の記録媒体での複写やプリントアウトをさせた上で差し押さえるもの，後者は，差押え執行の現場における状況による判断を許すものであり，いずれも前述の実務における従来からの運用を明文化したものである。

㈑　接続サーバに保管された自己作成データ等の差押え（リモート・アクセス）

　これは，電子計算機を対象とする差押令状を得ることによって，当該コンピュータ等にネットワークで接続しているメールサーバやリモートストレージサーバ等のうち，そのコンピュータ等で作成するなどした電子ファイルを保管すために用いられているものから，①そのコンピュータ等で作成・変更した電子ファイル，②他のコンピュータ等で作成されたが，差押えの対象となっているコンピュータ等で変更・消去することが許されている電子ファイルを，同コンピュータや他の記録媒体に複写した上，それらを差し押さえることを可能にするものである（99条2項，218条2項）。電子計算機を対象とした場合，電子計算機内に保存されているデータはもとより，ネットワークで接続された先にあるデータにまで対象物の範囲を拡大したものである。具体的には，ある者のパソコンを対象物として差し押さえる場合，その者が持つ電子メールのアカウントに接続して，受信ボックスや送信済みボックス等に保存されているメール本文や添付ファイルを別記録媒体に複写したり，プリントアウトしたりして差し押さえることなどが想定される。従来は，パソコンを差押えの対象とした場合，当該パソコンからインターネットで接続可能なメールに関するデータについては，別にメール運営会社のサーバに対する差押令状の発付を受けなければならず，手続が煩瑣な上，パソコンの差押えを察知した時点で，別ルートから当該サーバに接続してメールを消去するなどの隠滅工作がなされることを防ぐ手立てはなかった。差押えの現場におけるリモート・アクセスが可能になったため，ネットワークで接続されているデータの入手が迅速かつ容易になった。電子計算機にはスマートフォンも含まれるので，この手法の活用範囲は更に広がったといえよう。

　この場合，注意しなければならないのは，差押令状にリモート・アクセスにより複写すべきものの範囲を記載しなければならないということであり（107条2項，219条2項），接続先のサーバのサービスの種類（メールサーバかファイルサーバかなど），サーバ運営会社の名称，アクセスID等を可能な限り特定する必要があるということである。さらに，リモート・アクセスは，電子計算機自体の差押えに先立って行われなければならないということが重要である。IDは分かっても，被処分者がパスワードの開示を頑として拒んだ場合などに，当該電子計算機を差し押さえて署に持ち帰った上，デジタル・フォレンジック

の技術を駆使して，署においてネットワークに接続して，サーバ内のデータを取得するということはできない。押収物に関する必要な処分（111条2項，222条1項）は，押収時点でダウンロード済みのデータを解析する場合にのみ許される。

　新たに当該電子計算機を対象とする検証令状を取得した上でネットワークに接続してデータを複写するということも裁判例では否定されている（東京高判平28・12・7判時2367・107）。この事案においては，リモート・アクセスによる複写が許可された捜索差押令状によりパソコンを差し押さえるに際し，ログインパスワードが判明しなかったためにリモート・アクセスができなかった。後日，警察官が，同パソコンを対象物とする検証令状を取得し，インターネット経由でメールサーバに接続して，メール本文等をダウンロードして保存したが，原判決（横浜地判平28・3・17判時2367・115）は，当該パソコンのみを対象物とする検証によって行われたリモート・アクセスは，メールサーバの管理者等第三者の権利・利益を侵害する強制処分であり，違法であるとし，控訴審もその判断を正しいものとした。もっとも，本件では，検証の対象物にリモート・アクセス先の記録領域等が加えられておらず，加えられていたとすれば適法であったかどうかは不分明である。実務においては，本件のような事態は起こりがちで，押収後のリモート・アクセスの必要性が高い場合は，リモート・アクセス先や対象とするデータを可能な限り特定して，それらを検証の対象とすることを明記した上で検証令状を取得するという方法も一考に値しよう。

2　強制採尿と強制採血

(1)　強制採尿

　覚醒剤事犯では，採尿によって尿中の覚醒剤の有無を鑑定し，使用罪を立証する方法が一般に行われている。ところが，捜査機関が，尿の任意提出を拒否する者に対し，その体内の尿を証拠物として強制的に採取しようとする場合，その行為は，捜索・差押えの性質を有し，その方法はゴム製導尿管（カテーテル）を尿道に挿入するという行為による。このようなやり方は，人体に対する侵襲作用を伴うものであり，強制捜査としていかなる令状によるべきかが問題とされた。最決昭55・10・23刑集34・5・300は，強制採尿を行うことは，被疑事件の重大性，嫌疑の存在，当該証拠の重要性とその取得の必要性，適当な代替手段の不存在等の事情に照らし，犯罪の捜査上真にやむを得ないと認めら

れる場合には，最終的手段として，適切な法律上の手続を経てこれを行うことも許されてしかるべきであり，ただ，その実施に当たっては，被疑者の身体の安全とその人格の保護のため十分な配慮が施されるべきであるとして，その際の令状としては捜索差押令状によるものとした。ただ，強制採尿は，人権の侵害にわたるおそれがある点で一般の捜索・差押えと異なり，検証の方法としての身体検査と共通の性質を有していることから，身体検査令状に関する218条5項（現6項）が同捜索差押状に準用されること，その令状の記載要件として，さらに強制採尿は医師をして医学的に相当と認められる方法により行わせなければならない旨の条件の記載（「強制採尿は，医師をして医学的に相当と認められる方法により行わせること」との記載）が不可欠であることとした。したがって，この最高裁決定に照らしても，強制採尿した尿は鑑定をするに際し，改めて鑑定処分許可状を要するものではなく，実務ではこのような運用が定着している。

　強制採尿の令状を得てもそれでも任意に採尿場所に赴かない者に対しては，強制的に採尿場所まで連行することができると解される。

【判例】　強制採尿とその場所への連行（最決平6・9・16刑集48・6・420）

　　身柄を拘束されていない被疑者を採尿場所へ任意に同行することが事実上不可能であると認められる場合には，強制採尿令状の効力として，採尿に適する最寄りの場所まで被疑者を連行することができ，その際，必要最小限度の有形力を行使することができるものと解するのが相当であるとした。このように解しないと，強制採尿令状の目的を達することができないだけでなく，令状を発付する裁判官は，連行の当否を含めて審査し令状を発付したものとみられるからである。令状に，被疑者を採尿に適する最寄りの場所まで連行することを許可する旨を記載することができることはもとより，被疑者の所在場所から最も近い特定の採尿場所を指定して，そこまで連行することを許可する旨を記載することができるとされている。

⑵　強 制 採 血

　強制的に血液を採取する場合は，前掲最決昭55・10・23の趣旨が強制採血

にも及ぶとの考え方もあろうが，実務では，従来どおり鑑定処分許可状と身体検査令状の発付を受けて行っている。

第6節　逮捕に伴う無令状の捜索・差押え・検証

1　概　　説

〈刑事訴訟法220条〉

1　検察官，検察事務官又は司法警察職員は，第199条の規定により被疑者を逮捕する場合又は現行犯人を逮捕する場合において必要があるときは，左の処分をすることができる。第210条の規定により被疑者を逮捕する場合において必要があるときも，同様である。
　一　人の住居又は人の看守する邸宅，建造物若しくは船舶内に入り被疑者の捜索をすること。
　二　逮捕の現場で差押，捜索又は検証をすること。
2　前項後段の場合において逮捕状が得られなかつたときは，差押物は，直ちにこれを還付しなければならない。第123条第3項の規定は，この場合についてこれを準用する。
3　第1項の処分をするには，令状は，これを必要としない。
4　第1項第2号及び前項の規定は，検察事務官又は司法警察職員が勾引状又は勾留状を執行する場合にこれを準用する。被疑者に対して発せられた勾引状又は勾留状を執行する場合には，第1項第1号の規定をも準用する。

　前述のとおり，捜査機関が被疑者を逮捕するには，現行犯逮捕を除き，通常逮捕の場合は事前に，緊急逮捕の場合は事後に，それぞれ裁判官から令状の発付を得ることが必要である。そして，場所又は身体に対して捜索・差押えを実施するためにも，その許可状をあらかじめ裁判官から発付を得る必要がある（199条，210条，218条等）。ところが，刑訴法は捜索・差押えについては，令状を要せずにできるとする例外規定を特別に置いている。すなわち，220条1項・3項は，捜査機関が適法に被疑者を逮捕する場合（通常逮捕・緊急逮捕・

現行犯逮捕）には，必要がある限り，捜索差押令状なくして，①人の住居等に入って被疑者を捜索すること（同条1項1号），②逮捕の現場で，物の捜索・差押え又は検証をすること（同条1項2号），ができることとしている。

なお，220条の規定は，捜査機関の行う逮捕現場での逮捕に伴う捜索等に関する規定であって，私人には適用がない。

緊急逮捕の後の逮捕状発付が裁判官から認められなかった場合は，押収物は直ちに還付しなければならない（220条2項）。逮捕に伴う無令状の捜索，差押え，検証の場合における執行手続は，令状がない場合であるから被処分者に対する令状呈示規定（222条1項が準用の110条）は，当然適用が除外されるが，それ以外は原則的に令状による手続と同じである。

ただし，①の被疑者を捜索する場合で，急速を要するときは，必ずしも立会人を必要とはしない（222条2項，220条，114条2項）。

検察事務官・司法警察職員が勾引状・勾留状を執行する場合にも，無令状で捜索・差押え等をすることができる（220条4項）。

逮捕する場合において，必要がある限りその逮捕現場で令状によらない捜索・差押え等が許されるとする220条の立法趣旨は，逮捕の現場には，被疑事実と関連する証拠物の存在する蓋然性が極めて強く，その捜索・差押えが適法な逮捕に随伴するものである限り，捜索差押令状が発付される要件をほとんど充足しているばかりでなく，逮捕者らの身体の安全を図り，証拠の散逸や破壊を防ぐ急速の必要があるからである（後掲東京高判昭44・6・20参照）。

また，逮捕に伴っての捜索・差押えならば令状なくしてこれを認めても「人権の保障上格別の弊害もなく，かつ，捜査上の便益にも適う」からであるともいえる（最大判昭36・6・7刑集15・6・915参照）。

2 要　件

⑴ 「逮捕する場合」及び「逮捕の現場」の意義

「逮捕する場合」に「逮捕の現場」においては，令状なくして捜索・差押え・検証ができる。「逮捕する場合」とは，単なる時点よりも幅のある「時間の範囲」を意味し，逮捕との時間的接着性を必要とはするが，逮捕着手時の前後関係，逮捕自体の成否は問わない（最大判昭36・6・7刑集15・6・915は，被疑者を麻薬譲渡罪で緊急逮捕する前に被疑者方を捜索し，その約20分後に帰宅した被

疑者を逮捕した，「逮捕に先行する捜索」の事案について適法としている。）。

また，「逮捕の現場」とは，逮捕した場所との場所的同一性，すなわち被疑者の身体及びその支配下にある場所を意味する。その場所の範囲は，逮捕に着手した場所から追跡中の場所，そして逮捕に至った現場までの間のすべての場所，及びこれらと接着する範囲の空間を含む。

この逮捕場所と捜索・差押えとの関係，すなわち両者の場所的あるいは時間的な接着性に関しては，具体的事例においては微妙な場合もある。捜索・差押え等が被逮捕者の身体等に対する処分である場合は，逮捕現場の状況から，被逮捕者の名誉等を害し，その抵抗による混乱が生じ，あるいは交通の妨害となるおそれがあるなどの事情により，その場での捜索・差押えを行うことが適当でないときは，適当な最寄りの場所まで速やかに被逮捕者を連行した上，捜索・差押えを実施することも，「逮捕の現場」における捜索・差押えと同視すべきである（最決平8・1・29刑集50・1・1参照）。

【裁判例】　逮捕現場での無令状捜索（東京高判昭44・6・20高刑集22・3・352）

　　警察官が密告を得て横浜市内のホテル5階待合室において，外国人Aを大麻たばこ1本の不法所持罪の現行犯人として逮捕したところ，Aが7階客室内にある携帯品を携行したい旨申し出たことから，同室へAを連行して逮捕後約35分経過していたが同室を捜索して大麻たばこ7本を発見した。Aはその大麻は外出中の同宿者の外国人Bの所持品である旨主張したものの，警察官がこれを差し押さえた事案において，7階客室で発見の大麻たばこ7本はAB共同所持の疑いもないわけではなく，その1時間半後にはBも同室に戻ってきて緊急逮捕されており，また，検挙が困難な事案であり，罪質もよくない大麻取締法違反であることなどの本件事情の下では，同捜索・差押えは，直ちに逮捕の現場から時間的・場所的かつ合理的な範囲を超えたものとまではいえないとしている。

その他，逮捕の現場における差押えと同視できるとされた例として，大阪高判昭50・7・15刑裁月報7・7＝8・772，東京高判昭53・11・15高刑集31・3・265，前掲最決平8・1・29刑集50・1・1などが挙げられる。

なお，違法とされた裁判例として，東京高判昭47・10・13刑裁月報4・

10・1651 は被疑者を法定外選挙運動文書の頒布の罪（公職選挙法違反）で路上において準現行犯逮捕後，約 20 分後に約 10.7 キロメートル離れた警察署まで車両で連行し，同所で被疑者の着衣のポケット内からメモ紙等を差し押さえた事案につき，「逮捕の現場」でなされたものではないとしている（重大な違法ではないとして押収物の証拠能力は肯定）。その他，大阪高判昭 49・11・5 判タ 329・290，福岡高判平 5・3・8 判タ 834・275 などが挙げられる。

逮捕の場所からの移動が最高裁平成 8 年決定が判示するように，相当な理由と範囲内にあることが求められることに留意すべきである。

(2)　捜索・差押え等の必要性

無令状の捜索等が許されるのは，「必要があるとき」に限られる。その判断は，捜査機関の裁量によるが，その主観的判断によるのではなく，あくまでも客観的にもその必要性が認められる場合であることを要する（札幌高函館支判昭 37・9・11 高刑集 15・6・503 参照）。

必要性を欠くとされた事例として，大阪地判昭 53・12・27 判時 942・145 が挙げられる。すなわち，警察官のマンションの被疑者方隣室前の廊下で写真撮影中，これを見た被疑者が警察官をカメラで殴打して傷害を負わせた後自室に逃げ込んだことから，同室内で被疑者を傷害の現行犯人として逮捕した際に，その被疑者方を捜索して別件の覚醒剤を発見して押収した事案において，被疑者の自室を捜索して覚醒剤を差し押さえた手続は，凶器のカメラは犯行現場の廊下に遺棄され，このような場合まで被疑者方を捜索する必要性はないので違法であるとされた（重大な違法ではないとして押収物の証拠能力は肯定）。

(3)　捜索・差押えの範囲

捜索・差押えのできる範囲は，逮捕事実を立証する証拠物に限る。ただし，当該逮捕事実と関連性を有する証拠物（例えば，犯行の動機などその背景事情等に関する証拠物）であれば，これも捜索・差押えの対象となり得る。

第4章 強制捜査　117

> **【裁判例】　捜索・差押えの許容範囲（東京高判昭46・3・8高刑集24・1・183）**
>
> 　道路交通法違反（酒気帯び運転）による現行犯逮捕の場合につき，刑訴法220条1項2号に基づき令状なしに捜索・差押えをすることのできるものは，当該犯罪の証拠物に限られるから，付随的な強制処分として全く別個の犯罪である銃砲刀剣類所持等取締法違反の証拠物の捜索・差押えをすることは許されないとしている。

　警察官が被逮捕者からその隠匿所持に係る凶器を発見することは警察官の身を守るためやその他保安上も必要であるが，この点の所持品検査は，警職法2条4項により「刑事訴訟に関する法律により逮捕されている者については，その身体について凶器を所持しているかどうかを調べることができる」と定められている。これは身体捜索の処分と言えるが，強制処分である逮捕に当然含まれる処分であり，保安上の必要性も高いことから，令状を要することなく実施できるとしたものである。220条に規定する逮捕に伴う無令状捜索の実施は，その逮捕の現場，身体や所持品等が対象として認められ，その差押えの範囲は，前述のとおり当該逮捕事実に直接間接に関連する証拠物に限られるから，凶器は必ずしもその対象証拠物に該当しない場合もあり得る。

　しかし，その場合でも警職法の前記規定により捜索できることになる。

⑷　逮捕・勾留中の被疑者の指紋採取等の処分

　逮捕・勾留中の被疑者の指紋・足型を採取し，身長・体重を測定し，写真撮影をするには，被疑者を裸にしない限り，令状を必要としない（218条3項）。

　被疑者が指紋採取等を拒否した場合，間接強制では効果がないと認められるときは，その目的を達するために必要な範囲での有形力の行使によって直接強制することも許される（222条1項，139条）。

第7節　第1回公判期日前の証人尋問

〈刑事訴訟法226条〉

　犯罪の捜査に欠くことのできない知識を有すると明らかに認められる者が，第223条第1項の規定による取調に対して，出頭又は供述を拒んだ場合には，第1回の公判期日前に限り，検察官は，裁判官にその者の証人尋問を請求することができる。

〈刑事訴訟法227条〉

1　第223条第1項の規定による検察官，検察事務官又は司法警察職員の取調べに際して任意の供述をした者が，公判期日においては前にした供述と異なる供述をするおそれがあり，かつ，その者の供述が犯罪の証明に欠くことができないと認められる場合には，第1回の公判期日前に限り，検察官は，裁判官にその者の証人尋問を請求することができる。

2　前項の請求をするには，検察官は，証人尋問を必要とする理由及びそれが犯罪の証明に欠くことができないものであることを疎明しなければならない。

　このように捜査機関が証拠保全のために行う制度として，この公判（起訴）前の証人尋問請求が認められている。これは，捜査段階における裁判官の強制処分としての証人尋問の制度である。

　この制度が設けられた理由は，捜査機関が作成した供述録取書の証拠能力を認めるには，厳格な要件が課せられており（321条1項2号・3号書面），そのため捜査に協力的でない第三者については一定の場合，裁判官面前調書を作成する必要があることにある（321条1項1号書面）。

　なお，このような立法趣旨からすると，226条の「供述を拒んだ場合」は，供述をしたものの，供述調書への署名・押印を拒否した場合も含むと解すべきである。

　ここの証人尋問は，一般には，公判において証拠調べとして行われるものを指し，憲法37条2項に規定する刑事被告人の証人喚問請求権，証人尋問権（反

対尋問権）の要請を受け，裁判官の面前において第三者の供述を求める手続は公判の証拠調べにおける証人尋問と同じであり，その規定のほとんどが準用される。

このように226条及び227条は，証拠保全のための公判前の証人尋問を規定しているのであるが，従来，実務では必ずしも活用されていなかった。

しかし，従前227条1項に「公判期日においては圧迫を受け前にした供述と異なる供述をする虞があり」とあったところ，平成16年の法改正により「圧迫を受け」の要件が削除され，さらに，近時参考人からの供述を得ることが困難になっている状況を踏まえ，検察官が226条及び227条の証人尋問を請求する局面は増加傾向にある。

第5章　最近の捜査手法等を巡る 法改正点など

第1節　総　　説

　警察の捜査環境は近時ますます厳しいものとなっている。特殊詐欺事案が横行し，ドローンを使ってのテロまがいの犯罪等も増えてきている。他方で，黙秘する被疑者が増え，供述を得ることが困難になってきている。

　巧妙悪質化する犯罪に対峙するためには，客観証拠をより収集しやすくするとともに，供述証拠についても，対象者に一定の見返りを与えて供述を促し，また，供述の過程を記録して任意性や信用性についての無用な争いを避けるなどの工夫を施すことが効果的なのであり，このような趣旨から平成28年に刑事訴訟法等に大きな改正が加えられ，本年すなわち令和元年6月1日までに段階的に施行された。

　これらのうち，取調べの録音・録画については既述のとおりであり，「合意制度」，「刑事免責制度」と「通信傍受の合理化・効率化」について述べることとする。

第2節　証拠収集等への協力及び訴追に関する合意制度

　今般導入された捜査・公判協力型協議・合意制度は，実質は「司法取引」となる制度である（第2編　第一審　「第4章　証拠収集等への協力及び訴追に関する合意」刑訴法350条の2以下）。

　制度の骨子は，検察官が「特定犯罪（財政経済関係犯罪及び薬物銃器犯罪）について，必要と認めるときは，被疑者・被告人との間で，弁護人立会いの下，被疑者・被告人が自己の犯罪と関連する他人の犯罪事実を明らかにするため，真実の供述その他の行為をする旨及びその行為が行われる場合には検察官が被

疑事件・被告事件について不起訴処分，公訴取消し，訴因の選定，特定の求刑，即決裁判手続，略式命令等の行為をする旨を弁護人の同意を得て合意することができる」とする（350条の2，350条の3）。

なお，これには，①合意からの離脱を認めること（350条の10），②合意が成立しなかった場合の当該証拠に使用制限を課すること（被疑者・被告人が協議においてした他人の犯罪事実を明らかにするための供述等は，原則としてこれを証拠とすることができないこと（350条の12）。），③検察官が合意に違反して公訴権を行使したときは，裁判所が判決で当該事件の公訴を棄却しなければならないこと（350条の13），④合意の当事者である被疑者・被告人が虚偽供述等をした場合は処罰（5年以下の懲役）される（350条の15）ことと規定されている。

また，検察官は，⑤「司法警察員が送致・送付した事件又は司法警察員が現に捜査していると認める事件について，その被疑者との間で合意のために必要な協議を行おうとするときは，あらかじめ司法警察員と協議しなければならないこと，この場合において，必要と認めるときは司法警察員に個別の委任の範囲内で合意内容の提示ができるようにすること」もできることも規定する（350条の6）。

そこで，この制度運用上の留意点は何かである。

それは，捜査員と検察官との緊密な連携は通常の事件においても必要なところであるが，この規定の適用に至るまでの連携の過程は裁判の場で確認されることであるだけに，一層の実のある両者の連携が重要である。

そのことの成否は，その協議の濃密性と熟度にかかってくるものといえよう。特に，協議対象の事件とその被疑者・被告人の選定を誤ることのないよう留意しなければならない。

組織犯罪のターゲットにすべき真の大物を小物と見誤って，早々に協議合意に達してしまい突き上げ捜査に支障を来すようなことがあってはならない。

第3節　刑事免責制度

刑事免責制度の導入は，司法取引ではないが活用が期待される制度と言える（刑訴法157条の2以下として新設）。

制度の骨子は，検察官が「証人が刑事訴追を受け，又は有罪判決を受けるお

それのある事項についての尋問を予定している場合であって，当該事項についての証言の重要性，関係する犯罪の軽重及び情状その他の事情を考慮し，必要と認めるときは，あらかじめ，裁判所に対し，①当該証人の供述及びこれに基づいて得られた証拠は，原則（例外は，161条――証言拒絶罪等や刑法169条――偽証罪に該当する場合）として当該証人に不利益な証拠とすることができないこと，②当該証人は自己が刑事訴追又は有罪判決を受けるおそれのある証言を拒否することができないことの条件により行うことを請求することができる」とするものであり，また証人尋問開始後の免責請求などが規定されている。

そこで，この制度運用上の留意点は何かである。

それは，制度運用の直接の担任者は検察官になるが，通常の送致事件では，証人となる被告人に対する捜査員の被疑者取調べ状況いかんにその成否がかかってくる場合が多く，検察官との連携，取調べ時の情報提供，打ち合わせが一般事件に増して重要となり，対象事件と対象者の選定に誤りのないよう留意すべきである。

第4節　通信傍受の合理化・効率化

通信傍受法は平成11年8月に公布されたが，当時は従来検証令状で実施していたものを明確に法制度化したものであった。

その傍受対象犯罪も薬物，銃器，組織的殺人，集団密航の4類型に限定し，数人の共謀によるものと疑うに足りる状況があることが要件とされ，しかも傍受場所も電話会社での立会人を要するという厳格な制度設計となっていたことから，その実施まではかなり窮屈なものであって，実施件数もさほど飛躍的に上がるということはなかった。

その一方で，対象外であった特殊詐欺（オレオレ詐欺等）や児童ポルノ事件が増加して社会問題化するに至り，その取締りに電話傍受の必要性が高まっていた。

そこで，改正点の第1は，対象犯罪の拡大であり，組織性が疑われるこれら犯罪を含む以下掲記の9類型が追加された。それは，従来の対象犯罪掲記の別表を第1とし，これに改正別表第2として追加した上，「別表第1又は別表第2に掲げる罪が犯されたと疑うに足りる十分な理由がある場合において，当該

犯罪が数人の共謀によるものであると疑うに足りる状況があるとき」を前提にした規定である。

そして，別表第2として新たに追加されたのは，①現住建造物等放火（刑法108条），同未遂罪，②殺人（刑法199条），同未遂罪，③傷害（刑法204条），傷害致死（刑法205条），④逮捕及び監禁（刑法220条），逮捕等致死傷（刑法221条），⑤略取誘拐等（刑法224条から228条），⑥窃盗（刑法235条），強盗（刑法236条1項），強盗致死傷（刑法240条），これらの罪の未遂罪，⑦詐欺（刑法246条1項），電子計算機使用詐欺（刑法246条の2），恐喝（刑法249条1項），これらの罪の未遂罪，⑧爆発物の使用（爆発物取締罰則1条），同未遂（同法2条），⑨児童ポルノ等の提供，製造等（児童買春，児童ポルノに係る行為等の処罰及び保護等に関する法律7条4項，5項）の9類型犯罪である。

改正点の第2は，傍受の方法と場所についての新手法の追加である。従来の捜査員（司法警察員）が通信事業会社へ赴き，同会社の担当者を立会人として付けた上で，リアルタイムで傍受する方法しか規定されていなかったが，改正法では，①一時的保存を命じて行う通信傍受（「一時的保存型傍受」）と②特定電子計算機を用いる通信傍受（「特定電子計算機使用型傍受」）が導入された。①は，通信事業会社で行うものであるが，司法警察員らは，裁判官の許可を得て，通信管理者等に指定期間に行われる全ての通信について原信号を暗号化させ，それを一時的に保存させ，司法警察員が，事後通信事業会社で，暗号化した通話を復号させて，通信管理者等立会いの下に通信を再生させて傍受するというものである。②は，捜査機関の施設で実施するもので，司法警察員らは，裁判官の許可を得て，①と同様に，通信管理者等に指定期間に行われる全ての通信について原信号を暗号化させるのであるが，そのように暗号化した通信を警察施設内に設置された特定電子計算機に転送させ，それを裁判所から提供された対応変換符号を用いて復号させるなどして傍受するものである。傍受に際しては，通信管理者等の立会いは不要である。

そこで，この制度運用上の留意点は何かである。

以前から，通信傍受による捜査手法は有効ではあるが制約が厳しく必ずしも制度としては使い易いものとはなっていなかった。ところが，平成28年の法改正では対象犯罪が拡大され，また，現に通信中にその内容を傍受する方法に加えて通信内容を一時暗号化して保存した後にこれを復元して傍受する方法，

しかも立会人不要化による制度が導入され，これら対象犯罪と傍受方法の柔軟化から，今後はこのリアルタイム方式，あるいは一時保管・再生方式によって通信傍受の幅が広がり，相当な活用が期待されるところとなった。

　ただ，この通信傍受法は憲法上保障される通信の秘密を合法的に解除する制度であることから（制度としての象徴的・先駆的捜査手段），常に慎重な取り組みが必要であり，立会人に関しても当該事件の捜査とは無関係の警察官が立ち会うとの運用に留意すべきである。

第6章　被疑者の防御活動

第1節　被疑者の接見交通

1　弁護人等との接見交通とその指定等

〈刑事訴訟法39条〉
1　身体の拘束を受けている被告人又は被疑者は，弁護人又は弁護人を選任することができる者の依頼により弁護人となろうとする者（弁護士でない者にあつては，第31条第2項の許可があつた後に限る。）と立会人なくして接見し，又は書類若しくは物の授受をすることができる。
2　前項の接見又は授受については，法令（裁判所の規則を含む。以下同じ。）で，被告人又は被疑者の逃亡，罪証の隠滅又は戒護に支障のある物の授受を防ぐため必要な措置を規定することができる。
3　検察官，検察事務官又は司法警察職員（司法警察員及び司法巡査をいう。以下同じ。）は，捜査のため必要があるときは，公訴の提起前に限り，第1項の接見又は授受に関し，その日時，場所及び時間を指定することができる。但し，その指定は，被疑者が防禦の準備をする権利を不当に制限するようなものであつてはならない。

　このように39条は，被疑者の接見交通とその指定等について規定している。同条1項は，身体の拘束を受けている被告人又は被疑者は，弁護人等と立会人なくして接見し，又は書類若しくは物の授受をすることができるとしている（なお，ここでいう「弁護人等」とは，弁護人及び弁護人選任権者の依頼を受けているものの，まだ選任の手続をしていない状況下で弁護人になろうとする者をいう。）。

この場合，被疑者と弁護人等の接見を禁止することはできない。同条3項では，捜査機関は，弁護人等から接見の申し出があった場合には，接見をさせなければならないことと，「捜査のため必要があるとき」は，弁護人等からの接見の申し出に対して公訴の提起前に限り，接見等の日時，場所及び時間を指定することができる（検察官だけでなく，検察事務官又は司法警察職員も指定権者に含まれる。）ことを規定している（ただし，その指定は，被疑者が防御の準備をする権利を不当に制限するようなものであってはならない——同項ただし書）。

この規定とは別に，81条は弁護人等以外の者について，接見等禁止決定ができることを規定しているが，同条の規定と39条3項の接見等の指定に関する規定とは，別個独立の関係にあるものである。

なお，検察官から刑事施設の長に対して，当該事件について接見等に関する指定をすることがある旨を「接見等の指定に関する通知書」によって，あらかじめ通知するが，これは接見指定を円滑に行うための事務連絡文書にすぎない。したがって，もとより弁護人等による接見を一般的に禁止するものではない。

この点を巡っては弁護人等の接見を一般的に規制する効果を生じさせるものとしてその適法性が争われてきたが，判例は，「本件の一般的指定の適否に関して，原審が捜査機関の内部的な事務連絡文書であると解して，それ自体は弁護人である上告人又は被疑者に対し何ら法的な効力を与えるものでなく，違法ではないとした判断は，正当として是認することができる。」と判示している（最判平3・5・31判時1390・33）。

「捜査のため必要があるとき」とは，現に被疑者を取調べ中であるとか（取調べを間近に控えている場合も含む。），実況見分，検証等に被疑者を立ち会わせる必要があるなど捜査の中断による支障が顕著な場合をいう。

結局，接見指定が具体的妥当性を持つためには，検察官等が，弁護活動の状況等と真相解明を目的とする捜査の進展状況を総合的に判断して，現に又は今後行うべき捜査上支障が生じるおそれが顕著と認められる場合か否かが問題となるということになる。

なお，身柄拘束中の被疑者と弁護人等との接見交通権については規定があるが（39条1項），この弁護人等は弁護活動としていつでも被疑者と接見（面会）ができるとの法理からすれば，被疑者が任意同行に引き続いて捜査機関から取調べを受けている場合においても，基本的には同じであるといえる。

第6章　被疑者の防御活動　　127

　したがって，捜査機関は弁護人等がそのような任意取調べ中の被疑者との面会を申し出た場合，取調べを一時中断して被疑者にその旨伝え，面会の希望がある限り弁護人等との面会を認めることが必要といえる（福岡高判平5・11・16判時1480・82参照）。

【判例】接見交通権の制限（最判平3・5・10民集45・5・919）

　捜査の中断による支障が顕著な場合には接見指定要件が存するが，ここにいう捜査の中断による支障が顕著な場合とは，捜査機関が，弁護人等の接見等の申し出を受けた時に，現に被疑者を取調べ中であるとか，実況見分，検証等に立ち会わせているというような場合だけでなく，間近い時に取調べ等をする確実な予定があって，弁護人等の必要とする接見等を認めたのでは，取調べ等が予定どおり開始できなくなるおそれがある場合も含むものと解すべきである。

【判例】初回接見の重要性（最判平12・6・13民集54・5・1635）

　逮捕直後の初回接見は，「身体を拘束された被疑者にとっては，弁護人の選任を目的とし，かつ，今後捜査機関の取調べを受けるに当たっての助言を得るための最初の機会であって，直ちに弁護人に依頼する権利を与えられなければ抑留又は拘禁されないとする憲法上の保障の出発点を成すものであるから，これを速やかに行うことが被疑者の防御の準備のために特に重要であり，即時又は近接時点での接見を認めても捜査に顕著な支障が生じるのを避けることが可能なときは，留置施設の管理運営上支障があるなどの特段の事情がない限り，逮捕して引致後の所要の諸手続を終えた後において，たとい比較的短時間であっても，時間を指定した上で即時又は近接時点での接見を認めるようにすべきであって，これを被疑者の取調べを理由にこの時点での接見を拒否するような指定をし，初回の接見の機会を遅らせることは，被疑者が防御の準備をする権利を不当に制限するもので違法である」旨判示した。

　被疑者・被告人の余罪の取調べについては，どのような場合に接見指定が許

容されるかという問題もある。まず，その余罪自体が逮捕・勾留されていなければ，その余罪捜査の必要性がいかに高くとも，弁護人等との接見等につき指定権を行使することはできない（最決昭41・7・26刑集20・6・728）。その余罪事件が逮捕・勾留中である場合は，被告事件の勾留と競合しているときでも，検察官等は，被告事件の防御権の不当な制限にわたらない限り，弁護人等との接見につき指定権を行使することができる（被告事件の弁護人が勾留中の余罪被疑事件の弁護人を兼ねる事案につき，最決昭55・4・28刑集34・3・178。なお，起訴された事件についてのみ選任された弁護人に対しても，勾留中の余罪被疑事件の捜査の必要を理由に接見等の指定ができるとするのが最決平13・2・7判時1737・148）。

その指定権の行使は，被疑者の公訴提起までは認められ（39条3項），また，勾留期間の満了又は釈放によって消滅する。

検察官等の指定権行使に対して不服のある者は，裁判所にその取消し・変更の請求をすることができる（430条）。

2　弁護人等以外の者との接見等の禁止

勾留中の被疑者は，弁護人等以外の者と法令の範囲内で，接見，書類・物の授受をすることができる（207条1項，80条）。逮捕状によって逮捕された被疑者に関する準用規定の209条が80条を準用していないため，逮捕中の被疑者と弁護人等以外の者との接見交通は，権利としては認められないものの，捜査官の裁量で接見させることはできる。

裁判官は，被疑者に逃亡し又は罪証を隠滅すると疑うに足りる相当な理由があるときは，検察官の請求又は職権により，勾留を認める際に被疑者と弁護人等以外の者との接見を禁じ，又はこれと授受すべき書類その他の物を検閲し，その授受を禁じ，若しくはこれを差し押さえることを決定することができる（接見等の禁止決定。なお，これは勾留中の被疑者の場合を含む。）。ただし，糧食の授受を禁じ，又はこれを差し押さえることはできない（207条1項，81条）。

なお，接見等の禁止の裁判をするに当たり，接見の「一部禁止」（接見禁止の範囲を特定の者に限定すること。），又は「一部解除」（接見禁止の裁判後に特定の者との接見を個別的に許可すること。）ができるかについては，被疑者に不利益な処分ではないため明文の規定はないものの，積極に解され，実務もそのよ

うに運用されている。また，弁護人等以外の者との接見等の禁止決定の効力として，明文上では制限規定がないため，「公訴提起に至るまで」との期限が付されていない以上，起訴後もその取消決定があるまではその接見等禁止決定の効力があるが，実務では，被疑者に対する接見等の禁止は，公訴提起に至るまでとの期限が付され，検察官が公訴提起後も罪証を隠滅すると疑うに足りる相当な理由があると判断した場合は，公訴提起時に改めて接見等の禁止を請求するという運用がなされている。

第2節　被告人・被疑者，弁護人の証拠保全

〈刑事訴訟法 179 条 1 項〉
　被告人，被疑者又は弁護人は，あらかじめ証拠を保全しておかなければその証拠を使用することが困難な事情があるときは，第 1 回の公判期日前に限り，裁判官に押収，捜索，検証，証人の尋問又は鑑定の処分を請求することができる。

　ここでの証拠保全とは，捜査機関の公判前の証人尋問（118 頁参照）に対置させて，被告人・弁護人の防御の準備などのため，将来公判において使用することができる証拠をあらかじめ収集し保持することを認める制度である。

　「被疑者」とは，捜査機関がその客観的活動として現に特定の犯罪の犯人として嫌疑を抱いて捜査の対象としている者を指すとされている。

　捜査機関が収集し保管している証拠については，特段の事情がない限り，この証拠保全手続の対象とはならない（最決平 17・11・25 刑集 59・9・1831）。

　また，この証拠保全手続は，一審における第 1 回公判期日前になされる手続であって，事後審たる控訴審には適用されない（最決昭 35・5・28 刑集 14・7・925）。

第7章　捜査の終結と公訴の提起

第1節　捜査の終結

1　事件処理

　検察官が，警察等から送致（通常事件）・送付（告訴告発等事件）を受けて受理した事件，自ら告訴・告発等を受けるなどして認知した事件について，必要な捜査を遂げ，起訴・不起訴の処分（移送等の中間処分を含む。）を決する時期に至ったとき，そのいずれかの処分をすることを事件処理という。

　検察官の行う事件処理は，「実質的裁判を行う作用」でもあり，裁判に準ずる重要な機能を有している。

　公訴を提起するための要件としては，まず親告罪の告訴等訴訟条件が具備されていることが必要である。訴訟条件を欠く場合は，終局処分としての不起訴，あるいはその事件を管轄する検察庁検察官への移送（中間処分）などの処分をする。

　訴訟条件具備のためには，受訴裁判所に裁判権・管轄権があり，当該検察官に訴追権限があることはもちろん，被告人に当事者能力があり，二重起訴に当たる場合や時効完成などで既に公訴権が消滅していないこと，あるいは，告訴・告発・請求が公訴提起の条件となっている場合のその存在要件などが必要となる。

　次に，当該被疑事実を認定できるだけの証拠が存在し，当該被疑事実が特定の犯罪構成要件に該当することはもちろん，犯罪成立阻却事由のある場合でないことが必要である（例えば，刑事未成年者の行為，正当防衛行為，心神喪失中の行為等は違法性ないし責任性阻却となって犯罪不成立）。

　その他，犯罪の嫌疑，刑の免除事由の有無が検討事項となる。

　そして，以上の事項が検討されても，なお訴追の要否が検討されることとな

り，検察官は248条の基準に従いその裁量によって決する。

2　終 局 処 分

　終局処分として，訴訟条件を欠く場合は，①被疑者死亡・法人等消滅，②裁判権なし，③親告罪の告訴・告発・請求の欠如・無効・取消し，④時効完成，⑤確定判決あり・起訴済み・保護処分済み，⑥交通違反での通告欠如・反則金納付済み，⑦刑の廃止・大赦がある。

　次に，訴訟条件を具備していても起訴できない場合は，まず，①当該被疑事実が罪とならない場合には，ⓐ刑事未成年，ⓑ心神喪失，ⓒ罪とならず，として裁定される。そして，②犯罪の嫌疑のない場合には，ⓐ嫌疑なし，ⓑ嫌疑不十分とする。③犯罪の嫌疑のある場合は，ⓐ刑の免除事由があれば処罰できないので，刑の免除とし，ⓑ処罰の必要のない場合は，起訴猶予とする。

　そして，ⓒ処罰の必要のある場合は，公判請求，略式命令請求，交通事件即決裁判請求があるが，少年事件にあっては，家庭裁判所送致手続となる。

　なお，中間処分として，①移送，②中止の処分がある。

第2節　公訴の提起

1　公訴に関する基本原則

(1)　公 訴 権

ア　国家訴追主義

　公訴の提起及びその追行の権限を公訴権といい，検察官が公訴権の行使を原則的に独占して行っている。刑訴法は，公訴権は国家機関である検察官にのみ属するとし，それを国家訴追主義，起訴独占主義という（247条，検察庁法4条）。

　その例外として，266条2号の規定する付審判の決定があった場合がある（その事件については，公訴の提起があったものとみなされる──267条）。

　そして，平成16年法改正で検察審査会法41条の2ないし41条の12に追加規定され，検察審査会の起訴議決による公訴の提起の場合（平成21年5月施行）も，重要な例外の一つとなった。

イ　起訴裁量主義

　検察官は，犯罪事実が証拠上明らかに認定でき，訴訟条件を具備する事件についても，これを訴追しないか，立証上の難易等を考慮して犯罪事実の一部起訴にとどめることもできるとする起訴裁量権を有する（248条）。

　この制度を従来は「起訴便宜主義」と指称されてきたが，むしろ「起訴裁量主義」と指称するのがその本質に合った適切なものと思われる。

　なお，この起訴裁量主義の例外としては，少年法45条5号がある。これは，検察官は，同法20条により家庭裁判所からいわゆる逆送を受けた事件について，事件の一部につき犯罪の嫌疑がないときなど一定の事由がある場合を除き（同法45条5号但書），嫌疑があると思料する限り起訴をしなければならないとの規定である。

ウ　公訴権濫用論

　かねてより，検察官の公訴権の行使が適正でなかった場合，裁判所は有罪・無罪の実体裁判に入らずに公訴棄却として，訴訟係属を打ち切り被告人を刑事手続から速やかに解放すべきとする議論がある。これは，①犯罪の嫌疑なき事件の起訴，②起訴猶予にすべき事件の起訴（裁量基準に反する訴追裁量の逸脱濫用の起訴），③捜査手続に重大な違法がある事件の起訴（違法捜査に基づく起訴）の3類型のものを公訴権の濫用とするものである。

　しかし，明文にある訴訟条件のほかにそのような訴訟障害事由を特別に認めることは相当でないとする反対説が有力であった。最高裁は，検察官の訴追裁量権の逸脱が公訴の提起を無効ならしめる場合があり得るが，それは例えば，公訴の提起自体が職務犯罪を構成するような極限的な場合に限られるとしてこの議論に決着をつけたが（最決昭55・12・17刑集34・7・672），依然としてこの種の弁護人の主張が法廷戦術として行われることが絶えないのが現状である。

(2)　公訴提起の種類

　公訴提起の種類には，①公判請求，②略式命令請求，及び③交通事件即決裁判請求の3種類がある。①の公判請求は，通常の正式裁判（公開の法廷での裁判手続）を求める公訴の提起をいう。憲法37条は被告人に公開裁判を受ける権利を与えていることから，この公判請求を原則としている。

②の略式命令請求は，簡易裁判所に対する公訴の提起であり，そのうち公判手続によらないで罰金又は科料の刑を科する手続をいう。

③の交通事件即決裁判請求とは，交通事件即決裁判手続法の規定する公訴提起をいう（もっとも，昭和54年以降は利用されていない。）。

これとは別に，平成16年の法改正で新設された350条の2以下の即決裁判手続（平成17年11月1日施行）があるが，この手続はその性格上，裁判審理方法（取調べ方法の簡略化等）の簡易公判手続の一種と位置付けられる。

(3) 公訴提起と管轄

公訴の提起は，当該事件の事物管轄及び土地管轄を有する第一審裁判所（原則として，地方裁判所，家庭裁判所及び簡易裁判所──審級管轄）に対して行う。事物管轄とは，第一審裁判所の管轄のうち，事件の軽重や性質に基づく裁判権の分配で，地方裁判所は，高等裁判所の事物管轄に属する事件及び罰金刑以下に当たる罪の事件を除いた全ての事件につき事物管轄を有する。

簡易裁判所は，罰金刑以下の刑に当たる罪，選択刑として罰金刑が定められている罪など裁判所法33条1項2号に規定する事件について事物管轄を有する。また，その科刑の範囲につき簡易裁判所は，選択刑として罰金刑の定めがある罪は原則として罰金刑しか科すことができないが，窃盗罪等一定の罪については，3年以下の懲役刑を科すことができる（裁判所法33条1項2号）。

土地管轄は，下級裁判所の設立及び管轄区域に関する法律の規定による。裁判所の本庁・支部の関係は，同一裁判所内の裁判権分配にすぎず土地管轄の問題を生じない。

2 公判請求

(1) 公訴提起

略式命令請求等を除く通常の公訴提起の種類を公判請求といい，公開の法廷で審理がなされる。公判請求は，第一審の事物管轄及び土地管轄を有する裁判所に対して行わなければならないが，拘留刑を求刑する事件は，簡易裁判所に公判請求しなければならない。

⑵ 公訴提起の方式・内容

ア 起訴状の提出

公訴の提起は，被告人の氏名その他被告人を特定するに足りる事項のほか，公訴事実及び罪名を記載した起訴状を裁判所に提出して行う（256条1項・2項）。

公訴事実は，公訴提起の効力の及ぶ範囲及び判決の既判力の及ぶ範囲を画し，審理中はその範囲内で訴因変更ができる。

「罪名」は，適用すべき罰条も併せて示され，起訴状の表示は「罪名及び罰条」となる。罰条の記載に誤りがあっても，原則的には公訴提起の効力に影響を及ぼさないが，被告人の防御に実質的な不利益を生ずるおそれがあればこの限りではないとされている（256条4項）。数個の訴因及び罰条は，予備的に又は択一的に記載することができる（256条5項）。

イ 予断排除の原則

予断排除の原則とは，起訴状には，裁判官に事件について予断を生じさせるおそれのある書類その他の物を添付し，又はその内容を引用してはならないとする原則である（256条6項）。そのため公訴の提起は，起訴状のみをもって行われ，「起訴状一本主義」とも呼ばれているが，裁判官に公判審理前の段階で不当な予断を抱かせないようにするための規定であり（最大判昭27・3・5刑集6・3・351），やはり「予断排除の原則」との呼び方が適切である。

この関係で余事記載の限度の問題として，被告人の経歴・前科等を公訴事実に記載することの可否の問題がある。前科の場合は，常習累犯窃盗罪のようにそれが構成要件の内容となっているとき，あるいは，その前科の事実を手段方法として恐喝した場合のように，公訴事実における犯罪事実の内容をなしているときは，訴因明示に必要な記載であると解されている。しかし，公訴事実と無関係となる同種前科を記載すれば，もはやその限度を超えるものと評される。余事記載と認定されれば，公訴提起の手続に違反した無効なものであるとして，公訴棄却の判決がなされる（338条4号）。

3 略式命令請求

⑴ 概　　要

略式命令は，簡易裁判所が検察官の請求によって，基本的に事案が簡明で証

拠上も明らかな事件につき，公開の公判手続によらない非公開にて書面審理によって罰金刑又は科料刑を科す裁判手続をいう。

この略式手続制度は，ドイツの制度をモデルに大正2年（1913年），刑事略式手続法の制定で実施されたもので，その後現行刑訴法では，461条以下の規定に継受されている。同手続は，公判手続を経ず，検察官提出の証拠資料だけに基づいて審理し，科する刑は罰金・科料に限定される一方，略式命令に不服がある場合は，正式裁判の公判手続に移行することができる。

略式命令が出された場合は，正式裁判の請求をせず，あるいは正式裁判の請求を取下げないし棄却されることにより，確定判決と同一の効力を生じる。

(2) 請求の要件

検察官が行う略式命令請求の要件としては，①簡易裁判所の管轄に属する事件，②100万円以下の罰金刑又は科料刑を科するのを相当とする事件（461条），③被疑者にこの手続によることに異議がない事件であることが必要であるが（461条，461条の2第2項，規則288条），さらに，④事案簡明・証拠明白な事件であることも求められる。

したがって，事案複雑・事実認定上難点がある事件は略式命令を請求しないのが制度の趣旨とされ，実務でもそのような観点で運用されている。

(3) 請求の手続

簡易裁判所に対し，公訴提起と同時に書面（略式命令請求書）を提出して行う（462条1項）。同書面には，検察官の告知手続書及び被疑者の略式手続によることについて異議がない旨の書面（実務では「略式請書」と呼ばれている。）を添付する（461条の2第2項，462条2項，規則288条）。

実務では，検察官は科刑意見書（求刑・付加刑，仮納付の裁判の請求）も裁判所に提出する（348条1項参照）。

同時に略式命令をするために必要があると思料する事件書類及び証拠物を裁判所に提出しなければならない（規則289条）。

請求を受けた裁判所は，当該事件が法的要件上できない場合又は略式命令が不相当である場合，あるいは請求手続が規定違反の場合は，通常の規定による審判をしなければならない（463条）。

裁判所は，請求を認めるときは，略式命令を発付して略式命令謄本を検察官及び被告人に送達する。

略式命令を受けた被告から正式裁判の請求があったときは，裁判所は，速やかにその旨を検察官に通知しなければならない（465条2項）。

略式命令の請求日から4か月以内に被告人に告知されないときは（略式命令の謄本が不送達の場合），公訴の提起は請求日にさかのぼってその効力を失い，裁判所は公訴棄却の決定をする（463条の2）。

4 公訴提起の効力の及ぶ範囲・効果

(1) 公訴の効力の人的範囲

公訴は，検察官が起訴状により指定した被告人以外の者にはその効力を及ぼさない（249条）。共犯者でも，検察官が被告人として指定しない限りその共犯者にはその効力が及ばない。

しばしば問題になるのは，真犯人が他人の氏名を冒用した場合，冒用者（真犯人）と被冒用者のいずれに公訴提起の効力が及ぶかということである。

判例では，身柄拘束中に起訴された場合は，氏名冒用した犯人本人を「被告人」とし，そうではなく在宅起訴の場合は，被告人名にされた被冒用者を「被告人」としている。

【判例】略式命令の効力（最決昭50・5・30刑集29・5・360）

いわゆる三者即日処理方式による略式手続において，真犯人AがBの氏名を冒用して，捜査機関に対しては終始被疑者Bになりすまして行動し，裁判所でも被告人としてB名義の略式命令謄本の交付を受け，即日罰金も仮納付したという事案において，その場合でも，略式命令の効力は冒用者である被告人Aには生じないとしている。

---

(2) 訴訟係属とその効果

検察官の公訴提起により，その法的効果として，「訴訟係属」状態に入る。そのことによって，裁判所が当該事件を審理・判決する状態に置かれ，裁判所・

検察官・被告人三者間の訴訟上の権利義務関係が生じる。このように，公訴提起の効果として訴訟係属状態が生じ，裁判所には当該事件が訴訟条件を具備している以上，有罪・無罪の実体判決をする権利義務が発生する（378条3号参照）。

　訴訟係属により生じた効果の中で，審判の権利義務の範囲はどこまで及ぶかとの問題が次に検討されることとなる。審判の対象は公訴事実ではなく，訴因であり，公訴事実の単一性・同一性の範囲で訴因の変更が可能であることや，その範囲での二重起訴の禁止（338条3号，なお10条，11条），公訴時効の停止の効果が生じる（254条1項）。

　二重起訴とは，訴訟係属中の同一事件について更に訴えを提起することをいい，刑事事件の場合，後の二重起訴となるものは判決で公訴が棄却される。公訴提起がなされると検察官は同一事件を更に起訴することはできないという効果が発生するということである（338条3号，339条1項5号）。

(3)　公訴事実の同一性の判断

　公訴事実が同一事件か否かの判断は，事件の単一性（一罪か併合罪かの区別）・同一性（一罪の内にあるか否か）の有無を基準とする。当初訴因事実と一罪関係になる別個の構成要件事実を起訴する場合，その具体的手続は，訴因の追加（訴因の追加的変更）による。常習犯罪（常習累犯窃盗罪，常習賭博罪）の一部を更に起訴する場合は，訴因の追加的変更による。

　また，住居侵入・窃盗事件では，両罪は牽連犯すなわち科刑上一罪の関係にあるから（刑法54条1項），住居侵入事実を先に起訴した後に窃盗事実を起訴する場合は，追起訴の方法では二重起訴となるため許されない。そのため窃盗事実を当初訴因の住居侵入事実の訴因に追加的変更する形をとる。

(4)　公訴時効の停止

　公訴提起が行われると，その時点で公訴時効は停止する（254条1項）。その「公訴時効の停止」があった場合，停止事由が終了した時から，再進行（停止前の進行期間を除く残期間のみの時間）が始まる。ちなみに，「時効の中断」は，進行済みの時効期間はすべて無効となり，中断事由終了時から新たに時効期間が進行を始める制度であるが，この中断を認めた規定はない。

　「時効の停止」はこの中断とは異なる。時効停止の効果の例としては，共犯

者の1人に対して公訴の提起があったときに，未だ起訴されていない他の共犯者にも，その時効の停止の効果が同時に生じることが挙げられる（254条2項）。起訴時点で捜査機関に発覚するに至っていない共犯者が存在しても，その存在は客観的な事実として存在すればよく，したがって，このような共犯者との関係でも時効停止の効力が及ぶことになる。

第3節　不起訴処分

1　意　義

　検察官が終局処分として公訴を提起しない処分をすることを不起訴処分といい，その場合，検察官は不起訴裁定書を作成する。この処分には，確定判決の既判力（一事不再理効）のような効果が生じることはなく，いったん不起訴処分にしたとしても，①後に新たな証拠を発見したとき，②親告罪の告訴を得たように訴訟条件を具備したとき，あるいは，③前科や他の常習的事実が判明したときなど，新たな事情が出てきて処罰の必要性が生じたような場合には，公訴時効が完成していない限り，事件を「再起」し，更に新たな証拠収集等所要の捜査を遂げて起訴することができる。

2　処分の態様

　不起訴処分には，①訴訟条件を欠如する場合，②犯罪事実が不成立，嫌疑の欠如等の場合，③刑の免除事由がある場合，④処罰を不要とする起訴猶予の場合の各態様がある。

　①の訴訟条件が欠如する場合は，(a)被疑者の死亡（被疑者が法人・団体の場合はその消滅）の場合では，**裁定主文は「被疑者死亡」，「法人等消滅」**となる。(b)公訴権が消滅している場合では（337条参照），既に同一事実につき確定判決（確定済みの略式命令や交通事件即決裁判を含む。管轄違い，公訴棄却の裁判には一事不再理効がなく，確定判決には含まれない。）を経ているときは，裁定主文は「確定判決あり」となる。また，成人が既に同一事実につき少年時代に保護処分（少年法24条1項。同法46条によりその審判を経た事件には一事不再理効がある。）を経ているときは，裁定主文を「保護処分済み」とする。確定判決前で起訴済み

の同一事実であるときは裁定主文は「起訴済み」，親告罪の告訴等の欠如・取消し等であるときは裁定主文は「親告罪の告訴の欠如・取消し」等となる。その他，犯罪後の刑の廃止，大赦，公訴時効の完成があったとき，あるいは道路交通法違反での反則行為の「通告欠如」，「反則金納付済み」の場合等がある。これらが裁定主文となる不起訴処分は多くないが，送致又は送付後に被害者との間の示談が成立した場合等，「親告罪の告訴の取消し」の裁定主文は比較的よくみられる。

②中の犯罪が不成立の場合では，被疑者が犯行時 14 歳未満の場合（刑法 41条）は，裁定主文は「刑事未成年」となる。被疑者が犯行時心神喪失である場合は，裁定主文は「心神喪失」，その他の犯罪が成立しない場合として，犯罪構成要件に該当しないときのほか，正当行為（刑法 35 条），正当防衛（同法 36条 1 項），緊急避難（同法 37 条 1 項本文）等の犯罪成立の阻却事由が証拠上明らかな場合，裁定主文は「罪とならず」となる。また，我が国の裁判権は，治外法権を有する者（外国使節等）には及ばないから，この場合の裁定主文は「裁判権なし」となる。

前記②中で，犯罪の嫌疑が証拠上全くない場合には裁定主文を「嫌疑なし」，嫌疑が不十分な場合には「嫌疑不十分」として不起訴処分をする。

③の刑の免除事由がある場合では，法律上必要的なもの（刑法 43 条但書，244 条 1 項）と，裁量的なもの（同法 36 条 2 項）とがあるが，前者では裁定主文を「刑の免除」とし，後者で起訴の必要性がないときは「起訴猶予」の不起訴処分とする。

④の起訴猶予処分は，嫌疑不十分と並び実務では極めて多くの事件に対して用いられる不起訴処分の裁定主文である。

〈刑事訴訟法 248 条〉

　犯人の性格，年齢及び境遇，犯罪の軽重及び情状並びに犯罪後の情況により訴追を必要としないときは，公訴を提起しないことができる。

---

248 条はこのように規定し，検察官に対し，犯罪事実が証拠上明らかに認定できる場合でも，公訴を提起しないことができるとの起訴裁量権を付与している。

前述のとおり，これを起訴裁量主義といい，裁定主文は「起訴猶予」となる。

処罰要否の判断基準は，犯人に関わる要因として，犯人の性格・年齢・境遇を，犯罪事実に関わる要因として，犯罪の軽重・情状（犯行動機及び一般情状）を，そして，犯罪後の情況の要因を考慮することである。

それには，刑事政策上の総合的判断としての被害者との示談，修復的司法の面からの被害者の宥和感情あるいは被害者保護の面を重視するほか，特別予防としての各事件における被疑者の更生と再犯防止の観点，また，これに一般予防の観点も加味した上で，個々具体的に起訴・不起訴の判断がなされる。

検察官は，公益の代表者としての立場から，起訴裁量権の行使は適正・公正に行わなければならないという客観義務を有する。

もっとも，この判断基準は，抽象的基準であることから，その訴追裁量の行使結果に対して，公訴権濫用まで主張される場合があるため，その一層の具体的基準化の試み，例えば，微罪処分・起訴保留・保護観察付猶予・再起放棄等に処分態様を分類して，きめ細かく処分を吟味するべきであるとの提唱もなされている。

第4節　家庭裁判所送致

検察官は，事件受理ないし認知事件に係る少年の被疑事件については，犯罪の嫌疑がある以上，家庭裁判所からのいわゆる逆送事件（少年法 20 条，45 条）を除き，家庭裁判所への全件送致しなければならない（同法 42 条 1 項前段）。

もし，この規定に反して少年の被疑事件をいきなり起訴すれば，338 条 4 号により公訴棄却の判決がなされる（当該事件が逆送事件の余罪の場合でも同様）。

なお，少年法 42 条 1 項後段により，犯罪の嫌疑がない場合でも，家庭裁判所の審判に付すべき事由があるときは（ぐ犯少年——同法 3 条），同様に，家庭裁判所に送致しなければならない。

第5節　その他の処分・付随処分等

1　中間処分

中間処分として，まず「中止」がある。これは，被疑者自体が不明不詳のほ

第7章　捜査の終結と公訴の提起　　141

か，被疑者自身あるいは被害者・目撃者等の重要参考人の所在不明などによっ
て，捜査上の支障が長期に存在し捜査継続が困難なため，未処理状態にしてお
くことが適当でない場合に中間処分として，裁定主文を「中止」とする中止裁
定書を作成する場合である。

　また，「移送」の中間処分もある。

　これは，自庁に管轄がない場合（258条），管轄があっても事件処理上の必要
により管轄のある他庁に移送する場合等の理由により，他の検察庁に所属する
検察官に事件を送致する中間処分である。

2　事件処理上の付随処分

　検察官が不起訴処分をした場合，被疑者，告訴人等へその結果を明らかにし
て，被処分者にその不服申立ての対応等の準備に資するようにする制度であり，
①被疑者に対する不起訴処分の告知，②告訴人等に対する処分通知と処分理由
の告知，③刑事施設の長への通知，④精神障害者等の知事への不起訴処分の通
報等がある。

第6節　不起訴処分に対する不服申立て

1　検察審査会に対する審査申立て

　審査申立権者（告訴人，告発人，請求人又は被害者——被害者が死亡した場合の
配偶者その他の一定範囲の親族）は，検察官の公訴を提起しない処分に不服があ
るときは，その検察官の属する検察庁の所在地を管轄する検察審査会にその処
分の当否の審査の申立てをすることができる（検察審査会法30条，2条2項）。

　検察審査会は職権でも検察官の公訴を提起しない処分の当否を審査できる。
検察審査会は，11人の検察審査員で組織され（同法4条），議事は過半数でこ
れを決する（同法27条）。起訴を相当とする議決については，検察審査員8人
以上の多数によらなければならない（同法39条の5第2項，41条の6第1項）。

　検察審査会は，検察官のした不起訴処分の当否につき審査した場合，議決（「不
起訴相当」，「不起訴不当」，又は「起訴相当」のいずれかの議決）を行って，各理
由を付した議決書が作成され，その謄本が検事正等に送付される（同法40条）。

検察審査会の議決は，原則的に検察官を拘束するものではないが，「検察官は，速やかに，当該議決を参考にして，公訴を提起すべきか否かを検討した上，当該議決に係る事件について公訴を提起し，又はこれを提起しない処分をしなければならない。」（同法41条）とされている。

なお，検察審査会法は司法制度改革の1つとして，平成16年に大幅な改正があり平成21年5月に施行され，特に検察審査会の起訴議決に公訴提起の強制権限が認められた（同法41条の2～41条の12）。

起訴議決（検察審査会法41条の6第1項）に対する不服申立ての規定はない。また，起訴議決に違法があっても，刑事訴訟手続における公訴提起（同法41条の10第1項）の前提となる手続であって，その適否は，刑事訴訟手続において判断されるべきものであり，行政事件訴訟を提起して争うことはできないとされている（最決平22・11・25民集64・8・1951）。

2 付審判請求（準起訴手続）

刑法193条から196条の罪（公務員・特別公務員の職権濫用，特別公務員暴行陵虐），又は破壊活動防止法45条の罪（公安調査官の職権濫用）若しくは無差別大量殺人行為を行った団体の規制に関する法律42条若しくは43条の罪について，告訴又は告発をした者は，検察官の公訴提起をしない処分に不服があるときは，その検察官所属の検察庁の所在地を管轄する地方裁判所に対し，事件を裁判所の審判に付することを請求することができる（262条1項）。

付審判請求は，不起訴処分の通知（260条）を受けた日から7日以内にしなければならず（262条2項，規則169条），検察官はその請求に理由があると認めたときは，公訴を提起しなければならない（264条）。

裁判所は，請求に理由があると認めるときは，事件を管轄裁判所の審判に付する旨の決定をする（266条）。

付審判決定があると，その事件につき公訴の提起があったものとみなされる（267条）。

3 検察庁の上級官庁に対する不服申立て

地方検察庁・区検察庁の検察官の行った不起訴処分に対し不服のある者は，処分検察官を行政上指揮監督する上級検察庁の長（検察庁法7条～9条）に対し，

その処分の取消し，変更などを求めて不服の申立てをすることができる。

その審査は，高等検察庁の検察官が担当して不服申立事件を処理し，不起訴処分をした検察官及び不服申立人にその結果が通知される。

しかし，この取扱いは，根拠となる法令上の明文規定はなく，検察の事件事務規程に根拠を置くものであり（同規程170条），上級官庁の行政上の指揮監督権の発動を促すだけのものとして扱われている。

第8章　公判手続の概要

第1節　公判手続概観

　検察官が公訴を提起し，裁判所が審理し，そして判決等裁判の言渡しがあって，その裁判が確定するに至るまでの一連の訴訟手続，すなわち，公判期日における冒頭手続→証拠調べ→弁論→判決に至る手続全体の流れを「公判手続」という。

　検察官が捜査した事件について，裁判所に対し，起訴（公訴提起）手続をとると，事件は受訴裁判所によって審判される訴訟係属の状態となり，以後は被疑者は「被告人」の地位に立つ。

　公訴の提起を受けた受訴裁判所は，被告人に対する被告事件を審理して裁判をするが，これに不服のある検察官・被告人は，更に上訴してその上級裁判所の判断を求めることになる。

　こうして，裁判が確定すれば，その時点で訴訟手続は終わる。

　通常は，公判期日のほか準備手続を含めての訴訟手続全般を指し，準備手続として公判前整理手続・期日間整理手続（316条の2〜316条の32）→被害者等の公判期日手続参加の申し出と許可（316条の33〜316条の39）の各規定の手順を踏んだ上，公判期日における手続に入り，そして，以後判決等裁判の言渡しがあるまでの一連の審理手続が進められる。

第8章　公判手続の概要　　145

【公判期日の手続の流れ】

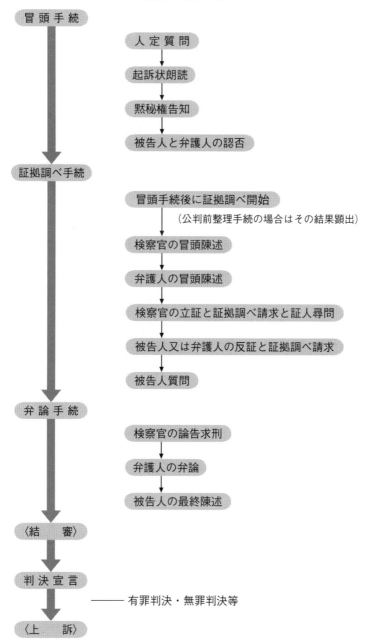

第2節　被害者参加制度

平成 19 年法律 95 号で新設され同 20 年 12 月 1 日から施行された「犯罪被害者等の権利利益の保護を図るための刑事訴訟法等の一部を改正する法律」の中で，犯罪被害者等が刑事裁判に参加する制度が創設された（316 条の 33 ～ 316 条の 39）。

それにより，被害者等参加人についての在廷権，証人への尋問権（一般情状に関する質問に限定），被告人に対する質問権（犯罪事実に係る事実の質問も含むが，意見陳述に必要な範囲に限定），そして，最終意見陳述などの権利が認められることになった。

第3節　公判手続と捜査手続との相違点

検察官が公訴提起することによって，事件はそれまでの捜査手続から公判手続へと移り，それに伴って，その訴訟上の両手続はそれまでの捜査における職権的手続から，当事者対等の弾劾手続へと移行するなどの顕著な相違点をみせることとなる。

第9章　裁判員制度

第1節　裁判員制度導入の趣旨

　平成 16 年に裁判員の参加する刑事裁判に関する法律が制定され，周知準備期間の 5 年間を経た平成 21 年 5 月 21 日に施行された。

　裁判員制度は，同法 1 条（趣旨）が規定するように「国民の中から選任された裁判員が裁判官と共に刑事訴訟手続に関与することが司法に対する国民の理解の増進とその信頼の向上に資する」ことを目的として創設された。すなわち，選挙権を有する国民の中から抽選で選ばれた裁判員 6 人が，裁判官 3 人とともに死刑を含む一定の重罪事件（裁判員裁判対象事件）を審理して，事実認定と量刑判断を行い判決に至る裁判の全過程に参加する我が国独特の制度である。

　国民が自律的に司法参加を行うことで，司法に対する国民の真の信頼を獲得することを期する画期的な制度である。他に職を持つ裁判員を長く裁判にかかわらせる余裕はないことから，連日集中的に数日間の開廷で結審して，裁判の迅速化を図るとともに，国民の目線での適正な判決に到達することで，従来の「精密司法」による調書依存と裁判の長期化による弊害を克服していくことが期待される。

　この裁判員制度に対しては，裁判官による公平な裁判を受ける権利を保障する憲法の侵害であるとする根強い憲法違反説や，参加が義務的で辞退の自由がないこと，重罪事件を多数決で決定する危険性，重罪裁判を行う裁判員の精神的過重負担，評議内容・職務上知り得た秘密に対する罰則（秘密漏示罪）付きの守秘義務を課すること等々の指摘・批判はあるが，国民が過度の国家依存体質から脱却してその司法参加が遍く定着することが望まれている。

　なお，最大判平 23・11・16 刑集 65・8・1285 は，この裁判員制度について，裁判官全員一致で合憲と判示している。

第2節　裁判員制度の基本的構造

1　対　象　事　件

　対象事件は，死刑又は無期懲役・禁錮刑を含む重罪事件のほか，法定合議事件であって，故意の犯罪行為により被害者を死亡させた罪に係る事件となる（裁判員法2条1項）。そして，旧陪審制度のように被告人に裁判員制度選択の自由を認めてはいない。

2　合議体の構成

　合議体の構成は，裁判官3人，裁判員6人とし，裁判官のうち1人を裁判長とする（裁判員法2条2項本文──2項合議体）。ただし，3項合議体として，対象事件のうち，公判前整理手続による争点及び証拠の整理において公訴事実について争いがないと認められ，事件の内容等の事情を考慮して適当と認められるものは，裁判所は，裁判官1人及び裁判員4人から成る合議体を構成して審理及び裁判をする旨の決定をすることもできる（同条2項但書・3項）。

3　裁判員の関与する判断権限

　裁判員は，裁判官とともに，①事実の認定，②法令の適用，及び，③刑の量定の判断権限を有する（裁判員法6条1項）。
　②法令の適用というのは，法令の当てはめのことで，法令の解釈に関する判断権は，構成裁判官が有する。

第3節　裁判員の選任手続

1　選　任　要　件

　まず，衆議院議員の選挙権を有する20歳以上の国民の中から抽選で裁判員の候補者を選任する（裁判員法13条）。
　そして，その候補者の中から法定の欠格事由（同法14条──禁錮以上の刑に処せられた者等），就職禁止事由（同法15条──一定の職にある者等），不適格事

由（同法 17 条）がある者は，裁判員になる者から除外される。また，辞退の申立てをした候補者中，裁判所が辞退事由があると認めた者については辞退が認められる（同法 16 条—— 70 歳以上の者，病気等の事由がある場合等）。

2　裁判員候補者の員数の割当てと通知手続

裁判所は毎年 9 月 1 日までに，次年に必要な裁判員候補者の員数をその管轄区域内の市町村に割り当て，これを市町村の選挙管理委員会に通知しなければならない（裁判員法 20 条 1 項）。

第 4 節　評議と評決

1　評　　議

公開の公判廷での審理のほか，裁判員が関与する判断過程の評議は，構成裁判官と裁判員との協働で行う。裁判長は，裁判員に対し，裁判員法 6 条 2 項の構成裁判官の合議による法令の解釈に係る判断及び訴訟手続に関する判断を示さなければならない（同法 66 条 3 項）。なお，裁判長は，弁論終結前に評議を行うに当たっては，あらかじめ，裁判員に対し，同法 6 条 1 項に規定する裁判員の関与する判断（事実の認定，法令の適用，刑の量定）は，弁論終結後に行うべきものであることを説明する（裁判員規則 51 条）。

裁判長は，評議において，裁判員に対して必要な法令に関する説明を丁寧に行うとともに，評議を裁判員に分かりやすいものとなるように整理し，裁判員が発言する機会を十分に設けるなど，裁判員がその職責を十分に果たすことができるように配慮しなければならない（同法 66 条 5 項）。

また，構成裁判官は，評議において，裁判員から審議の内容を踏まえて各自の意見が述べられ，合議体の構成員の間で，充実した意見交換が行われるように配慮しなければならない（同規則 50 条）。

2　評　　決

評決は構成裁判官及び裁判員の双方の意見を含む合議体の員数の多数決で決せられる。つまり，いずれの判断結果であっても構成裁判官が 1 人も含まれな

いとか，逆に裁判員が1人も含まれない偏った過半数は許されないこととなる（裁判員法67条1項）。また，刑の量定に関する意見では，意見が分かれ，その説が各々，構成裁判官及び裁判員の双方の意見を含む合議体の員数の過半数の意見にならないときは，その合議体の判断は構成裁判官及び裁判員の双方の意見を含む合議体の員数の過半数の意見になるまで，被告人に最も不利な意見の数を順次利益な意見の数に加えその中で最も利益な意見によることとなっている（同条2項）。

第5節　裁判員の参加する裁判の手続

1　公判前整理手続の前置

　裁判員に過重な負担をかけないようにするための配慮規定（裁判員法51条）の具現化の一環として，裁判所は，対象事件については，第1回の公判期日前にこれを公判前整理手続に付さなければならないとして，公判前整理手続を前置する（同法49条）。この手続において争点と証拠を整理し，迅速で分かりやすい審理のために集中的・計画的審理を実現することを期することで，裁判員をしてその負担を適正な範囲にとどめ，事件の実態を速やかに把握して，審理に向けて十分な準備で参加し，的確な評議・評決を遂げることができるようにすることを目的とする。このようにして，当事者も裁判員が審理の内容を踏まえて自らの意見を形成できるように裁判員に分かりやすい立証及び弁論を行うように努めなければならない（裁判員規則42条）。

　この公判前整理手続には，裁判員は参加・傍聴などしないことになっている。これは，裁判員が不当な予断を抱かないように配慮するという趣旨からであるが，その反面，事件の真相を争点や証拠整理の過程で徐々に理解するという重要な機会を奪うという制度批判もある。

2　鑑　定　手　続

　裁判所は，公判前整理手続において鑑定を行うことを決定した場合において，当該鑑定の結果の報告がなされるまでに相当の期間を要すると認めるときは，当事者の請求又は職権で，公判前整理手続において鑑定手続実施決定をするこ

とができる（裁判員法50条1項・3項，実務では「50条鑑定」と呼ばれている。）。

3　公判手続の特則

冒頭陳述においては，公判前整理手続における争点及び証拠の整理の結果に基づき，証明すべき事実と証拠との関係を具体的に明示しなければならない（裁判員法55条）。

また，裁判員制度導入を考慮して争点中心の審理を行うために，裁判員が理解し易い証拠調べ手続となるように刑訴規則の手続改正も行われた。例えば，①証拠調べの請求は，証明すべき事実の立証に必要な証拠を厳選して行うこと（規則189条の2），②争いのない事実の証拠調べに関しては，訴訟関係人は，誘導尋問，同意書面・合意書面の活用を検討するなどして，当該事実及び証拠の内容・性質に応じた適切な証拠調べが行われるよう努めること（規則198条の2），③犯罪事実に関しないことが明らかな情状に関する証拠の取調べに関しては，できる限り，犯罪事実に関する証拠の取調べと区別して行うように努めること（規則198条の3），④取調べ状況に関する立証については，検察官はできる限り，取調べ状況を記録した書面その他の取調べ状況に関する資料を用いるなどして，迅速かつ的確な立証に努めること（規則198条の4），などを規定している。なお，裁判員に不当な予断偏見を抱かせるような裁判・犯罪報道に関する規制問題は，検討はされたが結局立法化には至っていない。

第6節　裁判員に対する守秘義務と保護制度

1　守秘義務

裁判員には評議の秘密や職務上知り得た秘密を漏示してはならないとの守秘義務を課した（裁判員法70条，108条。違反者は，6か月以下の懲役又は50万円以下の罰金に処せられる。）。

2　保護規定

保護規定として，①不利益取扱いの禁止（労働者が裁判員の職務を行うために休暇を取得したことその他裁判員，補充裁判員，選任予定裁判員若しくは裁判員候

補者（以下，「裁判員等」という。）であること又はその職にあった者であることを理由として，解雇その他不利益な取扱いをしてはならないとした——裁判員法 100 条），②裁判員等を特定するに足りる情報の取扱い（何人も裁判員等の氏名，住所その他個人を特定するに足りる情報を公にしてはならず，これらの職にあった者の情報についても本人の同意がない限り同様とする——同法 101 条 1 項），③裁判員等に対する接触の規制（何人も裁判員等に接触してはならないとされる。また，職務上知り得た秘密を知る目的で，裁判員又は補充裁判員の職にあった者に接触することも禁止される——同法 102 条）等が設けられた。

3 罰　　則

　①裁判員等に対する請託罪等（裁判員，補充裁判員，選任予定裁判員に対し，その職務に関し，請託をした者は 2 年以下の懲役又は 20 万円以下の罰金に処される——裁判員法 106 条 1 項・3 項。被告事件の審判に影響を及ぼす目的で，裁判員，補充裁判員，選任予定裁判員に対し，事実の認定，刑の量定その他の裁判員として行う判断について意見を述べ又はこれについての情報を提供した者も，2 年以下の懲役又は 20 万円以下の罰金に処される——同条 2 項・4 項），その他②裁判員等に対する威迫罪（同法 107 条），③裁判員の氏名等漏示罪（同法 109 条），④裁判員候補者による虚偽記載罪等（同法 110 条）等がある。

第10章　公判前整理手続

第1節　公判前整理手続の意義──制度の趣旨

　複雑な事件等においては，争点を整理し充実した審理を行う必要がある。特に裁判員にとっては，分かり易いことと，審理関与期間が集中的・短期間であることが求められ，事件の争点を絞り，明確にして分かり易い審理をしなければならない。

　裁判員裁判対象事件については，公訴事実を争わない事件を含めすべての該当事件が公判前整理手続に付される。

第2節　公判前整理手続のうちの証拠開示制度の概要

1　証拠開示拡充の経緯

　現行刑訴法は，公判の在り方について当事者主義を採用している。したがって，検察官と被告人は対等の立場で相互に攻撃防御を行い，その審理過程において法廷に顕出された証拠につき，その証明力を裁判官が自由心証主義に基づいて判断し判決をするというシステムとなっている。そのため，提出する証拠の取捨選択等はそれぞれの当事者の自由な判断によると考えられており，そのため，かつては証拠開示についても，いわゆる証拠漁りのような開示請求は認められていなかった。

　すなわち，最決昭44・4・25刑集23・4・248では，弁護側から検察官に対する証拠開示の申立てに対し，「裁判所は，その訴訟上の地位にかんがみ，法規の明文ないし訴訟の基本構造に違背しないかぎり，適切な裁量により公正な訴訟指揮を行ない，訴訟の合目的的進行をはかるべき権限と職責を有するも

のであるから，本件のように証拠調の段階に入った後，弁護人から，具体的必要性を示して，一定の証拠を弁護人に閲覧させるよう検察官に命ぜられたい旨の申出がなされた場合，事案の性質，審理の状況，閲覧を求める証拠の種類および内容，閲覧の時期，程度および方法，その他諸般の事情を勘案し，その閲覧が被告人の防禦のため特に重要であり，かつこれにより罪証隠滅，証人威迫等の弊害を招来するおそれがなく，相当と認めるときは，その訴訟指揮権に基づき，検察官に対し，その所持する証拠を弁護人に閲覧させるよう命ずることができるものと解すべきである。」として，その必要性や相当性等について，慎重に吟味して初めて証拠開示を命ずるというスタンスで臨んでいたものであり，長くこのような考え方に従って公判の運営がなされてきた。

しかしながら，裁判員裁判の導入と合わせて，公判の充実・迅速化の観点から，十分な争点整理を行い，明確な審理計画を立てられるようにするためには，証拠開示の拡充が必要であるとの考えから，刑訴法の改正が行われ，証拠開示の時期・範囲等に関するルールを法令上明確化し，裁判所が必要に応じて開示の要否を裁定することができる仕組みが規定され，平成17年11月から施行され現在に至っている。

2　証拠開示が問題となった事例

ここで，これまで証拠開示が問題となった証拠としてはどのようなものがあるのか，そして，捜査報告書などの開示が問題となったことはあるのか否かなどについて検討する。

⑴　捜査報告書

捜査報告書は，証拠開示の対象となり，これまでいくつもの裁判例が存在する。刑訴法316条の15第1項よる開示の対象となる証拠（以下「類型証拠」という。）もあれば，同法316条の20第1項の開示の対象となる証拠（以下「主張関連証拠」という。）のいずれについても，開示が命ぜられたものもあれば，これが否定されたものもある。

その開示が認められたものとして，大阪地決平20・4・9裁判所ウェブサイトでは，共犯者の取調べ状況等報告書について，「取調べ状況等報告書は，取調べ年月日，取調べ担当者，取調べ時間，被疑者供述調書作成の有無及びそ

の数，被疑者がその存在及び内容の開示を希望しない旨の意思を表明した被疑者供述調書作成の有無及びその数等の客観的事実を記載するべきものであって，取調べ事項や被疑者の供述内容については記載されないことが明らかである。そうすると，これを開示したとしても，共犯者Aの供述内容やプライバシーが不当につまびらかにされるとは想定し難く，開示することによる弊害はほとんど存在しないというべきである。したがって，本件取調べ状況等報告書のうち，平成19年4月27日までの取調べに関するものについては，開示を命ずるべきである」などとした。

他方，開示請求の対象となる捜査報告書等が類型証拠に該当しないとして請求を棄却したものについては，鳥取地米子支決平20・5・15裁判所ウェブサイトなど枚挙にいとまがない。

(2) 取調べメモ等

では，取調官がその職務上所持している取調べメモや備忘録等についてはどうであろうか。

ここでまず考えておかなければいけないのは，犯捜規13条において，「警察官は，捜査を行うに当り，当該事件の公判の審理に証人として出頭する場合を考慮し，および将来の捜査に資するため，その経過その他参考となるべき事項を明細に記録しておかなければならない。」とされていることである。

このような規定が存在する以上，備忘録や取調べメモが残されていることが前提となるといわざるを得ないであろう。

ア 最決平19・12・25刑集61・9・895

この事案では，警察官の取調べの任意性を争う弁護側が警察官の取調べメモ等の開示を求めたところ，原々審である東京地裁は，「請求に係るメモ等は本件一件捜査記録中に存在しないものと認められ，仮に捜査官がこのようなメモ等を私的に作成し，所持していたとしても，それらは，その作成者が取調べの際に必要に応じて供述の要点を備忘のために書き留め，供述調書作成の準備として用いられるなどした個人的な手控えのたぐいであると考えられるから，その性質上そもそも開示の対象となる証拠に該当しない」として弁護側の請求を棄却した。

しかしながら，その抗告審である原審の東京高裁は，「刑訴法316条の20により検察官が開示義務を負う証拠の範囲は，原則として検察官の手持ち証拠に限られるというべきであるが，検察官が容易に入手することができ，かつ，弁護人が入手することが困難な証拠であって，弁護人の主張との関連性の程度及び証明力が高く，被告人の防御の準備のために開示の必要性が認められ，これを開示することによって具体的な弊害が生じるおそれがない証拠が具体的に存在すると認められる場合には，これは，いわば検察官が保管すべき証拠というべきであるから，検察官の手持ち証拠に準じ，これについても証拠開示の対象となると解すべきところ，取調べメモ（手控え），備忘録等は，犯罪捜査規範により警察官に作成及び保存が義務付けられている以上，裁判所としては，検察官が本件開示請求に係る取調べメモ（手控え），備忘録等の存否を明らかにしようとしないという事情によってその存否が不明の場合には，これが存在することを前提とせざるを得ず，本件において，被告人の取調べに係る丙山警部補が作成した取調べメモ（手控え），備忘録等が，検察官が容易に入手することができ，かつ，弁護人が入手することが困難な証拠であって，弁護人の主張との関連性の程度及び証明力が高く，被告人の防御の準備のために開示の必要性が認められる証拠に該当することは明らかというべきであり，また，このような取調べメモ（手控え），備忘録等を開示することにより一般的に弊害があるとは考えにくいところ，本件における具体的な弊害についても検察官から何ら主張が行われていないのであるから，これがあると認めることもできない」として，原々決定を変更し，検察官に対し，被告人の取調官である警察官の取調べメモや備忘録等の開示を命じた。

これに対し，検察官が特別抗告をしたところ，本件最高裁決定による判断が示されたのであるが，同決定では，「公判前整理手続及び期日間整理手続における証拠開示制度は，争点整理と証拠調べを有効かつ効率的に行うためのものであり，このような証拠開示制度の趣旨にかんがみれば，刑訴法316条の26第1項の証拠開示命令の対象となる証拠は，必ずしも検察官が現に保管している証拠に限られず，当該事件の捜査の過程で作成され，又は入手した書面等であって，公務員が職務上現に保管し，かつ，検察官において入手が容易なものを含むと解するのが相当である。公務員がその職務の過程で作成するメモについては，専ら自己が使用するために作成したもので，他に見せたり提出するこ

とを全く想定していないものがあることは所論のとおりであり，これを証拠開示命令の対象とするのが相当でないことも所論のとおりである。しかしながら，犯罪捜査規範 13 条は，『警察官は，捜査を行うに当り，当該事件の公判の審理に証人として出頭する場合を考慮し，および将来の捜査に資するため，その経過その他参考となるべき事項を明細に記録しておかなければならない。』と規定しており，警察官が被疑者の取調べを行った場合には，同条により備忘録を作成し，これを保管しておくべきものとしているのであるから，取調警察官が，同条に基づき作成した備忘録であって，取調べの経過その他参考となるべき事項が記録され，捜査機関において保管されている書面は，個人的メモの域を超え，捜査関係の公文書ということができる。これに該当する備忘録については，当該事件の公判審理において，当該取調べ状況に関する証拠調べが行われる場合には，証拠開示の対象となり得るものと解するのが相当である。」と判示した。

このような判断が最高裁により示されたことから，基本的には，取調べの際に作成したメモや備忘録については証拠開示の対象になるものと考えておく必要がある。

イ　最決平 20・6・25 刑集 62・6・1886

もっとも，その後の下級審の判断では，取調べメモについて，弁護側の主張との関連性，開示の必要性や相当性を欠くことなどから開示を命ずるのは相当でないと判断した例も多数存在している（広島高決平 20・4・8 裁判所ウェブサイト，名古屋地決平 20・5・2 裁判所ウェブサイト，大阪地決平 20・5・13 裁判所ウェブサイト，名古屋地一宮支決平 20・6・9 裁判所ウェブサイト）。

しかしながら，最決平 20・6・25 では，「犯罪捜査に当たった警察官が犯罪捜査規範 13 条に基づき作成した備忘録であって，捜査の経過その他参考となるべき事項が記録され，捜査機関において保管されている書面は，当該事件の公判審理において，当該捜査状況に関する証拠調べが行われる場合，証拠開示の対象となり得るものと解するのが相当である（前記最決平 19・12・25 参照）。そして，警察官が捜査の過程で作成し保管するメモが証拠開示命令の対象となるものであるか否かの判断は，裁判所が行うべきものであるから，裁判所は，その判断をするために必要があると認めるときは，検察官に対し，同メモの提示を命ずることができるというべきである。

これを本件について見るに，本件メモは，本件捜査等の過程で作成されたもので警察官によって保管されているというのであるから，証拠開示命令の対象となる備忘録に該当する可能性があることは否定することができないのであり，原々審が検察官に対し本件メモの提示を命じたことは相当である。」として，開示の対象となることを重ねて示したものである。

ウ　名古屋地決平20・7・24裁判所ウェブサイト

最決平20・6・25後においても，備忘録等の開示の必要性や相当性に欠けるとして開示を相当と認めなかったものとして，名古屋地決平20・7・24は，「弁護人が……主張し，防御するについては，被告人質問によって，被告人が真意，心情の詳細等を十分に供述した上で，本件犯行に至る経緯及び犯行状況等に関する被告人及び共犯者らの具体的な言動等に照らして，その信用性等を評価検討して主張することが重要となると解される。これに対し，取調状況がどのようなものであったかという点は，弁護人の主張，防御等との関係において，重要なものとは言い難く，取調官の証人尋問等を行うべき必要性までは認められないのであって，実際にも，当事者のいずれからも取調官の証人尋問請求はなされておらず，その予定もない。以上によれば，本件における弁護人の予定主張との関係において，本件備忘録等の証拠は，関連性及び証明力がいずれも高くなく，被告人の防御の準備のために本件備忘録等を開示する必要性は乏しいのであって，開示を相当と認めることはできない。」と判断された例も存在する（同旨名古屋高決平20・7・31裁判所ウェブサイト）。

⑶　ノート等

では，警察官が私費で購入し，捜査上必要な事項をメモしていたようなノートについても，上記同様に考えるべきであろうか。

ア　最決平20・9・30刑集62・8・2753

この点については，最決平20・9・30の事案が参考になる。

この事案は，強盗致傷等の罪で起訴された事案であるが，被告人は，その犯行を否認していた。そして，この事件の公判前整理手続で，検察官は，被告人の知人であるＡの証人尋問を請求し，これが採用されたことから，準備のため

第10章　公判前整理手続　159

Aに事実の確認を行った。すると，Aは，それまで警察官等にも全く話していなかった事実として，検察官に対し，被告人がAに対し本件犯行への関与を自認する言動をした旨の供述をした。

このAについては，捜査段階でB警察官が取調べを行い，供述調書を作成していたが，上記の供述は，この警察官調書にも記載のないもの（以下，Aの上記の供述を「新規供述」という。）であった。

そこで，検察官は，この新規供述について検察官調書を作成し，その証拠調べを請求し，新規供述に沿う内容を証明予定事実として主張した。

もちろん，B警察官のAの取調べに関する供述調書は既に開示していた。

一方，弁護人は，この新規供述を争うとしたものの，そのためにB警察官の証人尋問等を請求するということはなく，その主張に関連する証拠として「B警察官が，Aの取調べについて，その供述内容等を記録し，捜査機関において保管中の大学ノートのうち，Aの取調べに関する記載部分」（以下「本件メモ」という。）の証拠開示命令を請求した。

ちなみに，本件大学ノートは，B警察官が私費で購入して仕事に利用していたもので，B警察官は，自己が担当ないし関与した事件に関する取調べの経過その他の参考事項をその都度メモとしてこれに記載しており，勤務していたS警察署の当番編成表をもこれに貼付するなどしていた。本件メモは，B警察官がAの取調べを行う前ないしは取調べの際に作成したものであり，B警察官は，記憶喚起のために本件メモを使用して，Aの警察官調書を作成した。

なお，B警察官は，本件大学ノートをS警察署の自己の机の引き出し内に保管し，N警察署に転勤した後は自宅に持ち帰っていたが，本件事件に関連して検察官から問い合わせがあったことから，これをN警察署に持って行き，自己の机の引き出しの中に入れて保管していた。

このような事案において，東京地裁は，平成20年8月6日，本件メモの証拠開示を命ずる決定を出し，それに対する検察官の即時抗告に対しても，同月19日，東京高裁は，棄却決定をした。そこで，検察官が最高裁に特別抗告をしたというものであった。

そして，**本件最高裁決定**は，「以上の経過からすると，本件メモは，B警察官が，警察官としての職務を執行するに際して，その職務の執行のために作成したものであり，その意味で公的な性質を有するものであって，職務上保管している

ものというべきである。したがって，本件メモは，本件犯行の捜査の過程で作成され，公務員が職務上現に保管し，かつ，検察官において入手が容易なものに該当する。また，Aの供述の信用性判断については，当然，同人が従前の取調べで新規供述に係る事項についてどのように述べていたかが問題にされることになるから，Aの新規供述に関する検察官調書あるいは予定証言の信用性を争う旨の弁護人の主張と本件メモの記載の間には，一定の関連性を認めることができ，弁護人が，その主張に関連する証拠として，本件メモの証拠開示を求める必要性もこれを肯認することができないではない。さらに，本件メモの上記のような性質やその記載内容等からすると，これを開示することによって特段の弊害が生ずるおそれがあるものとも認められない」などとして，上記東京地裁の決定を是認した。

　確かに，私費で購入したとしても，職務の執行のために必要な記載事項を記入していたものであれば，取調べに関する記載部分は，犯捜規13条にいう書面に該当すると考えられよう。

イ　最決平20・9・30の事案の問題点

　したがって，本件最高裁決定を理解した上で，このようなメモの類の取扱いには慎重を期す必要があるものの，本件における根本的な問題は，本件メモが関連性を有し，また，その開示の必要性があるかどうかという点であることも理解しておく必要がある。

　本件では，AについてのB警察官の取調べに関する供述調書は既に開示されており，どのような取調べがなされたかは弁護側の知るところとなっている。

　例えば，その取調べにおいて，何らかの不当な取調べがなされたことによって，Aが虚偽の供述をしたというのであれば，その取調べの内容を明らかにするために本件メモの開示を求める必要性は出てくることになろう。ところが，新規供述が出たのは検察官の取調べによるものである。そして，弁護側は，B警察官の取調べ状況やその際の供述内容の信用性について一切問題としておらず，B警察官の証人尋問すら請求していないのである。そのような状況で，どうしてB警察官の取調べの内容を明らかにするための本件メモの開示が必要になるのであろうか。例えば，新規供述を得た検察官の取調べの信用性を争うということで，検察官の取調べメモの開示を求めるというのであれば，まだ関連

性はあると思われるものの，それ以前の新規供述が出ていない段階での取調べの内容を明らかにすることに関連性があるものとは思われない。

㋐ 宮川裁判官の補足意見

　もっとも，本件最高裁決定における宮川裁判官の補足意見として，「主張と開示の請求に係る証拠との関連性については，本件弁護人は，新規供述に沿う事実を否定し，新規供述に関する検察官調書あるいはAの予定証言の信用性を争う旨の主張をした上で，それを判断するためには，本件メモにより，B警察官によるAの取調べの際のやり取り等を明らかにし，供述の変遷状況等を明確にすることが必要であると述べている。被告人の取調べ状況を争点とする場合とは異なって，B警察官によるAの取調べ状況とその際のAの供述内容を裏付ける根拠は，Aの協力が得られない以上，具体的に明らかにしようがない本件では，関連性についての主張は上記の程度でもやむを得ないと考える。」としているが，供述の変遷状況等を明確にするのであれば，本件メモの開示によるのではなく，B警察官の証人尋問によるのが筋というものであろう。そして，その証人尋問における証言内容に疑問が生じ，取調べ状況の真実の姿が問題とされるに至るのであれば，その段階で初めて本件メモの開示についての関連性や必要性が判断されることになるのではないかと思われる。

㋑ 甲斐中裁判官の反対意見

　この点について，本件最高裁決定における甲斐中裁判官の反対意見においても，「取調べメモを証拠開示請求する場合には，取調べ状況やその際に作成された調書の信用性を争点とするべきところ，本件においては，弁護人は，新規供述に沿う事実を否定し，新規供述に関する検察官調書あるいはAの予定証言を争う旨の主張をしたものの，B警察官のAに対する取調べ状況やその際の供述内容の信用性については争点とせず，一切主張していない。したがって，本件メモの開示請求の前提となる事実上の主張を具体的にしておらず，少なくとも本件メモとの関連性を明らかにしていないものといわざるを得ない。さらに，開示の必要性についても，原決定は，『A証人が従前の取調べでどのように述べていたかは重要な争点となるから，…その（本件メモ）記載が新たな角度から意味をもってくる可能性は否定できず…』として本件メモの開示の必要性が

あるものと判断している。

　しかし，本件では，検察官はAのB警察官に対する供述調書を開示済みであり，弁護人も，同調書に新規供述に関する事項についての記載がないことは争っていないのである。したがって，Aが従前の取調べでどのように述べていたかが重要な争点とはなり得ない。敢えていえば，A証人が新規供述に関する事項について，警察官と調書外で何らかのやり取りがあり，それが本件メモに記載されていることが仮定的な可能性としては考えられないでもなく，原決定の『新たな角度から意味をもってくる可能性』とは，そのことをいうものとも解される。しかし，原決定は，本件メモを検討の上，自ら「本件メモ自体は，その内容からして証拠価値に乏しいものともいえる」としているのであるから，上記のような可能性はおよそ考え難いところである。さらに，一般に取調べメモの開示請求をする場合は，当該取調べ担当官の証人請求がなされた上で行うものであるが，本件ではB警察官の証人申請がなされておらず，警察官調書作成の際の取調べメモのみが開示請求されているのであり，その請求の方法からしても必要性は乏しいものといわざるを得ない。私は，主張関連証拠の関連性，必要性等の判断については，法律審たる当審は原則として事実審の判断を尊重すべきものと考えるが，双方の主張の明示義務は争点整理のために重要であり，関連性，必要性等の判断は具体的に検討されるべきことが法律上予定されているので，そのような観点から，本件については，多数意見に反対するものである。」としているが，正鵠を射る反対意見であると言えよう。

⑷　その他の内部資料

　自動車登録番号自動読取システム（以下「Nシステム」という。）の記録やその解析報告書等は開示の対象となるのであろうか。

　これまでの裁判例で開示を命じられたものはないと思われる。Nシステムの記録等の開示を求められた事案として，東京高決平20・5・20裁判所ウェブサイト，東京地決平20・7・11裁判所ウェブサイト，東京地決平20・8・28裁判所ウェブサイト，東京高決平20・9・10裁判所ウェブサイト，東京高決平21・8・24公刊物未登載などがあるが，いずれも弁護側の請求は棄却されている。

　例えば，「Nシステムの記録自体は，本件の捜査とは無関係に記録された，

警察の内部資料にすぎないものであるから，本件の捜査の過程で作成され，又は入手した書面等であるとはいえず，そもそも開示の対象とならない。」（上記東京地決平20・8・28）などとされ，解析報告書等については，開示の対象とされるも，その開示の必要性は認められないとか（同上決定），「弁護人が開示を求めるNシステム関連証拠のその余の部分は，予定主張との関連性は認められるが，その開示の必要性は低いというべきである。」（上記東京高決平20・5・20）とか，「弁護人の主張する重要性は認められず，開示の必要性も認められない。」（上記東京地決平20・7・11）などとして，開示の請求は棄却された。

第11章　第1回公判期日

第1節　公判廷の構成員等

　公判期日における公判手続は，裁判官・裁判所書記官が列席し，検察官が出席する公開の法廷である公判廷でこれを行う（282条1項・2項）。

　公判廷は，裁判所，検察官，被告人・弁護人の三者が必要最小限度の構成員である。検察官は，受訴裁判所の構成員ではなく当事者の一方であるため，検察官の出席は開廷の要件である。

　また，公判廷は，原則として，被告人が出頭しなければ開廷することができない（286条）。

　もっとも，被告人が陳述をせず，許可を受けないで退廷し，又は秩序維持のため裁判長から退廷を命ぜられた場合は，その陳述を聴かないで判決をすることができる（341条）。

　弁護人の出頭は，一般的には公判廷開廷の要件ではないが，289条は，「死刑又は無期若しくは長期3年を超える懲役若しくは禁錮」に当たる必要的弁護事件を審理する場合には，弁護人がなければ開廷することができないことを規定する（1項）。この点で，弁護人の出頭が開廷の要件となり，弁護人が出頭しないとき，在廷しなくなったときには，裁判長は，職権で国選弁護人を付さなければならない（同条2項）。

第2節　冒頭手続

　裁判長は，検察官の起訴状朗読に先立ち，被告人に対し，その人違いでないことを確かめるに足りる事項を問う人定質問を行って（規則196条），公判廷に出頭している「被告人」が，起訴状記載の被告人と同一人物であるかどうかを

確認するための手続を行う。そのために，氏名・生年月日・本籍・住居・職業を問う。

被告人に対する人定質問後に，検察官が起訴状を朗読することにより（291条1項），審理が開始される。

裁判長は，検察官の起訴状朗読後に行う供述拒否権等の告知終了後，被告人及び弁護人に対し，「被告事件について陳述する機会」を与えなければならない（291条3項後段）。

これに対し，被告人及び弁護人は，裁判所に対し，公訴事実の認否（罪状認否），すなわち公訴事実を認めるのか，否認するかの「認否」を行う。

第12章　審判の対象──公訴事実と訴因 (訴因の意義)

第1節　訴因制度の導入

　現行刑訴法は，英米法の「訴因」概念を導入し，検察官に対し，被告人の防御のために，その攻撃の的を絞らせるものとして，訴因を明示させて審判の対象及びその範囲を明確にさせることとした。これが訴因制度導入の趣旨である。

第2節　訴因の特定

　現行刑訴法は，公訴の提起は起訴状を提出してこれをしなければならないとするとともに，その起訴状には，「公訴事実」を記載しなければならないと規定する (256条1項・2項)。

　その公訴事実には，「訴因」を明示してこれを記載しなければならない。訴因の明示は，できる限り，日時・場所・方法をもって罪となるべき事実を特定してこれを行う (同条3項)。

　これを「訴因の特定」という (白山丸事件の最大判昭37・11・28刑集16・11・1633参照)。

第3節　訴因の拘束力

　裁判所は，このようにして，原告官である検察官が明示した訴因に，拘束されることとなる。仮に公訴事実の同一性の範囲内にある事実でも，訴因と異なる事実を直ちに認定することはできないこととされている。

第12章　審判の対象——公訴事実と訴因（訴因の意義）　　167

第4節　訴因の構成

　訴因は，犯罪事実について，これを法律的に特別構成要件に当てはめたものであるから，一つの公訴事実，すなわち犯罪事実であっても，この事実の中から該当する特別構成要件のいくつかに当てはめることで数個の各訴因として構成することもできる。

　例えば，被告人AがVを恨む余り，V方玄関前にあった高価なV所有の植木鉢を持って数十メートル離れた川に投げ捨てたという犯罪事実を想定するとき，検察官は，訴因を窃盗，あるいは器物損壊というように，別異の訴因に構成することができるし，窃盗と器物損壊に関する両訴因を予備的又は択一的に記載することもできる（256条5項）。

第13章　証拠調べに関する公判手続

第1節　冒頭陳述

1　意　　義

　検察官は，証拠調べのはじめに，証拠により証明すべき事実を明らかにしなければならない（296条本文）。この検察官の手続が「冒頭陳述」であり，証拠調べの「はじめに」行うこととされていることから，この冒頭陳述の開始がすなわち証拠調べの「開始」ということとなる。

　検察官の冒頭陳述は，事案の全容を明示して，大筋としての立証方針を示すことによって，裁判所に対しては，争点を明示し証拠調べに関する以後の訴訟指揮を適切に行えるようにする。それは，同時に被告人側に対しても，攻撃防御の範囲を明確にさせて，その準備をさせるようにする手続でもある。

2　冒頭陳述の範囲

　検察官が冒頭陳述で述べる「立証事実」の内容としては，通常，①罪体事実，②犯人性の事実（罪体と被告人との結び付きに関する事実），③情状事実である。

第2節　証拠調べの請求

1　検察官の冒頭陳述終了後の証拠調べ請求

　検察官は冒頭陳述終了後，引き続いて証拠調べの請求を行い，その立証後は，被告人・弁護人がその反証としての証拠調べの請求を行う。現行刑訴法は，当事者主義を徹底し，証拠調べは当事者からの請求に基づいて行うのを第一次的

としている。その上で刑訴法は，第二次的・補充的にあるいは実体的真実主義からの後見的役割から，裁判所に職権的な証拠調べも認めている。

2 請求の順序等

訴追者であり公訴事実の立証・挙証責任を負う検察官が，まず事件の審判に必要と認めるすべての証拠の取調べを請求しなければならない（規則 193 条 1 項）。被告人・弁護人はその後に証拠の取調べ請求を行う。

3 自白の取調べ請求時期

証拠調べ請求の順序に関しては，刑訴法は重要な例外を規定する。すなわち，検察官は，被告人の自白に係る供述書・供述録取書（322 条）や被告人の供述を内容とする他人の公判準備・公判期日における供述（324 条 1 項）に関しては，それが自白である限り犯罪事実に関する他の証拠が取り調べられた後でなければ，その取調べを請求することができない（301 条）。

この自白の取調べ時期の制限規定の趣旨は，被告人の自白を先に取り調べれば，虚偽が混ざっているかもしれない自白により偏見や予断を抱かせ誤判のおそれが生じるし，ひいては自白偏重の結果を招来しかねないことにもなるため，これを防止するためとする説明がなされている。

実務では，この 301 条の要請を受けて，客観的証拠（被害届・実況見分調書・被害者らの供述調書等）を「甲」号証，被告人の自白調書や前科調書などを「乙」号証として，各「証拠等関係カード」を作成して準備し，甲号証から先に取調べがされることとなっている。なお，自白調書（乙号証）の取調べ請求が他の客観証拠（甲号証）と一括してなされた場合でも，その乙号証の取調べ自体を他の甲号証の証拠の取調べ後に行っているのが通常である。

4 証拠書類・証拠物の取調べ請求

証拠書類・証拠物の取調べ請求をする場合は，原則として，あらかじめ，相手方にこれを閲覧する機会を与えなければならない（299 条 1 項本文後段）。

検察官が弁護人に証拠書類の事前閲覧をさせた後は，弁護人にその書証の同意・不同意（326 条）の回答を先に求め，もし不同意の場合で，その供述が検察官の立証上必要なものであれば，検察官はその供述調書等の書証の請求に代

えて，供述者を証人として申請することとなる。

第3節　証拠の採否決定と取調べ

1　当事者の証拠調べの請求に対する採否決定

裁判所は，当事者から証拠調べの請求があった場合，その採否決定を行う（規則190条1項）。

2　証拠の取調べ方法

裁判所が証拠決定をすればその証拠の取調べがなされるが，証拠が人証，書証，物証なのかによって取調べ方法が異なる。

(1)　人証――証人・鑑定人・通訳人・翻訳人

人証は，「尋問」により行う（304条）。人証には，あらかじめ召喚状を発してこれを召喚するが（153条，171条，178条），その者が「在廷」している場合は召喚不要（規則113条2項，135条，136条）である。

ア　証人尋問の手続

裁判所は証人に対し，尋問の開始に当たって，人定尋問（規則115条），宣誓（規則116条～119条），偽証制裁の告知（規則120条），証言拒絶権の告知（規則121条）を順次行い，その後尋問を開始する。証人が正当な理由がなく宣誓あるいは証言を拒否した場合には，過料等の制裁（160条），刑罰の制裁がある（161条）。

宣誓した証人等が偽証等をした場合は，偽証罪（刑法169条），虚偽鑑定等罪（刑法171条）等が問われる。

イ　証言拒絶権

証人には証言を拒むことができる場合として，①証人自身が刑事訴追を受け又は有罪判決を受けるおそれのある証言（146条），②証人の近親者が刑事訴追を受け又は有罪判決を受けるおそれのある証言（147条），③業務上秘密と証言拒絶権の規定として，医師・弁護士等一定の職業にある者又はこれらの職にあっ

た者が業務上知り得た他人の秘密に関する事実（149条本文）を規定している。

　なお，①に関連して，平成28年の刑訴法改正により，刑事免責を与えることにより，証言を義務付ける制度を設けた（刑事免責制度:157条の2，157条の3）。すなわち，上記証言拒絶権を行使することにより，犯罪事実の立証に必要な証言を得ることができない事態に対処するため，証人に対し，尋問に応じてした供述及びこれに基づいて得られた証拠は，証人の刑事事件において，証人に不利益な証拠とすることができない旨の免責を付与することにより，その証言が証言拒絶権の対象とならないようにし，証言を義務づけようとするものである。

ウ　尋問の順序

　当事者主義を徹底し，いわゆる起訴状一本主義・予断排除の原則をとる現行刑訴法においては，規則199条の2を改正追加して当事者の「交互尋問」を規定している。

エ　証人等の保護と尋問制限

　証人等は，公正な刑事司法の実現に協力する裁判の担い手となる者である。したがって，その尋問に際しては，その保護に配慮し十分な供述ができるような措置を講ずる必要がある（295条2項参照）。

　そこで，裁判所は，証人が被告人の面前（遮へい・ビデオリンク方式の尋問の場合を含む。）では圧迫を受けて十分な供述をすることができないと認められるときは，証人の供述中，被告人を退廷させることができる（304条の2前段）。

オ　証人保護に関する規定

　刑訴法は，157条の4〜157条の6に，次のように規定している。

① 証人尋問の際の証人への付添い（157条の4）——性的犯罪等により精神的打撃を伴う深刻な被害を受けた者などが法廷で尋問を受けることによって，著しい不安や緊張を感じさせられたり，精神的被害を更に悪化させられるいわゆる二次的被害の可能性があることを考慮し，証人付添人が，証人のすぐそばに着席することができる（同条1項）。

② 証人尋問の際の証人の遮へい措置（157条の5）——証人が被告人の面前あるいは傍聴人のいる法廷で証言することによる精神的圧迫を軽減して，証人の精神的平穏に対する侵害を未然に防止しようとする規定（同条1項）。

③ 一定の場合におけるビデオリンク方式（映像等の送受信による通話の方法）による証人尋問（157条の6）——なお，ビデオリンク方式による証人尋問は録画して記録化することができる。

さらに，平成28年の刑訴法改正により，それまではこのビデオリンク方式は，証人が裁判官等の在席する場所と同一構内にいることが条件とされていたところ，それでは証人が危害を加えられるおそれも残ることから，それ以外の場所に証人を出頭させてビデオリンクでつなぐ方式も認められるようになった（157条の6第2項）。

⑵　書証の取調べ

書証（証拠書類）の取調べは，原本についてその記載内容を公判廷で「朗読」する方法による（305条）。

⑶　物証の取調べ

物証（証拠物）の取調べは，凶器の包丁のように，その物の性質・形状が証拠資料となることから，その現物を公判廷で「展示」するという方法による。

第4節　職権等による証拠調べ

裁判所は，必要と認めるときは，職権で証拠調べをすることができる（298条2項）。これは，当事者主義を基調とした現行刑訴法が，第一次的に当事者

第13章 証拠調べに関する公判手続　173

からの請求で証拠調べを始める方式を原則型とするものの（同条１項），刑訴
法１条が目的とする実体的真実主義に応えるために，職権による証拠調べを補
充的に認めたものである。

第5節　被告人質問と被害者等の意見陳述

1　被告人質問

　311 条は，「被告人が任意に供述をする場合には，裁判長は，何時でも必要
とする事項につき被告人の供述を求めることができる。」（２項），「陪席の裁判
官，検察官，弁護人，共同被告人又はその弁護人は，裁判長に告げて，前項の
（被告人の）供述を求めることができる。」（３項）として，被告人質問の規定を
置く（被告人は，証拠方法の一種でもあり，その被告人の任意の供述は，利益・不
利益を問わず証拠となる。）。

　被告人質問をするには時期の制限はなく，審理のどの段階でも必要に応じて
行うことができる。

2　被害者等による意見陳述

　平成 12 年法改正で 292 条の 2（被害者等の心情等に関する意見の陳述）が新設
され，同条は平成 19 年法改正で 316 条の 33 ～ 316 条の 39 に新設された被害
者参加制度に伴って改正された。これは，被害者は刑訴法上の当事者ではない
が法廷内に在席し，一定の要件の下で被害者自ら被告人や証人に直接質問し，
求刑を含め意見陳述もできる「被害者参加制度」を採用する被害者の権利保護
の法改正の中で，被害者の心情や意見をも踏まえた上で審理がなされることを
より明確にした規定である。

　すなわち，被害者及び国民一般の刑事司法に対する信頼を一層確固たるもの
とするとともに，被害者に一定の範囲で刑事裁判に当事者に準ずる地位で参加
させ，被告人に被害者の心情や意見を述べ，被告人をして悔悟反省を深めるこ
とを期待し，その更生にも資することを考える制度である。もっとも，被害者
が過度の応報感情に走ることは慎まなければならないところではある。

　なお，被告人が被害者の陳述ないし証言に対し，いわゆる逆ギレして脅迫な

どに及ぶことも懸念されるところ，現に平成21年2月9日，東京地裁での公判期日の法廷において，被害者参加制度の適用を受けた傷害被告事件の被告人が，証人の被害者の女性に対し，「また出てきてやってやるぞ。俺はお前の顔を覚えている。」などと怒鳴ったことから，裁判官から退廷を命ぜられた後，検察官から証人威迫罪等で公判請求され同罪でも有罪となったことが報道されている（この件での被害者が受けた精神的ショックは大きく，以後被害者本人の被害者参加ができなくなっていることも報道されている。）。

3　意見陳述に関する各規定の内容

292条の2第1項は，裁判所は，被害者等又は当該被害者の法定代理人から，被害に関する心情その他の被告事件に関する意見の陳述の申し出があるときは，公判期日においてその意見を陳述させるものとする。

意見陳述をなし得る者は，被害者等又はその法定代理人である（292条の2第1項）。

4　被害者等の意見陳述の法的扱い

被害者等が陳述した被告事件に関する意見の陳述は，293条2項の被告人の陳述と同様のものと考えられる。

したがって，裁判所は，犯罪事実自体に関する陳述内容を犯罪事実の認定のための証拠とすることはできないが（292条の2第9項），単なる意見としてだけでなく，量刑上の資料の一つとすることはできる。

第14章　証拠調べ終了後の当事者の意見陳述

第1節　検察官の論告・求刑──「論告要旨」

　証拠調べの終了後に，原告官である検察官が，まず事実及び法律の適用についての意見，すなわち論告・求刑を義務的に陳述する（293条1項。この陳述を「論告」，その陳述書面を「論告要旨」という。）。

　論告・求刑は，検察官が，単なる一方当事者ではなく公益の代表者の立場において，当該被告事件についての事実及び情状に関する評価を陳述するものである。

　裁判所に対する一片の意見陳述にとどまるものではなく，被告人のみならず広く一般社会に対する公益的な立場での重い意見表明でもあることから，事件によっては，無罪や刑の執行猶予の意見を述べることも相当とされている。

第2節　被告人・弁護人の最終陳述──「弁論要旨」

　検察官の論告・求刑終了後，被告人・弁護人も意見を述べることができるが（293条2項，規則211条。この最終陳述を「弁論」，その陳述書面を「弁論要旨」という。），論告とは違って，被告人・弁護人の権利ではあっても義務ではない。

第 15 章　証拠法概観

第 1 節　証拠裁判主義──証拠能力

1　証拠裁判主義と証拠の意義

　刑訴法317条は,「事実の認定は, 証拠による。」と規定し, これを証拠裁判主義という。これは, 犯罪事実及び量刑上重要な事実を認定するには, 証拠によらなければならないとする大原則を示したものである。もっとも, 公知の事実や裁判上顕著な事実は, 証拠によらない認定が許される。

　「証拠」とは, 公訴事実の存否すなわちその事実があるかないかを認定 (推認) するための資料をいう。証拠において, 事実認定の資料となる対象 (人・物) を指す場合を「証拠方法」, その人・物を取り調べることにより得られたその内容自体を「証拠資料」という。

　公判廷に提出された証拠については,「証拠能力」と「証明力」の区別が重要である。証拠とするための要件・資格の有無を問うのが証拠能力の問題であり, その資格が認められた場合でも, これにより事実を認定する際に課せられる一定の制約が証明力 (証拠価値) の問題である。

　317条の規定の趣旨について通説は, 公訴事実の認定は, 証拠能力のある証拠による「厳格な証明」, すなわち, 刑訴法で法廷に提出が認められ一定の要件を満たしている証拠能力のある証拠で, かつ, 適正な証拠調べを経た証拠による証明方法で事実を認定することを要求している趣旨と解されている。

　なお, 証拠能力がない証拠で適式な証拠調べを経ていない証明方法でも法廷に提出が許されるものを「自由な証明」という。

　証拠方法及び証拠資料は, ①直接証拠：間接証拠, ②人的証拠：物的証拠, ③供述証拠：非供述証拠, ④人証：証拠書類 (書証)：証拠物 (物証), ⑤本証：

反証，⑥実質証拠：弾劾証拠などと分類される。

2　証明の対象

(1)　厳格な証明と自由な証明の対象

ア　証拠による証明

　証拠による証明の対象になるのは，原則すべての事実である。

　被告人に争いがない事実も自白した事実も，原則すべて証拠によってこれを証明する必要がある（憲法38条3項，刑訴法319条2項参照）。

イ　厳格な証明の対象事実

　厳格な証明の対象となる事実は，刑罰権の存否やその範囲に属する直接的及び間接的事実と解されている。すなわち，①公訴事実の存否は当然のこと，構成要件該当性のほか，違法性・有責性の存否とこれに対応する違法性阻却事由・責任阻却事由の存否，アリバイの存否，常習性（常習犯罪）の存否，結果的加重犯における「結果」，共謀の事実，②処罰条件や刑の加重減免事由，③単なる一般情状でない，犯罪事実の内容を構成する情状（犯罪の動機・手段・被害の結果など）も厳格な証明の対象となる。

ウ　自由な証明の対象事実

　自由な証明の対象となる事実は，基本的には，厳格な証明の対象事実ほどは重要性が大きくない事実で，犯罪の動機，手段，被害結果等の重要な情状を除く，それら以外の一般情状である。

(2)　証明対象の例外（証明が不要な事実）

ア　概　　説

　公知の事実[1]又は裁判所に顕著な事実，あるいは法律上又は事実上推定された事実などについては，裁判所は証拠による証明がなくてもその事実を推認（認定）することができると解されている。

1）　「公知の事実」とは，阪神淡路大地震・東日本大震災・広島原爆投下等歴史的災害・事故・事件などのように通常の知識・経験を有する一般の常識人が真実として疑いを抱かない程度に世間に通用している事実である。

イ　法律上の推定と事実上の推定

「推定」とは，ある前提事実から，ある推定事実の存在を推認することをいう。

「法律上の推定」とは，ある前提事実が証明されれば，反証がない限り，ある推定事実が証明されたとして取り扱うことを法律で定めるものをいう。

この場合は，推定される事実が法律上推定された事実であり，前提になるある事実の存在が証明されれば，推定事実の存在については証明不要ということとなる。

次に，「事実上の推定」とは，ある前提事実が証明されれば，論理法則ないし経験則により，ある事実の存在が実際上推定されることをいう。

この場合，裁判所は，ある事実の証明があれば，それによりある事実の存在を推定・認定することができる。例えば，「盗品の近接所持の法理」（犯行に近接した日時・場所において盗品を所持していた事実をもって，窃盗の事実を認定する場合）や，出刃包丁で被害者の心臓目掛けて力強く突き刺した事実から，殺意を推認する場合（犯行の用に供された凶器の形状，傷害の部位・程度の事実から殺意の事実の存在を認定するような場合）などである。

ウ　法規・経験法則

法規・経験法則についても証明を要しない。これは事実認定の問題でなく，法律の解釈・適用は，裁判所の専権事項に属するものであり，認定した事実に法律を適用する場合であるから，証明の対象とならないのは当然である。

判例も，経験則上明らかな法則については，特段の証明を要するものではないとする（最決昭33・4・18刑集12・6・1101）。

3　挙証責任

(1)　挙証責任の原則

ア　挙証責任の意義・負担者

証明の対象となる事実を証明しようとして審理を尽くしても，なお裁判所がその事実の存否いずれであるか確信を得るに至らず真偽不明にとどまる場合がある。この場合に不利益に判断されるべき立場の当事者の法的地位のことを挙証責任という。

こうして，対象事実の存否が立証できない場合には，その不利益は刑訴法上，

第 15 章　証拠法概観　　179

公訴権を原則独占して訴追した側の国家機関たる検察官にすべてを帰させることになる。その結果，被告人に利益に判断される。被告人に無罪の推定や「疑わしきは被告人の利益に」という原則が働くのはこの法理からの帰結である。

イ　検察官が負担する挙証責任の範囲

　この検察官が負担する挙証責任の範囲は，証明の対象となる事実のすべてについて及ぶ上，訴訟条件の具備や，証拠能力の有無なども検察官は立証しなければならない。

(2)　挙証責任の例外

　挙証責任は検察官が負担するとの原則にも例外があり，被告人が挙証責任を負担する場合，すなわち，挙証責任の転換がある場合がある。

　この被告人への挙証責任の転換の例としては，例えば，同時傷害の特則を否定しようとする場合，つまり刑法 207 条で，「傷害の結果は被告人の行為によるものでない」，あるいは，「被告人が与えた傷害の結果は軽度である」ことを主張する場合には，その挙証責任は被告人に転換されることになる。

第2節　自由心証主義──証明力と証拠能力の異同

1　自由心証主義

　証拠の持つ証明力の有無・程度を見極めるのは，事柄の性質上多岐にわたり，類型化になじみ難いことから，これを裁判官の自由な判断に委ねることとして，318 条は，「証拠の証明力は，裁判官の自由な判断に委ねる。」と規定した。

　これを「自由心証主義」という。

　ただ，自由心証主義には例外もあり，①自白については，仮に裁判官がその自白から有罪の確信を抱いたとしても，補強証拠が必要とされること（憲法 38 条 3 項，刑訴法 319 条 2 項），②上級審が破棄差戻し判決をした場合（398 条，399 条，400 条，412 条，413 条）に，原審（下級審）はその上級審の判断に拘束されること，などがある。

2 証拠能力と証明力の区別

「証拠能力」とは、裁判所が事実の存否を判断するに当たり、厳格な証明による資料の用に供することができる訴訟法上の証拠の形式的資格をいう。

これに対し、「証明力」とは、その証拠が目的とする通りの心証を裁判官に抱かせることができるかどうか、その実質的な証拠の価値、すなわち証明する力のことをいう。

3 証拠能力の制限

刑訴法は、証拠能力を明文で規定するなどしているが、一定の場合については、これが否定される。

以下は、証拠能力が制限される場合である。

① 任意性のない自白（憲法38条2項，刑訴法319条1項）

② 伝聞証拠（憲法37条2項，刑訴法320条1項）

③ 違法収集証拠（明文の規定はなく，判例によるものである。）

④ 事件送致書（司法警察員作成），起訴状・冒頭陳述書・論告要旨書（検察官作成），弁論要旨書（弁護人作成）等，当該事件の意思表示的文書（当該事件に対する意思表示・主張にすぎず，証明力を欠く。）

⑤ 単なる意見・憶測・風評を供述調書に記載し，あるいは公判廷で証言する場合（証人に意見を求めることは，正当な理由がない限り許されない——規則199条の13第2項3号。もっとも，刑訴法156条は，自己の体験事実からの推測事項を証言させることを認めている。）

⑥ その他，公訴事実との関連性がない証拠

4 証明力の制限

証明力は証拠の実質的価値であるため，その判断は裁判官の自由心証に委ねられ，法によって規制することが原則的にはできないものの，自白の補強証拠法則という例外規定があることは，前述のとおりである。

第 15 章　証拠法概観　181

【証拠能力と証明力】

証 拠 能 力……　証拠とするための要件・資格の有無を問う

証 明 力……　証拠としての資格が認められた場合でも，これによって事
（証拠価値）　　実を認定する際に課せられる一定の制約で，立証事実に対す
　　　　　　　る証明力，あるいは信用性（実質的価値）をいう

第3節　違法収集証拠の排除法則

1　概　　論

(1)　問題の所在

　捜査機関において，例えば，令状なくして他人の住居に勝手に立ち入って殺
人事件の凶器を発見したという場合のように，証拠収集の手続が適正を欠く場
合は，その収集された証拠の証拠能力についてはどのように考えるべきかとい
う問題がある。仮に，違法収集の証拠に証拠能力を肯定すれば，捜査機関の違
法な証拠収集を追認することに帰し，令状主義，被疑者（被告人）の人権保障
がないがしろにされる結果となる。また，逆に，その証拠能力を否定すれば，
証拠物自体の形状等に変わりはないのに，高い証明力を有する証拠を活用でき
ないことになる。そうなれば，実体的真実主義からの大きな後退を強いること
となり，目の前にいる犯罪者を見逃すこととなってしまう結果となる。

　そこで，この「違法収集証拠は排除すべきか否か」の問題は，結局のところ，
刑訴法1条が目的とする刑事裁判における事案の真相を明らかにすべきとの要
請と，被告人や事件関係者の基本的人権の保障・適正手続の要請とをどのよう
に調和させるかということに帰することになる。ただ，この場合，真実発見の
目的が重視されるのは当然であるものの，仮にも国家機関が法を敢えて無視す
るような態度は，被疑者側というより善良な国民からの支持が得られないこと
から，その刑罰権行使が大多数の国民の真の支持が得られる手続であったか否
かという判断基準が，重要な命題というべきであろう。

⑵ 違法収集証拠排除法則と法文の規定

違法収集証拠の排除法則については，これに関する明文の規定はない。ただ，供述証拠に関する自白採取については，憲法38条2項及び刑訴法319条1項が，不任意自白は証拠能力を否定するとの自白法則を示している。

これに対し，証拠物の捜索・差押えに関してその要件を規定した憲法35条1項及び2項が令状主義を明らかにしているものの，そこには憲法38条2項の不任意自白の証拠能力の否定条項のような押収手続の違反に対する証拠能力の否定に関する規定がない。そのため，非供述証拠（証拠物）の収集手続に違法があった場合における証拠物の証拠能力に関しては，これまでも裁判上様々な議論がなされ，判例が積み重ねられている。

⑶ 最高裁による違法収集証拠排除法則

最判昭53・9・7刑集32・6・1672では，警察官が，覚醒剤の使用ないし所持の容疑がかなり濃厚に認められる者に対して職務質問中，同人の承諾がないのに，上衣左側内ポケットに手を差し入れて所持品を取り出した上検査した行為について，プライバシー侵害の程度が高く，かつ態様において捜索に類するから，職務質問に付随する所持品検査の許容限度を逸脱し違法であるとした。

しかし，以下のとおりの違法収集証拠の排除法則を判示して，本件の覚醒剤の証拠能力についてはこれを認めた。

その理由は，「違法に収集された証拠物の証拠能力については，憲法及び刑訴法になんらの規定もおかれていないので，この問題は，刑訴法の解釈に委ねられているものと解するのが相当であるところ，刑訴法は『刑事事件につき，公共の福祉の維持と個人の基本的人権の保障とを全うしつつ，事案の真相を明らかにし，刑罰法令を適正且つ迅速に適用実現することを目的とする。』（同法1条）ものであるから，違法に収集された証拠物の証拠能力に関しても，かかる見地からの検討を要するものと考えられる。」という前提を述べた上，「証拠物の押収手続に，憲法35条及びこれを受けた刑訴法218条1項等の所期する令状主義の精神を没却するような重大な違法があり（違法重大性），これを証拠として許容することが，将来における違法な捜査の抑制の見地からして相当でないと認められる場合には（排除相当性），その証拠能力は否定される。」との証拠排除法則を定立した。そして，本件はこの証拠排除法則には当たらないと

して，証拠能力を肯定したものであった。

2　排除法則の具体的検討例

(1)　概　　説

証拠物の収集手続に違法性がある場合の具体的問題については，まず①証拠の収集手続に違法があった場合，その押収証拠物の証拠能力の有無の問題，さらに，②そのような違法な手続で獲得された証拠（第一次証拠）から発見押収された証拠（第二次証拠）の証拠能力の問題を検討する必要がある。

(2)　違法に収集した証拠物の証拠能力

違法に収集した証拠物の証拠能力の問題については，まず，押収手続の瑕疵が軽微で違法性の程度が弱いときは，その押収物の証拠能力を肯定することに関しては，これを認めるのが一般である。しかし，瑕疵が軽微か重大かの判断は，事案を個別具体的に分析して行われ，一応の基準としては，瑕疵の実質的大きさの程度，有形力行使の有無・程度，証拠押収手続との因果関係，緊急性の有無，被差押者の被疑者・共犯者・第三者等の区分，被差押者への権利侵害の程度，被疑事件の軽重等の総合判断によりなされることになる。

この総合判断の結果は，特に第一次証拠と派生的第二次証拠の証拠能力の許否判断においても重要となってくる。

(3)　違法収集手続と証拠能力が問題となった具体例

ア　所持品検査が争われた事例

まず，最判昭53・6・20刑集32・4・670では，警察官が深夜，手配された猟銃及び登山ナイフを使用しての銀行強盗の容疑濃厚な者に対して，職務質問を実施中，男が黙秘し再三にわたる所持品の開披要求も拒否するなど不審な挙動をとり続けたため，容疑を確かめる緊急の必要上，承諾がないまま男の所持品であるバッグの無施錠のチャックを開披し，内部を一べつした行為を適法であるとして，「所持品検査は，任意手段である警職法2条1項の職務質問の付随行為として許容されるのであるから，所持人の承諾を得て，その限度において行うのが原則であるが，捜索に至らない程度の行為は，強制にわたらない限り，承諾がなくても許容される場合がある。かかる行為は，限定的な場合

において，所持品検査の必要性，緊急性，これによって侵害される個人の法益と保護されるべき公共の利益との権衡などを考慮し，具体的状況の下で相当と認められる限度においてのみ許容される場合がある。」と判示した。

次に，最決平15・5・26刑集57・5・620では，ホテルの責任者から料金不払いのほか薬物使用の疑いがある宿泊客がいるとの110番通報を受けて臨場した警察官が，客室で職務質問を行ったところ，宿泊客が料金の支払いについて納得できる説明をせず，制服姿の警察官に気付くや開けたドアを急に閉めて押さえるなどしたため，警察官がドアを押し開けてその敷居上辺りに足を踏み入れてこれを防止した措置を適法とした上，警察官はその宿泊客に対して覚醒剤事犯の嫌疑が飛躍的に高まったことから，同室内テーブル上にあった財布の所持品検査を行い，ファスナーの開いた小銭入れから覚醒剤を発見したが，その際警察官が暴れる全裸の宿泊客を約30分間にわたり制圧していた事実があっても，当該覚醒剤の証拠能力は肯定できるとした。

イ　捜索差押許可状による令状記載・執行手続が争われた事例

㋐　令状の記載に関して

まず，最大判昭27・3・19刑集6・3・502は，「捜索すべき場所」の記載に誤記があった事例で，それが場所の特定に欠けるところがない程度の場合にはその令状に基づく捜索・差押えは適法であるとされている。

また，最大決昭33・7・29刑集12・12・2776は，令状の「差押対象物件」の概括的な記載の事例である。事案は，地方公務員法違反事件の令状の差押対象物の記載について，「本件に関係ありと思料される一切の文書及び物件」という記載は，「会議議事録」等と記載された具体的な例示に付加されたものであって，差押対象物件の明示に欠けるところはないとしている。

しかし，東京高判昭47・10・13刑裁月報4・10・1651は，公職選挙法違反事件の差押対象物件として，「本件犯行に関係を有する文書，図画，メモ類等一切」と記載されていた事案においては，物件を具体的に特定することもその一部を例示することもしておらず，概括的にすぎるとして，この場合は差押対象物の記載が明示を欠き瑕疵が重大な場合に当たり差し押さえられた証拠物の証拠能力を否定した。

第15章　証拠法概観　185

(イ)　令状の執行上,「捜索場所」の特定に関して

　令状上の名宛人が執行時に既に転出している場合は,令状執行は通常は許されない。しかし,転出後間がない場合や,名宛人の所有物件が一部残存しているなど特別な事情があることによって,その捜索が適法とされる場合もある。

　この点について,最決昭30・11・22刑集9・12・2484は,被告人の実母の内縁の夫A方を捜索場所とする令状であったところ,以前は被告人の実母とAは2階に,被告人夫婦は1階にと一軒家で同居していたが,令状執行の1カ月前にAが転出していたという事案における捜索について,刑訴法所定の捜索差押令状における捜索・差押えすべき場所の表示は,合理的に解釈してその場所を特定し得る程度に記載することを必要とするとともに,その程度の記載があれば足りると解するを相当とするとして,本件事案を適法としている。

(ウ)　令状の執行上,「被差押者以外の者の所有物」の押収に関して

　最判昭31・4・24刑集10・4・608は,本来令状の差押対象物件に当たらない物件を差し押さえることは違法となるが,本判例は,捜索・差押えが,令状記載の場所において差押対象物件に対して行われた以上は,その押収物の所有者が被差押者以外の者であった場合でも,その差押え自体は適法であるとしている。

(エ)　令状の執行上,その実効確保のために必要な措置に関して

　大阪高判平5・10・7判時1497・134は,警察官が捜索場所のマンション居室に入室するに際し,被告人の在宅を確認後マンション管理者の了承の下,合鍵で開扉しクリッパーで鎖錠を切断して入室したところ,被告人が女性と裸で寝ていて傍のバッグに手を伸ばしたところを見つけ,そのバッグを取り上げその中に拳銃等が入っているのを発見したが,令状呈示はその後であった事案について,捜索・差押えの適法性を認めた。

(オ)　令状執行中に警察官が被差押者に暴行した特殊な事案に関して

　最決平8・10・29刑集50・9・683は,令状による捜索の過程で警察官が被告人に暴行を加えるという違法行為があっても,その暴行が捜索の結果,証拠物たる覚醒剤が発見された後であり,その暴行が被告人の発言に触発されて

行われたもので，証拠物発見を目的とし捜索に利用するために行われたものではないから，押収覚醒剤は違法収集証拠（警察官の違法行為の結果収集された証拠物）とはいえず，その証拠能力を否定することはできないとした。

ウ　逮捕に伴う捜索・差押えが争われた事例

　逮捕に伴う捜索・差押え（220条1項2号）の事例では，「逮捕する場合」において「逮捕の現場」での捜索・差押えとしてそれが許されるかどうか，つまり，時間的・場所的限界及び着手時期，あるいは押収物件の適否に関して問題となる場合がある。

　まず，最大判昭36・6・7刑集15・6・915は，麻薬取締官が緊急逮捕のため被疑者方へ赴いたところ，被疑者がたまたま不在であっても，帰宅次第緊急逮捕する態勢の下に捜索・差押えを行い，かつ，これと時間的に接着して捜索に着手してから20分後に帰宅した被疑者を緊急逮捕した場合には，その捜索・差押えは，なお緊急逮捕する場合におけるその現場でなされたものといえるから適法であるとした。

　次に，東京高判昭44・6・20高刑集22・3・352は，捜査官がホテル5階の待合所で外国人Aを大麻たばこ1本所持の現行犯人として逮捕後，Aが自室へ携帯品を取りに行きたいと申し出たことから，逮捕から約35分後に同ホテル7階のAが宿泊する客室にAを連行した上，同室を捜索して大麻たばこ7本を発見し，Aはそれが外出中の同宿者外国人Bの物であると弁解したが，そのままこれを差し押さえたのは，同たばこがAB共同所持の疑いがないわけではなく，その1時間30分後にはBも同室に戻ってきてその場で緊急逮捕されており，検挙困難な罪質の重い大麻取締法違反事件である本件事情の下での捜索・差押えは，逮捕の現場から合理的な時間的・場所的範囲内の行為であって違法ではないとした。

　さらに，広島高岡山支判昭56・8・7判タ454・168は，警察官が監禁・恐喝未遂等被疑事件で被疑者を通常逮捕後，逮捕の現場における逮捕に伴う捜索・差押えを実施中，たまたま覚醒剤を発見したが，その現行犯逮捕を行うことなく，本件逮捕事実とは無関係の覚醒剤取締法違反事件の証拠物発見のため無令状で意図的に捜索がなされたときは，たとえ，それが本件逮捕事実の証拠物の捜索と並行してなされ，かつ，覚醒剤剤等の捜索に緊急性・必要性が認められ

ても，不当な便乗捜索を禁圧する必要があること，本件では容易に現行犯逮捕ができたことにも鑑みるとき違法といわざるを得ないが，重大な違法ではないとして押収覚醒剤の証拠能力は肯定した。

エ　尿・血液等（体液等）の採取手続が争われた事例

人の体内から排出された尿，呼気，血液等は捜査に必要がある限り，原則として任意採取が許されている。

しかし，その採取方法を巡ってその適法性が問題とされる場合があり，重大な違法と判断されれば，その証拠能力が否定されるときもある。

㋐　尿の採取について

まず，最決平17・7・19刑集59・6・600は，医師が救急患者から治療目的で無断採尿し，必要な治療・検査の過程で同尿の検査を行い，違法薬物の成分を検出したため，これを捜査機関に通報し，警察官がこの尿を令状によって押収した事案において，医師の右行為は正当行為であるから，警察官の右押収手続も適法であるとした。

なお，任意に身体から便器に排出された尿を採取して，アルコール濃度や覚醒剤含有の鑑定資料に供するのが適法であることに余り問題はない。財産上の価値はなく特段の意思表示がない限り，排出の瞬間からこれに対する権利を放棄しその占有を失うものと解されるから，騙すなど積極的違法行為がない限り，令状や本人の承諾を要しない（最決昭49・12・3判時766・122）。

次に，最決昭54・4・6裁判集214・301は，運転免許証の更新手続のため警察署に出頭した者に対する採尿行為の事案であるが，警察官が尿の提出を求めたのに対し，本人が早く帰りたいとの意向を示したにもかかわらず，警察官が「尿が出るまで待ってくれ」などと答えて，約4時間後に尿の任意提出を受けた場合でも，任意捜査の範囲内のものとして適法とされている。

判例の基本的立場は，採尿手続前後の一連の手続全体を考察して，その違法の有無・程度をも十分考慮すべきとする総合的な判断方法をとっていると言える（最判昭61・4・25刑集40・3・215も参照）。

しかしながら，採尿行為は任意になされたものの，その先行する捜査手続に違法重大性と排除相当性があるとした特異事例もある。

最判平 15・2・14 刑集 57・2・121 は，最高裁として初めて違法収集証拠排除法則（最判昭 53・9・7 刑集 32・6・1672）を適用して，その証拠の証拠能力を否定した判決である。この事案は，警察官が被疑者を逮捕する際に窃盗罪の逮捕状を携行していなかったのに，緊急執行の手段にもよることなく逮捕し，以後逮捕状や捜査報告書に「逮捕の現場で逮捕状を被疑者に示して通常逮捕した」旨虚偽の記載をし，その旨裁判所でも偽証したとの事実認定をしたものであるが，これは証拠排除基準である違法重大性及び排除相当性の基準を満たすとして，逮捕中に任意提出した覚醒剤の鑑定書の証拠能力を否定してその使用罪を無罪としたものである。

ただ，本判決に関しては，初めての証拠排除法則を適用しての無罪事案にしては，余りにもレアケースで，捜査官の事後行為に対する違法性判断は，その証拠収集のための捜査手続とはリンクせず因果関係がない上，まして裁判での偽証まで問うて違法重大性・排除相当性の基準を適用し，これがあるとして無罪判決をするのは，論理的ではないとの強い批判もある。

(イ) 血液の採取について

次に，血液の採取の場合は，人の血管から注射器で採取することで身体に若干でも傷をつける行為であることから，令状なくしてできるかという問題がある。

福岡高判昭 50・3・11 刑裁月報 7・3・143 は，単に出血を押さえていたガーゼに付着した血液を主治医の承諾を得て看護師から入手した事案において，このような場合は，本人の権利を侵害することにはならないため，令状や本人の承諾がなくても適法としている。

しかし，腕から採血する通常の場合においては，令状のない強制採血は原則的に違法だとする考え方もある。もっとも，緊急性のある場合では，例えば，交通事故で病院へ搬送された重傷の被疑者に対して，警察官が飲酒運転の捜査上，医師に採血を依頼し同医師の指示で被疑者の腕から注射器で若干量（約5ミリリットル）の採血をした看護師からその交付を受けるような場合は，違法性の程度が低いとして，その血液鑑定書の証拠能力を肯定した事例もある（高松高判昭 61・6・18 判時 1214・142）。

しかし，同種事例でも，血液鑑定書の証拠能力を否定する裁判例もある（仙台高判昭 47・1・25 刑裁月報 4・1・14，札幌地判昭 50・2・24 判時 786・110）。

第15章　証拠法概観　　189

　この点についてはどのように考えるべきであろうか。飲酒運転は非常に犯情の重い事案である上（危険運転致死傷罪は重罪），アルコールの血中濃度は時間の経過とともに薄れることから，できるだけ速やかに採血されるべきという捜査上の緊急性と必要性がある。また，血管から注射器で若干量の採血をする場合，身体に傷をつけるのは，受忍の範囲内の若干程度であって相当性を欠くものではない。したがって，令状発付までに数時間を要するのが通常であるから，本人が特に強く拒絶している場合はともかく，場合によっては，令状がなくても必ずしも違法とは言えず，仮に違法としても証拠能力を否定するまでの重大な違法性はないものと考える余地があるのではないだろうか。

オ　強制採尿令状に基づく採尿の鑑定書の証拠能力を巡る判例

　まず，最決昭55・10・23刑集34・5・300は，被疑者の体内から導尿管（カテーテル）を用いて強制的に尿を採取するに当たり，被疑事件の重大性，嫌疑の存在，当該証拠の重要性とその取得の必要性，適当な代替手段の不存在等の事情に照らし，犯罪の捜査上真にやむを得ないと認められる場合には，適切な法律上の手続を経て，被疑者の身体の安全と人格の保護のための十分な配慮の下に行うものであれば許されてよいこと，捜査機関が強制採尿をするには捜索差押許可状により，その令状に「医師をして医学的に相当と認められる方法で行わせなければならない」旨の条件の記載が不可欠であること，本件が身体検査令状及び鑑定処分許可状によって強制採尿を行った不備があっても，それ以外の点では法の要求する要件が充足されているので適法である旨判示している。

　もっとも，強制採尿令状に「医師により医学的に相当な方法で行わせなければならないこと」を条件とする旨の記載がない場合でも，実際の採尿が医師の手によって行われている以上，その強制採尿によって得られた尿の証拠能力を肯定することはできる（東京高判平3・3・12判時1385・129）。

　次に，最決平3・7・16刑集45・6・201は，錯乱状態にあって任意の尿の提出が期待できない状況にあった被疑者に対する強制採尿手続は，犯罪の捜査上真にやむを得ない場合に実施されたものであり違法ではないとしている。

　また，強制採尿令状により被疑者を採尿場所まで連行することの可否の問題がある。この点，最決平6・9・16刑集48・6・420は，連行を肯定しなければ強制採尿令状の目的を達することができない上，令状を発付する裁判官は

連行の当否を含めて審査をして令状を発付したものとみられるから，身柄を拘束されていない被疑者を採尿場所へ任意に同行することが事実上不可能であると認められれば，強制採尿令状の効力として，採尿に適する最寄りの場所まで被疑者を連行することができ，その際，必要最小限度の有形力を行使することもできると解している。

さらに，最決平6・9・16刑集48・6・420は，警察官が，覚醒剤中毒をうかがわせる異常言動を繰り返す被疑者に対し，自動車のエンジンキーを取り上げるなどして運転を阻止し任意同行を求めて，約6時間半以上にわたり職務質問の現場に留め置いた措置は違法であるが，運転を阻止する必要性が高く，警察官の有形力の行使も必要最小限度の範囲内にとどまり，説得に時間を要したのも被疑者が運転継続に固執して任意同行をかたくなに拒否し続けたためであり，強制採尿手続自体には違法がないなどの事情の下においては，一連の手続を全体として見てもその違法の程度は未だ重大であるとはいえず，これによって得られた証拠を罪証に供することは，不当ではない旨判示している。

先行手続の違法性が争われることで強制採尿手続の違法性が争われ，その尿の鑑定書等の証拠能力が争われるとき，結局，違法の程度が令状主義の精神を没却するような重大なものであるのか，その証拠を許容することが違法捜査抑制の見地から相当でないと認められるのかによって判断することになることを忘れてはならない。

3　第二次証拠の証拠能力

(1)　毒樹の果実の理論

当初の違法収集証拠（第一次証拠）を契機として，続いて新たな証拠（第二次証拠）が発見収集されたとき，その第二次証拠の証拠能力を認めてよいかどうかという問題がある。

例えば，

① 任意性を欠く不任意の獲得自白から，被害者の死体や犯行の凶器を発見収集した場合

② 違法に収集した証拠物から，他の新たな証拠物を発見収集した場合

などが問題となり得る。

　これは，アメリカ判例法における「毒樹の果実」理論からくる問題であって，第一次証拠が「毒樹」，その派生的第二次証拠が「果実」として，「毒樹」自体の毒性が果実にどの程度まで波及するのかという，第一次証拠物の違法収集から続く第二次証拠物の収集過程での手続自体の適法性を検討しようとするものである。

　この派生的第二次証拠の排除是非論は，違法捜査の抑制という排除相当性の観点から吟味するのが筋といえるところである。

(2)　**不任意自白から発見収集された証拠物の証拠能力**

　まず，前記①のように，任意性を欠く自白（不任意の自白）から発見収集された証拠物の証拠能力の問題を検討する。

　大阪高判昭52・6・28刑裁月報9・5＝6・334は，任意性に疑いのある自白に基づいて発見押収された爆弾とその鑑定書等の証拠能力を「毒樹の果実」理論によって否定して無罪とした第一審・大阪地判昭51・4・17判時834・111を否定し，破棄差し戻した控訴審判決である。

　この判決は，ⓐ自白獲得手段の違法性が，拷問等乱暴な直接的人権侵害を伴うものではなく，かつ，その自白に由来する証拠が重大な犯罪の解明にとって必要不可欠なものである場合には，証拠能力を肯定してよいとする。すなわち，当初から計画的に，違法手段により獲得した自白から派生的第二次証拠を獲得しようとの意図の下に，これを実行したというような特段の事情がない限り，その自白獲得手段の違法性は，派生的第二次証拠たる不任意の自白に基づいて発見押収された証拠物（爆発物）に関する書証にまでは及ばないとする。

　また，ⓑ不任意自白に由来して得られた派生的第二次証拠に証拠の排除効が及ぶ場合にあっても，その後それとは別個に得られた任意自白という適法な証拠と，同派生的第二次証拠との間に新たなパイプが通じた場合には，同派生的第二次証拠は犯罪事実の証拠となし得る状態を回復するに至るものと解せられるとしている。

　そして，ⓒこの公共危険罪に近い罪質を持つ重大な犯罪である爆発物取締罰則違反事件の解明上，派生的第二次証拠の爆発物，これに関する捜索差押調書，検証調書，鑑定書という第二次証拠の証拠能力まで否定すべきではないとして

いる。

このように，犯罪事実の解明という公共の利益と比較衡量の上，排除効の範囲を定めるのが相当と考え，派生的第二次証拠が重大な法益を侵害する重大な犯罪の解明にとって必要不可欠な証拠である場合には，証拠排除の波及効は及ばないとするこの第二次証拠の証拠能力に対する判断は，上告審・最判昭53・4・11裁判集209・523でも支持されている。

(3) 違法収集された証拠物からの派生的第二次証拠物の証拠能力

次に，前記の②のように，第一次証拠（違法収集証拠物）に基づいて発見収集された第二次証拠物の証拠能力の許否についてであるが，この違法収集証拠の証拠能力の許否については，第二次証拠物につき第一次証拠物と同様に証拠能力を否定する見解もある。

しかし，第一次証拠物の証拠能力を否定する場合でも，実体的真実主義との調和を図る趣旨から総合判断により第二次証拠物の証拠能力の許否を決定することが妥当である。

すなわち，事案ごとに個別具体的に，第一次証拠物獲得方法の違法性の程度，両証拠物の関連性の程度，第二次証拠物の重要度，事件の重大性，捜査官の意図等を総合考慮する判断方法に加えて，最終的には違法収集証拠の排除法則の趣旨に照らして判断することとなるべきであると考える。

4　違法収集証拠排除法則に関連するその他の問題

私人への違法収集証拠に対する排除法則の適用問題，すなわち，私人が独自に違法な手段で獲得した証拠を捜査機関が利用できるかという問題がある。

捜査機関が唆した上での事例とか，私人の収集過程において重大な違法をはらんだ事例でない限り，違法収集証拠排除法則は私人には及ばないとするのが一般的な見解である。

第16章 自白法則

第1節 総 論

1 自白の意義

(1) 自白の概念

「自白」とは，犯罪事実が自己の犯行であるとしてその全部又は主要部分を肯定し（前段要件），かつ，その犯罪事実の刑事責任をすべて認める供述（後段要件）である。

(2) 自白（自己の犯罪事実と刑事責任を認める供述）の各種事例

「自白」となる場面は広く，まず，供述者については被告人・被疑者としての立場での供述が典型であり，その供述の相手方も，捜査機関や裁判官に対する供述が通常であるが，それにとどまらず，弁護人や家族であろうと一般私人であろうと誰に対する供述でもよいとされている。

また，語る相手方のいない日記帳・手帳・メモ等への記載も「自白」となり，さらには，証言，書面による供述（供述録取書，上申書，手紙等）のすべてを含む。

供述の時期に関連しては，その制限がない。捜査段階における捜査官に対する弁解録取時の供述（弁解録取書──203条，204条，205条），裁判官に対する勾留質問時の供述（勾留質問調書──207条，61条），公判段階での冒頭手続時における被告人の陳述（罪状認否──291条3項）等すべてが自白となる。

2 不利益な事実の承認

刑訴法322条1項は，自己に不利益な事実を認容する供述すべてを，「不利益な事実の承認」としている。これは被告人の供述書や供述録取書に証拠能力

があるための要件の一つである（他に任意性の要件があり，供述録取書では更に署名又は押印も要件である）。これには，自白も含まれる。

もっとも，自己に不利益な供述であっても，犯罪事実の全部又は主要部分を自己の犯行と認めるものの，刑事責任を否定するような場合は「自白」とはならない。

例えば，殺害の事実を認めた上で正当防衛を主張する供述のような場合は，自白ではないが，「不利益な事実の承認」にはなる。実行行為自体を否認しながら，「犯行現場には居たが相談はしていない」などと供述する場合も，「犯行現場に居た」事実が含まれている限り，不利益な事実の承認にはなる。

不利益な事実の承認の場合も，証拠能力の他の要件である「署名若しくは押印」（供述書では要件ではない。）のほか，任意性が要件とされることは，自白の場合と同様である（憲法38条2項，刑訴法319条1項）。

3　自白法則における排除法則と補強法則

自白に関する法則（自白法則）には，2つの重要な法則がある。その第1は，排除法則，すなわち任意性を欠く自白（不任意な自白）は証拠とすることができないという法則である。

第2は，補強法則，すなわち自白のみでは有罪とできず補強証拠が必要であるという法則である。

排除法則は証拠能力の制限であり，補強法則は証明力の制限である。

自白法則			
	排除法則 ……	証拠能力の制限 ……	任意性を欠く自白は証拠とすることができない
	補強法則 ……	証明力の制限 ……	自白のみでは有罪とできず，補強証拠が必要

第2節　自白の排除法則

1　自白の任意性の意義

　憲法38条2項は「強制，拷問若しくは脅迫による自白又は不当に長く抑留若しくは拘禁された後の自白は，これを証拠とすることができない。」との規定を置き，これを受けた刑訴法319条1項は，憲法の規定の趣旨を一歩前進させて，「その他任意にされたものでない疑のある自白」との要件を付加して証拠能力の制限をより厳しくしている。最大判昭45・11・25刑集24・12・1670は，偽計による自白は任意性に疑いがあり，証拠能力を否定すべきであるとした。

2　自白の利用制限の根拠

　不任意の自白や任意性に疑いのある自白を証拠から排除する理由については，①虚偽排除説，②人権擁護説及びこの2つの説を統合した③任意性説があり，この任意性説が現在の判例の考え方といわれている。

　この点，近時，違法収集証拠の排除法則の自白版としての④違法排除説が有力に主張され始めているが，319条1項の解釈としては無理があり，したがって，違法排除説は任意性説とは別概念として捉え，第二次的・補完的な用い方をするのが妥当であろうと思われる（なお，東京高判平14・9・4判時1808・144は，違法排除説を採り，任意性説との競合を認めているものと評されている。）。

　そこで，任意性説の内容をみると，その一つ目が，虚偽排除説である。

　虚偽の自白を排除するのが理由であるとするもので，強制，拷問等が加えられた場合には虚偽自白の危険があるから，そのような信用性に欠ける自白は排除する必要があるとする見解である。

　その二つ目が，人権擁護説である。

　被告人の人権保障を担保するのが理由であるとするもので，憲法36条の拷問の禁止，憲法38条1項の黙秘権の保障という被告人の供述の自由という憲法上の権利を，強制，拷問等により侵害して獲得された自白であるから，そのようにして獲得された自白は排除する必要があるとする見解である。

　そして，この両説の趣旨を統合して任意性説とされている。

3　任意性の類型と任意性の有無の判断ポイント

⑴　基本的な判断ポイント

　任意性説の観点からは，被告人（被疑者）の取調べが虚偽自白の誘発，又は供述の自由の侵害のおそれがあるような状況の下でなされた場合には，そのいずれの自白の任意性も否定される。これらのおそれがない状況の下でなされた場合には，その自白の任意性は肯定される。

　もし，虚偽排除説だけからならば，類型的な虚偽自白の誘発のおそれがない行為であればすべて任意性が肯定され，また人権擁護説だけからならば，被告人の供述の自由を侵害する状況にない自白であれば任意性が認められることになる難点があるが，両説を統合する任意性説からは両説の欠陥を克服する妥当な結論を導くこととなる。

　そもそも「強制・拷問・脅迫による自白」と「不当に長く抑留・拘禁された後の自白」に任意性がないというのは（憲法38条2項，刑訴法319条1項），虚偽自白の誘発又は供述の自由の侵害のおそれが典型的に認められる自白であることから，当然に任意性がないものとする場合の例示規定である。

　したがって，この例示には該当しないが，虚偽自白の誘発又は供述の自由の侵害のおそれある状況があれば，「その他任意にされたものでない疑のある自白」として，やはり証拠能力が否定されることとなる。

　その虚偽自白の誘発又は供述の自由の侵害のおそれの有無の判断は，もとより一般的に示すことは困難である。

　あくまでも事案の個別・具体的な事情，すなわち，捜査機関の被告人（被疑者）に対する取調べに関し，時刻・時間（早朝・深夜，時間の長短），場所（被疑者本人宅，取調室・道場等），取調官の人数・言動などの状況，あるいは被告人（被疑者）側の事情として，その年齢・職業，学歴・知能の程度，健康状態，心配事の有無等の精神状態などの全事情を総合判断してなされるべきである。

⑵　自白の任意性が問題となる具体的事例

ア　不任意自白の典型例

㋐　強制，拷問，又は脅迫による自白

　被疑者（被告人）に対し，その供述の自由を制圧する物理的強制を加えた結

果の自白については，任意性を欠くものとして証拠能力は否定される。

最判昭 32・7・19 刑集 11・7・1882 は，戦後の刑訴応急措置法施行前の旧法時代の強姦等事件について判断されたものである。

その事案は，警察官 2 名が被疑者に対し，八丈島警察署の道場で不法に抑留取調べを行って，その際に暴行を加え，被疑者は警視庁本留置場に移送勾留後，東京地検検事の取調べを受けたというものであった。

この判決では，検事取調べ以前の不法抑留と自白の強要状況がある以上，被疑者の自白調書の証拠能力は強制による任意性に疑いがあるものとして否定した。

㈩ 不当に長く抑留又は拘禁された後の自白

身柄の拘束期間が短い場合が「抑留」，それが長期間の場合が「拘禁」であるが，その期間が「不当に長く」となるかどうかについては，一概には決せられない。

その判断に当たっては，期間の長短だけでなく，事件及び共犯者数，事件の重大・複雑性，被害者の人数，争点の数と難易度などや，起訴後の勾留中の余罪取調べなどでのその必要性，捜査経過等を総合判断する必要がある。

また，被疑者・被告人の年齢，健康状態も共通の考慮事情となり，これら総合判断の考察の仕方は判例の基本的立場でもある。

不当に長い抑留・拘禁後の自白として任意性が否定された事例として，①最大判昭 23・7・19 刑集 2・8・944 は，単純な窃盗事件で勾留期間 109 日間後の自白，②最大判昭 24・11・2 刑集 3・11・1732 は，単純な窃盗事件で 6 か月余の勾留後の自白，③最大判昭 27・5・14 刑集 6・5・769 は，被疑者が少年であるところ，単純な別件で 7 か月余の勾留後の自白，④東京高判昭 34・5・28 高刑集 12・8・809 は，罹患中の心臓病が悪化する中での 50 日余の勾留後の自白について，いずれも任意性を否定している。

これに対し，任意性が肯定されたものとして，①最判昭 35・11・29 判時 252・34 は，勾留 9 か月後の控訴審公判廷での自白，②最判昭 23・4・17 刑集 2・4・364 は，250 日余の勾留後の自白，③最大判昭 23・2・6 刑集 2・2・17 は，6 か月余の勾留後の自白など多数の判例がある。

イ　その他任意にされたものでない疑いのある自白

㋐　早朝・深夜，連日（連泊）・長時間の取調べなどによる自白

　被疑者を早朝から取り調べたり，深夜まであるいは徹夜にわたる取調べ，連日あるいは連泊での長時間の取調べをしたりしたとき，任意性が否定される場合がある。しかし，事件の発生が深夜であったりすれば，それに引き続く取調べは徹夜にわたることがあってもやむを得ない場合もあり，前記各取調べが行われたとの一事でその間に獲得された自白の任意性が否定されるとは限らない。事件の重大性や，取調べの態様等各事情を総合して任意性の有無を判断することとなる。

　また，在宅の被疑者であっても，連日の宿泊を伴う取調べの場合には，宿泊場所（被疑者の選択した場所か警察の提供した場所か等），宿泊に至る経緯（被疑者の希望がある場合か否か等），警察の監視を伴う場合等を十分配慮して任意性の有無を決する必要があり，そのいかんによっては，ある時点からは実質逮捕に当たると判断されて任意性が否定される場合もある。

　例えば，最決昭59・2・29刑集38・3・479（高輪グリーンマンション殺人事件）は，捜査機関が殺人事件の被害者と交際のあった被疑者を，帰宅できない特段の事情もないのに，4連夜にわたり捜査官の手配した所轄警察署近辺のホテル等に宿泊させ，捜査官が同宿するなどした上，連日警察署に警察車両で出頭させ，午前中から深夜まで長時間にわたり取調べをしたことは，任意捜査の方法として必ずしも妥当ではないが，被疑者が任意にそれに応諾しており，事案の性質上速やかに同人から詳細な事情及び弁解を聴取する必要があるなど本件の具体的状況の下では，社会通念上やむを得なかったものといえるから，任意捜査の限界を超えた違法なものとまでは断じ難いとして自白の任意性を肯定した（なお，同じく，長時間の取調べに対して，自白の任意性を肯定した判例として，平塚ウェイトレス殺人事件の最決平元・7・4刑集43・7・581，東京高判昭61・5・1判時1221・140がある。）。

　次に，東京高判平3・4・23高刑集44・1・66（松戸OL殺人事件）は，捜査機関が連続強姦・殺人事件について自白を得るため，被疑者を別件の起訴後勾留期間に相当長期間にわたり警察署付属の代用監獄（現：刑事施設）である留置場（現：留置施設）に勾留し，捜査本部の捜査員を看守者に選任して留置場内での言動を逐一捜査資料として提出させ，留置業務を捜査の一環として不当に利用した

事案について，代用監獄（現：刑事施設）に身柄を拘束して連日厳しい取調べ
を行っているのは，自白を強要したとのそしりを免れない上，自白の内容が著し
く変転していることも勘案すると任意性を欠くものといわざるを得ないとして
いる。

(イ) 偽計，約束・利益誘導による自白

捜査官が被疑者に偽計を用いて自白を獲得した場合には，強制等を加えた事
実などなく，しかも，自白そのものが真実であったとしても，その自白の任意
性を否定するのが判例の立場である。

最大判昭 45・11・25 刑集 24・12・1670 は，いわゆる「切り違い尋問」
といわれる偽計の事案で，夫婦の拳銃不法所持の共犯事件で両名とも否認して
いるときに，捜査官が，夫に対して「妻が既に夫との共犯関係を自白した」と
嘘を言って自白を得，続いて妻に対して「夫が妻との共犯を自白した」と言っ
て共犯関係の自白を獲得するのも，一種の偽計であり，そのため被疑者が心理
的強制を受け，その結果虚偽の自白が誘発されるおそれのある場合には，それ
によって得られた自白には任意性に疑いがあるものとして，証拠能力を否定す
べきであるとしている。

また，取調官が被疑者に対して起訴猶予とか保釈とかの一定の重要な利益を
与える旨の約束をしての取調べ，あるいは利益誘導を行うなどして自白を獲得
した場合には，その自白は任意性を欠くことになる。

しかし，取調べの実際では，被疑者が「これを認めれば死刑になるのか」と
か，「実刑になるのか」，「保釈はあり得るのか」等々，被疑者にとって重大な
関心事の処分予想を取調官に尋ねることは多いものである。それに対し，「裁
判所が判断することなので分からない」と答え，それでも強く尋ねられて，取
調官が一般的な処分予想などを説明する場合も少なくないが，その一事で直ち
に自白の任意性を欠くとは言えないであろう。

もっとも，最判昭 41・7・1 刑集 20・6・537 は，被疑者が起訴・不起
訴の決定権を持つ検察官の，自白をすれば起訴猶予にする旨の言葉を信じて起
訴猶予を期待してした自白（約束による自白）は，任意性に疑いがあるものとして，
証拠能力を否定している。

さらに，最大判平 7・2・22 刑集 49・2・1 （ロッキード事件）は，アメ

リカの裁判所での贈賄者コーチャン証人に刑事免責（起訴猶予処分）を付与して得られた供述を録取した嘱託証人尋問調書について，我が国の刑訴法が当時刑事免責の制度を採用していないことを理由として，証拠能力を否定した。

また，福岡高判平5・3・18判時1489・159は，他の事件を送検しないという約束の下に作成された疑いのある被疑者の自白調書，及びこれに基づきなされた引き当たり捜査報告書は任意性に疑いがあるとして証拠排除している。

㈡　違法な逮捕・勾留中の自白

現行犯逮捕・緊急逮捕等逮捕の方法が違法とされた場合，あるいは別件逮捕勾留となるその身柄拘束中の自白の任意性も問題となる。一般には，身柄拘束が違法とされた場合でも，その間の自白が直ちに任意性を欠くものではない。しかし，違法収集証拠の排除法則に照らして，この種違法な身柄拘束中の自白も違法が重大で証拠排除が相当と認められるときは，証拠能力を否定すべきとする見解もある。ただ，逮捕が違法でもその後の勾留は準抗告等の手続によって是正すべきであって（最大判昭23・12・1刑集2・13・1679，最判昭24・7・26刑集3・8・1391。しかし，これと反対の裁判例も現れている。），勾留も当然に違法視しその間の自白を直ちに任意性を欠くものとして証拠能力を否定すべきとするのは相当ではない。判例においても，逮捕の方法に瑕疵があった場合でも勾留中の自白が直ちに違法となるものではないとしている（最判昭27・11・25刑集6・10・1245等）。

もっとも，東京高判昭60・4・30判タ555・330は，現行犯逮捕をその要件を満たしていない瑕疵のあるものとし，その後の身柄拘束中の自白は，特段の事情がない限り証拠能力を欠くとしている。

なお，特異な事例であるが，ねつ造に係る架空人名義の供述調書等を疎明資料として逮捕状の発付を得て逮捕した事案について，その逮捕中の自白の証拠能力を否定した裁判例もある（大阪高判昭63・4・22高刑集41・1・123）。

また，警察官が行った被疑者の任意同行が違法であるから，その後の緊急逮捕も違法となり，その間の自白も証拠能力を否定すべきものとする裁判例もある（仙台高秋田支判昭55・12・16高刑集33・4・351）。

次に，別件逮捕・勾留と認められた場合のその身柄拘束中の自白についても，必ずしも任意性が否定されるものではない。

最判昭 58・7・12 刑集 37・6・791 は，現住建造物等放火事件の被告人を
別件（交際中の被害者ホステス方の住居侵入事件）で逮捕し，その間に獲得した
自白を資料として逮捕状の発付を得た場合，その身柄拘束中の被疑者の勾留質
問調書，消防職員の質問調査書についてはその証拠能力を肯定している（その
他にも，狭山事件の最決昭 52・8・9 刑集 31・5・821，帝銀事件の最大判昭 30・4・
6 刑集 9・4・663，山口組組長狙撃犯殺害事件の大阪高判平 2・9・28 判時 1378・
44 参照）。ただ，その一方で，違法な別件逮捕・勾留により得られた自白であ
ることを理由に証拠能力を否定した下級審判例として，東十条強盗殺人事件の
東京地判昭 42・4・12 下刑集 9・4・410，蛸島事件の金沢地七尾支判昭 44・
6・3 刑裁月報 1・6・657，東京麻布連続放火事件（東京ベッド事件）の東京
地判昭 45・2・26 刑裁月報 2・2・137，埼玉のパキスタン人放火事件の浦和
地判平 2・10・12 判時 1376・24 等がある。

㈡　弁護人の選任権・黙秘権の不告知，接見交通権侵害後の自白

　捜査官は，被疑者に対して刑訴法の要求に従って弁護人選任権，供述拒否権
（黙秘権）のあることを告知して取り調べるという基本的手続をとらなければ
ならない（198 条 2 項，203 条 1 項，204 条 1 項）。

　最近は，この弁護人選任権・黙秘権の不告知を理由に自白の証拠能力を問題
とする傾向にある。しかし，弁護人選任権や黙秘権の不告知が直ちに自白の任
意性を否定するとの見解は相当ではない。また，弁護人との接見交通権を侵害
したとして争う例も多く，証拠能力を否定した裁判例もあるが，裁判例では証
拠能力が肯定された例も多い。

　しかし，捜査機関としては，それらに関して無用な争いが起きないよう留意
して取調べを行うべきは，当然であり，十分に配慮すべきである。

　例えば，仙台高判昭 27・6・28 判特 22・138 は，弁護人選任権の不告知に
関し，弁護人選任権不告知が直ちに自白の任意性を欠くこととするものではな
いとしている。しかし，自白の任意性を否定した判例もあり，例えば，被疑者
から弁護人選任の申し出があったのに，捜査官がそれを弁護人に連絡しなかっ
た事案について，自白の任意性を否定しているものとして，大阪高判昭 35・5・
26 下刑集 2・5＝6・676 が挙げられる。

　また，最大判昭 23・7・14 刑集 2・8・846 は，黙秘権を告知しないからといっ

て直ちに自白の任意性が否定されるものではないとしている。

さらに，最決平元・1・23判時1301・155は，検察官が別件で勾留中ではあるものの，余罪事実では勾留されていない被告人を取調べ中に，弁護人から接見の申入れがあったのに対し，余罪取調べを理由にこれを拒否したのは，検察官の瑕疵ある接見の対応ではあるが，被告人とはその直前に他の弁護人との接見が行われ，同日以前にも4名の弁護人が被告人と相前後して接見していた場合には，その間の自白の任意性に疑いはないとしている。

(オ)　追及的・理詰め等執拗な取調べによる自白

事件を否認し，のらりくらりと曖昧あるいは矛盾する供述を繰り返す被疑者に対して，捜査官がこれを追及しあるいは矛盾点を理詰めで取り調べるのは当然のことである。取調べは単なる聴聞と質問，弁解を聞くだけではないからである（取調べは，逮捕後の弁解録取手続や勾留質問の場合とは異なる。）。

ただ，何事も行き過ぎは弊害を招く。要は程度問題である。したがって，追及的あるいは執拗な取調べを行ったとの一事で自白の任意性が否定されることはないといえる。判例上も，追及的・理詰めの取調べによる自白の任意性を認めたものとして最大判昭23・7・14刑集2・8・856，最大判昭23・11・17刑集2・12・1565，最決昭39・6・1刑集18・5・177などが挙げられる。

(カ)　手錠をかけたままでの取調べによる自白

被疑者の取調べに際して手錠をかけたままで行った場合，特に両手錠をかけたままでの取調べについては，一般的に自白の任意性に疑いがあることが推認される。

例えば，最判昭38・9・13刑集17・8・1703は，手錠をかけたままでの取調べについては，特に反証がない限り任意性に一応の疑いを差し挟むべきであるとしたものの，本件では終始穏やかな雰囲気の中で取調べがなされたとして任意性を肯定した。

一方で，両手錠をかけたままでの取調べによる自白の任意性を否定した判例として，東京高判昭50・9・11東時26・9・151などがある。

なお，片手錠の状態での取調べによる自白について，自白の任意性を肯定した判例として，東京高判昭44・3・27判時557・278，同旨高裁判例として，

大阪高判昭50・9・11判時803・24，福岡高判昭54・8・2刑裁月報11・7＝8・773等がある。

㈩　その他の任意性欠如事例

被疑者の健康状態や精神状態が良くない状況にある場合は，取調べを中断ないしその継続を止めるなどするのが相当であるが，それもその程度のいかんによる。具体的事例によっては，その間の自白の任意性が問題とされる場合もあることに留意しなければならない。

4　不任意供述事由と自白との因果関係

⑴　不任意供述事由との因果関係

不任意供述事由があった場合において，自白が排除されることが必要な場合とは，不任意供述事由があったからこそ結果的に「自白」がなされたという，不任意供述事由と因果関係のある場合であり，その自白だけを，任意性を欠くものとして排除するのが相当である。

しかし，自由な供述の保障，虚偽自白の排除を担保するためには，任意性に疑いが持たれる状況，つまり，不任意供述事由が現に存在し，かつ，その事由と時間的に近接したときに自白がなされた場合には，不任意供述事由とその後の自白とには因果関係があるとの事実上の推認がなされるであろう。

そのような場合は，検察官が取調べの具体的な過程・状況を立証することで，その事実上の推認が明らかに破られ，積極的に不任意供述事由と自白とに因果関係がないことが立証されたときに，初めてその因果関係が否定され，任意性が肯定されるとの「任意性保障の厳格性」が要求されることとなろう。

⑵　因果関係の遮断

警察官の取調べにおいて不任意供述事由があって，そのため自白が任意性を欠く場合に，その後の検察官の不任意供述事由のない取調べ時において行った自白も単なる反復自白として，当然任意性を欠くと評価すべきか否かという問題がある。

このような場合は，検察官がその取調べ時において，先の警察官がその取調べ時に行った不任意供述事由の影響を遮断する積極的行為や事情（被疑者の性

格や取調べ時の態度，健康状態等の事情を考慮するほか，勾留場所の変更，弁護人
と被疑者の接見による影響遮断・説得対応等々）がある場合に，初めて検察官に
対する自白の任意性が肯定されることとなる。

　例えば，東京高判昭32・12・26高刑集10・12・826は，警察での取調べに
不任意供述事由があっても，検察官の配慮でその影響が遮断されたとして検察
官に対する自白の任意性を肯定している。

5　任意性の立証

　319条1項は，自白の証拠能力の要件として任意性の存在を求める。そこで，
検察官は任意性が争われるときは，任意性を争う具体的理由（争う不任意の事由，
その要点等）を求釈明して弁護人にこれを明確にさせた上，任意性立証の要否
を検討し，さらに通常はまず被告人質問でその具体的な主張内容や弁解の態度
全体を明らかにして，立証の必要があると判断すればその立証活動に入ること
となる。そして，裁判所は，自白調書自体について被告人の署名・押印を確認
し，自白の記載内容を吟味するなどの適当な方法によって，任意性を調査する。
その結果，任意性の存在についての確信を得たとき，その請求の自白調書を証
拠とすることができる。

6　不任意供述の証拠排除

　強制等の不任意供述は，証拠排除される（憲法38条2項，刑訴法319条1項）。
そして，不任意供述が明らかである以上，これを供述者本人にはもちろん共犯
者に対する関係でも証拠とすることはできない。

　例えば，東京地判昭62・3・24判時1233・155は，中核派と革マル派との
襲撃事件（殺人未遂事件）の捜査において，任意性を欠く供述証拠又は違法な
取調べ手続により得られた供述証拠（供述者本人に対する関係では証拠能力を有
しない供述調書）であっても，これを供述者本人以外の者に対する関係で捜査
資料として利用したり，強制捜査令状発付の資料に供することは妨げられない
としている。

　しかしながら，捜査機関としては，この裁判例は，あくまでも例外的なもの
と受け取るのが相当と言えるであろう。

第16章 自白法則 205

第3節 自白の補強証拠（補強法則）

1 自白の補強証拠の意義

(1) 補強法則

　刑訴法319条2項は，自白について，補強証拠を要求したものであり，補強法則といわれている。憲法38条3項の規定を受けて，刑訴法上に規定されたものである。憲法の同条項は，公判廷外の自白についてだけ補強証拠を要求していると解されるが，刑訴法319条2項は，この憲法上の要請を政策的に更に一歩進め，公判廷の自白についても補強証拠を必要としたと解されている。

(2) 本人の自白と共犯者等の自白の関係

　この補強法則における「本人の自白」には，共犯者の自白，共同被告人の自白は含まれない。共犯者や共同被告人は，当該供述者からみれば通常の第三者であって，それは通常の証人の立場と変わらないからである。

　例えば，最大判昭33・5・28刑集12・8・1718は，憲法38条3項は自由心証主義の例外として厳格に解釈すべきであって，共同審理を受けていない単なる共犯者はもちろん，共同審理を受けている共犯者（共同被告人）であっても，被告人本人との関係においては，被告人以外の者であり，純然たる証人とその本質を異にするものではないから，共犯者又は共同被告人の犯罪事実に関する供述は，独立完全な証明力を有し，憲法38条3項の「本人の自白」と同一視され又はこれに準ずるものではないとして，その自白には補強証拠を必要としないとしている。

(3) 自白に補強証拠を要することの意味

　法は自白には補強証拠を要するとするが，これは，裁判官がいかに自白だけで有罪の心証に達しようとも，それだけでは有罪認定はできず，その自白以外に他の証拠がなければならないという，自由心証主義に対する大きな例外となる法則を設定したものである。

　なお，自白の信用性が明らかでないときに，その信用性を確認し，これを高めるために収集した証拠を，実務上「裏付け証拠」と呼んでおり，これに対し，

自白に要する「補強証拠」は，既に自白の信用性は高度で，それだけで有罪の心証に達していても，それでもその自白の真実性を担保するための増強証拠である。このように，両者の概念は異なるが，実際上は裏付け証拠が補強証拠にもなり得ることが多いところである。

2　補強証拠を要する理由

　本人の自白だけで有罪としてはいけない理由としては，①まず，誤判の防止が挙げられる。虚偽自白によって誤判が生じるという事態を防止するには，自白のほかに補強証拠が必要だからである。②また，自白偏重の防止も理由として挙げられよう。

　自白だけでは足りず，それ以外に必ず補強証拠を要求するとすれば，捜査官・裁判官も自然と自白偏重をしなくなるものと考えられるからである。

　例えば，最判昭24・4・7刑集3・4・489は，「被告人の自白の外に補強証拠を要するとされる主なる趣旨は，ただ被告人の主観的な自白だけによって，客観的には架空な，空中楼閣的な事実が犯罪としてでっち上げられる危険（例えば，客観的にはどこにも殺人がなかったのに，被告人の自白だけで殺人犯が作られるたぐい）を防止するにある」としている。

3　自白の取調べ時期の制限規定の趣旨

　自白の取調べ時期には制限規定がある。

　規則193条1項は，公判に当たって検察官はまず証拠の取調べを請求することとしている。ただ，その際，刑訴法301条は，自白の取調べ時期に制限を加え，被告人の自白を記載した供述書・供述録取書（322条）及び被告人の自白を内容とする他人の供述たる伝聞証言（324条1項）については，犯罪事実に関する他の証拠が取り調べられた後でなければ，その取調べを請求することができないとしている。これは，被告人の自白調書を先に取り調べると，裁判官が虚偽を含むおそれのある自白でもそのまま予断偏見を抱いて誤判のおそれが生じるからであること，さらには自白偏重を招くおそれもあるという危険を回避しようという趣旨である。

4 補強証拠の適格性（資格要件）

　自白の補強証拠となり得るための資格要件を，補強証拠の適格性という。それは，①証拠能力と証明力を有すること，②本人の供述以外の証拠であることが要件とされる。つまり，補強証拠は，あくまでも本人の自白以外の，自白から独立した別個の証拠であることを要するのである。

　ただし，本人の自白から独立していると評されるものであれば，被告人が作成したものであってもこれに該当する場合がある。すなわち，被告人が犯罪の嫌疑を受ける以前に，事件と全く無関係に将来の捜査・公判など意識することなく作成されたものであれば，補強証拠とできる。例えば，最決昭32・11・2刑集11・12・3047は，食管法違反事件の被告人（米穀小売販売業者）が記載の米の未収金控帳は，当該犯罪の嫌疑を受ける前に，これと関係なく備忘のため記載した物であるからとして，補強証拠の資格を認めている。

5 補強証拠の範囲・方法とその程度

(1) 問題の所在

　補強証拠といっても，その証拠による補強の範囲をどこまで求めるのかについて問題となるが，基本的には犯罪の主観的要件事実以外の客観的要件事実をもってその範囲とするのが判例・通説である。ただ更にそのどの部分まで補強証拠を求めるのかを巡っては，形式説（罪体説）と実質説とに分かれる。また，その証拠がどの程度のものであれば補強証拠として評されるのかなどの点も問題となる。

(2) 補強の範囲——形式説（罪体説）と実質説

　補強の範囲について，主観的事実（故意・過失，知情，目的等）には補強証拠を要しないとすることでは争いはない。しかし，犯罪事実中の客観的事実（行為・結果等）については，どの範囲で補強証拠が必要かについては争いがある。また，被告人と犯人との同一性まで補強証拠を求めるべきかの点についても争いがある。学説は，犯罪事実中の客観的側面のうち，全部又は少なくともその重要な部分について補強証拠が必要であるとする形式説（罪体説）と，自白にかかる犯罪事実についてその真実性を担保するに足りる程度の範囲での事実に

補強証拠があればよいとする実質説とに分かれる。この問題については，判例は実質説によっている。

　例えば，最判昭23・10・30刑集2・11・1427は，自白の補強証拠は，必ずしも自白にかかる犯罪組成事実の全部にわたって，漏れなくこれを裏付けるものでなくても，自白にかかる事実の真実性を保障し得るのであれば足りるとしている。

　ただし，**実質説**は自白に一定の信頼を持つのはよいとしても，事実認定が有罪認定により傾くとの危険を指摘する批判もある。しかし一方で，形式説では補強証拠の範囲が厳格すぎて有罪認定ができない事態が生じるおそれがある。特に，犯人性まで必ず補強証拠を要するとすることは現実には困難であり，犯罪の主観的要素と同様に補強証拠を不要とすべきであって，犯人性は，被告人の自白だけでもこれを認定できると解するのが相当である。もっとも，実際の捜査に当たっては，犯人性についても自白以外の証拠の収集に尽力すべきは当然である。

⑶　補強の程度

　判例は，補強証拠は実質的にみて，自白した犯罪事実が架空の嘘のことではないということが分かる程度の証明，つまり，「自白の真実性が担保できる程度」の証明を必要とし，かつ，それで足りるとしている。すなわち，補強証拠が要求される主たる理由を，虚偽自白に基づく誤判のおそれを防止するためとの見地から，その範囲は「自白の真実性を担保すること」で足りると解している（最判昭24・7・19刑集3・8・1348等）。

⑷　各罪ごとの補強の必要性

　補強証拠は，犯罪事実ごと，例えば，併合罪では各犯罪事実について必要となり，包括一罪では，全体として包括した一個の犯罪として，その全体中の行為と結果の主要部分に補強証拠があれば足りる。例えば，最判昭23・10・30刑集2・11・1427は，自白の補強証拠は，必ずしも自白にかかる犯罪組成事実の全部にわたって，漏れなくこれを裏付けるものでなくても，自白にかかる事実の真実性を保障し得るのであれば足りるとしている。

(5) **補強証拠の範囲に関する判例**

具体的事例で補強証拠の範囲に関する判例をみると，まず，一定の程度の範囲に補強証拠があれば，自白の真実性は担保できるとする判例として，以下の①〜④がある。

①最判昭 26・3・9 刑集 5・4・509 は，窃盗事件の自白の補強証拠は，被害の日時・場所・被害物件等について自白を裏付ける記載のある被害者の盗難始末書で足りるとしている。

②最決昭 26・1・26 刑集 5・1・101 は，盗品運搬・有償譲受けについては，被告人の自白及び盗品である点についての被害者の盗難被害届があれば，運搬・有償譲受け自体の点に補強証拠がなくても，盗品運搬の犯罪事実を認定しても補強法則（319 条 2 項）に反しないとしている。

③最判昭 38・9・27 判時 356・49 は，業務上過失致死傷事件における業務性は補強証拠がなくても認定できるとしている。

④東京高判昭 56・6・29 判時 1020・136 は，覚せい剤の所持，譲渡，使用の罪における「法定の除外事由」の不存在は，積極的犯罪構成要件要素ではなく，単にその犯罪の成立を阻却する事由であるにすぎないことを理由として，法定の除外事由がないことについては補強証拠を必要としないとしている。

これに対して，⑤最判昭 42・12・21 刑集 21・10・1476 は，無免許運転罪（道交法違反）では，運転行為のみならず，運転免許を受けていない事実についても，被告人の自白のほかに補強証拠を要するとした。

⑥無許可営業の場合は，無許可の事実（仙台高判昭 43・3・26 高刑集 21・2・186），⑦常習累犯窃盗罪の場合の前科と常習性（東京高判平 2・5・10 判タ 741・245），⑧常習賭博罪の要件の常習性（札幌高判昭 47・6・22 判タ 282・283），⑨道交法のひき逃げ報告義務違反の「報告をしなかった」こと（大阪高判平 2・10・24 高刑集 43・3・180）については，そこまでの補強証拠がなければ，自白の真実性が担保できないために，いずれも補強証拠が必要とされている。

次に，原則として犯罪事実ごとに補強証拠を要するかどうかについて，⑩罪数関係の併合罪（最判昭 40・9・21 裁判集 156・615），包括一罪（大阪高判昭 30・6・27 裁特 2・14・721）は積極に解している。

もっとも，常習一罪の場合，⑪最判昭 25・5・2 刑集 4・5・747 は，常習一罪といってもその各行為は，独立した別個の犯罪であるから，各行為ごとに

補強証拠が必要であるとしている（同旨・常習累犯窃盗に関する東京高判昭49・4・8高刑集27・1・90）。

　そして，被告人の犯人性について補強証拠を要しないとするのは，⑫三鷹事件の最大判昭30・6・22刑集9・8・1189であり，判例はこれで定着している。

第17章　伝聞証拠

第1節　伝聞法則の原則

1　伝聞証拠と伝聞法則

(1) 伝聞証拠の意義

　「伝聞証拠」とは，裁判所の公判廷において反対当事者による反対尋問の機会が与えられていない供述証拠をいうものとされている。

　そこで，「伝聞証拠」は，具体的にどの供述を指すのか見てみることとする。すなわち，伝聞証拠とは，証人が公判期日外に他人から聞いたその他人の供述を，公判期日の裁判所の法廷で証言する場合の，その「他人の供述内容」つまり，「原供述」そのものを指し，この「又聞き」の原供述が「伝聞供述」ということとなる。

　具体例でいえば，Aが被害者Vをナイフで刺し殺す犯行をその現場に居合わせたXが目撃した場合，そのXが自分の目撃した事実をYに話し，Yが公判廷において，Xから聞いたその犯行目撃状況（事実）を証言したとする。この場合の目撃者Xを「原供述者」（当該事実を知覚体験した者），証人Yを「伝聞供述者」という。そして，YがXから聞いた又聞きの事実は「伝聞事実」であり，Yが裁判所でXからの前記伝聞事実を供述すれば，これは「伝聞供述」（伝聞証言）となる。この伝聞パターンが本来的意味の伝聞証拠である。

　そして，伝聞法則とは，「伝聞証拠」を原則として証拠から排除するというルールである。

　これは，陪審制度を採用する英米証拠法において，直接審理主義が発展し，訴訟当事者に証人尋問権が認められることで確立された証拠法則である。

⑵ 伝聞法則

刑訴法320条1項は，書面や又聞きの話（伝聞）では，それを話した人（原供述者）の話が真実かどうかを吟味（反対尋問）できていないから，原則的に排除しようとしている。すなわち，同項は，「321条乃至328条に規定する場合を除いては」との除外事由を置いた上であるが，①公判期日における供述に代えて書面を証拠とすること（供述代用書面——供述書・供述録取書），又は，②公判期日外における他の者の供述を内容とする供述を証拠とすること（伝聞供述証拠），を禁止すると規定している。このように伝聞証拠の証拠能力を禁止又は制限する法理を「伝聞法則」という。

この伝聞法則の原則下においては，事件に関係する事実を直接知覚した目撃者ら原供述者は，原則として裁判所の法廷へ直接出向いて，自ら証人として証言することとされ，しかもその証言に際しては，宣誓の上，かつ，反対当事者からの反対尋問を受けて，証言を完全に果たすことが要求されることとなる。

⑶ 伝聞法則が必要な理由

伝聞法則がとられる理由としては，通常次の3つが挙げられる。すなわち，①伝聞証拠は信用性が低く，②被告人の証人尋問権（憲法37条2項）を保障する必要があり，③直接審理主義の要請があるからである。

そこで，前記①理由についてであるが，そもそも供述は，ある事実に関し，知覚→記憶→表現（叙述）という過程を経てなされるが，この一連の行為の間には，人間であるが故にどうしても誤りが発生しやすく，伝聞供述の場合は，更にその後にも，伝聞→知覚→記憶→表現という同様の過程が連続することから，一層誤りが混入する危険があることが否定できない（いわゆる「伝言ゲーム」がその誤りを顕著に示すものであろう。）。そこで，これを是正するには，直接の目撃者等の原供述者に対する反対尋問による吟味（テスト）が最も効果的な方法である。

供述録取書の場合は，通常，捜査官が目撃者等の原供述者からその供述を録取して書面化し，調書について，供述者がその正確性を自ら署名・押印することによって確認している。したがって，そこには，伝聞供述のように聞き間違いのおそれは少ないものの，反面，それでも正確に録取しているか，また，正確に確認しているかなど間違いが入る余地はある。

第17章 伝聞証拠 213

このため，実は供述録取書の場合でも，原供述者に対する反対尋問によって，原供述の真実性を吟味する必要があることになる。

次に，前記②の理由についてであるが，伝聞供述及び供述代用書面に証拠能力を無条件で認めるならば，安直に伝聞供述者の証言と供述代用書面しか提出されないこととなり，被告人にとっては，原供述者に対する反対尋問ができず，憲法37条2項の保障に反することになるからである。

そして，前記③の理由についてであるが，公判廷外で作成された証拠に証拠能力を安易に与えることは，裁判官が偽証制裁下で証人から直接に証言を聞き，反対尋問による吟味や供述態度を通してその証明力を判断するという直接審理主義に反することとなるからである。

2 伝聞法則の適用外証拠

(1) 概　　説

証拠がその性質上本来的に伝聞証拠に該当しない場合には，伝聞法則の適用はない。それには伝聞法則の「適用外」の場合と，後述する伝聞法則の「例外」の場合とがあるが，両者は本質的に異なる。

(2) 証拠の性質上の伝聞法則の適用外証拠

ア　行為の言語的部分

まず，その証拠の性質上，伝聞証拠に該当しない例を挙げる。そもそも，伝聞証拠は，供述証拠中の「原供述の内容」を問題とするということであり，そこでは，原供述が，供述と評されるものでなければ，それは適用外となるということである。すなわち，認識している事実や体験した事実の報告的内容（供述）ではないものは伝聞供述とはならない。

その例としては，言葉が行為と一体となったもの（行為そのもの）と評されることから，伝聞法則の適用外とされているもので，行為時に「助けて」などと，とっさに発した言葉は，悲鳴を上げた場合と同様で行為の言語的部分をなすものであり，このような言葉を聞いた者が，その事実を法廷で証言したからといって，それは伝聞供述ではなく，そもそも伝聞法則の適用はない。

イ　精神状態の供述としての適用外証拠

「精神状態の供述」という問題がある。すなわち，被疑者らが現在の意図や内心の状態などの精神状態を発言した場合，その言葉をもってその当時の発言者の内心の事実を立証するために用いることができるかとの問題である。

これについては，現在の意図や内心の状態などの精神状態の発言にはその内容を問題にするのではなく，そのように発言したという事実に着目し，したがって本来の伝聞証拠ではない，すなわち非伝聞であるという理由により，伝聞法則の適用外であると考えられている（この場合は，その発言からその内心の状態を推認させる情況証拠として使う。）。

もっとも，内心の発言の真実性を立証しようとしながら，伝聞の重要な過程である知覚・記憶を欠くから非伝聞とする見解も有力となっている。

次に，「精神状態の供述」に関連するものとして，「謀議メモ」の伝聞性も問題となる。すなわち，犯行の日時・場所・方法等の犯行計画が記載された，いわゆる「謀議メモ」については，323条の特信書面には該当しないが，犯行自体の立証ではなく，その謀議メモの存在からそのような謀議が存在したという内心の精神状態を推認するための間接事実（情況証拠）としてそのメモを用いるものとみて，これは伝聞証拠ではないと考えるべきであろう。

なお，「謀議メモ」に関する東京高判昭58・1・27判時1097・146は，これを精神状態の供述とみた上で，これが知覚・記憶の過程を欠くものであるからとして，非伝聞と解しているものと評されている。

ウ　証拠物——「証拠物たる書面」（メモ類）

証拠物については，その存在と形状が証拠となる「非供述証拠」であるから，伝聞証拠とはならない。証拠物の場合は，要証事実（証明の対象とする事実）との関連性さえ立証できれば証拠能力が付与される。

問題は，帳簿・手帳・メモ等の証拠物である。これを「証拠物たる書面」といい，その記載部分は報告的内容であるから証拠とできるものの，供述証拠になる。したがって，供述証拠である以上は伝聞法則の適用を受ける。

犯行現場を撮影した現場写真や現場録音テープは，伝聞法則の適用を受けるのかどうか問題となるが，現場写真や現場録音テープは非供述証拠であり，証拠物と同様に事件との関連性が認められれば，証拠能力が認められる（新宿騒

乱事件の最決昭59・12・21刑集38・12・3071参照)。なお，事件との関連性の立証としては，通常実務では，例えば，現場写真等に関して弁護人の同意が得られない場合は，撮影者・録音者を証人として尋問し，その撮影なり録音なりの過程を明らかにして行っている。もし，撮影者等が不明などの場合でも適宜の方法で関連性が認められれば証拠として採用することができる。

(3) 要証事実との関係での適用外証拠

伝聞証拠か否かは，要証事実との関連で決せられる。すなわち，伝聞証拠は，要証事実が「原供述の内容が真実である」(原供述の真実性)ことを証明する場合にだけ問題となる。したがって，原供述の内容の真実性の立証ではなく，原供述がなされたこと自体を立証する場合は伝聞証拠とはならない。

例えば，XがYに対して「俺は世界のエヴェレストの登頂に，チベット口とネパール口のいずれからも1人で何回も成功している。」と言ったという事実をYが証言する場合に，これを，「Xは真実エヴェレストの登頂に何回も成功している」事実の証拠とするときは，Yの証言は伝聞供述となる。しかし，Xの言ったことの内容の真実性ではなく，Xがそのようなことを言ったという事実を情況証拠として，「Xは嘘つきである」との事実を立証するのであれば，Yの証言は伝聞証拠扱いとはならない。

また，同じく原供述の内容の真実性の立証ではなく，原供述がなされたこと自体を要証事実とする場合も同様である。すなわち，Xが「甲は選挙民に現金を配って市議会議員に当選した。私もその買収された一人である」と記載したビラを電柱に貼付したという事例において，そのビラを甲の選挙違反の証拠とする場合は，要証事実はその内容の真実性にあるから伝聞証拠となる。

しかし，それをXの甲に対する名誉毀損事件の証拠とする場合は，ビラの内容そのものが要証事実であるから，伝聞証拠とはならない。

例えば，福岡高判昭28・12・24高刑集6・12・1812は，密輸事件の被告人と共犯者間で授受された手紙を，共犯者間で発送された事実と被告人がこの手紙を所持していた事実とを立証するための情況証拠とするのが立証趣旨である場合は，その手紙の記載内容の真実性を立証するための証拠とするものではないから，伝聞証拠とはならないとしている（なお，手紙の場合は，伝聞証拠であっても，323条3号の特信書面として証拠能力が認められる場合がある。）。

⑷ 知覚・体験事実との関係での適用外証拠

供述者が自らは直接知覚・体験していない事実を述べる場合は伝聞供述となり，伝聞法則の適用を受ける。ただ，家族の者の年齢などは，直接体験による認識といって差し支えなく，かかる知識に基づく証言は特信情況の保障があり，伝聞供述ではないとされている（最決昭26・9・6刑集5・10・1895）。

また，白鳥事件の最判昭38・10・17刑集17・10・1795は，伝聞供述となるかどうかは，要証事実と当該供述者の知覚との関係により決せられるものと解すべきであって，Xが「甲はもう殺してもよい奴だな」，「甲課長に対する攻撃は拳銃をもってやるが，相手が警察官であるだけに慎重に計画し，まず甲課長の行動を出勤退庁の時間とか乗物だとかを調査しチャンスをねらう」と公判延外で発言したことにつき，このXの発言は，YがXから直接聞いて自ら知覚した事実の供述であり，かつ，Xがそのような発言をしたこと自体を要証事実（立証対象）としている場合であるから，伝聞供述には当たらないとしている。

⑸ 規定上の適用外

さらに，伝聞法則も法律の規定上適用がない場合がある。その規定上の特別手続によって伝聞法則の適用外とするものは，

① 簡易公判手続の場合（291条の2，320条2項）
② 即決裁判手続の場合（350条の2，350条の12）
③ 略式手続の場合（461条，規則289条）

などで，いずれも，当事者間に争いのない比較的軽微な一定の事件について，訴訟関係人の負担軽減と訴訟経済（事件処理の能率化）の観点から，簡易な手続を規定し，伝聞法則の適用外としたものである。

第2節　伝聞法則の例外

1　例外の必要性

刑訴法320条1項は「321条乃至328条に規定する場合を除いて」として，伝聞法則に対する例外規定を設け，特定の要件に該当する伝聞証拠には証拠能力を付与している。このため，第1段階では，その証拠が伝聞証拠であるか否

かを判断し，適用外ないし非伝聞であれば除外され，伝聞証拠に該当するものについては，次の第2段階で，例外規定の該当性を吟味することで証拠能力の有無を決する（321条ないし327条中の要件の有無についてである。）。

ここで，そもそも伝聞法則に例外を認める根拠は何かということであるが，その1つは，①信用性の情況的保障がある場合の例外の必要性である。伝聞証拠排斥の一番の理由は，その供述が法廷外でなされて，当事者の反対尋問にさらされていないため，その真実性が担保されていないからということにある。

【刑訴法321条以下の「例外規定」の概観】

① 321条	被告人以外の者の供述代用書面（320条1項前段の例外）	
	1項1号	裁判官面前の供述録取書（「裁面調書」）
	1項2号	検察官面前の供述録取書（「検面調書」「2号書面」）
	1項3号	その他（司法警察職員等）の面前の供述録取書 （被告人以外の者が作成した供述書もこの3号書面）
	2項	公判調書（公判期日，公判準備における裁判官面前調書）
		検証調書（裁判所・裁判官が実施）
	3項	検証調書（捜査機関が実施） ※実況見分調書（捜査機関が任意に実施）
	4項	鑑定書　※捜査機関嘱託の鑑定書
	321条の2	ビデオリンク方式による証人尋問調書の証拠能力
② 322条	被告人の供述代用書面（320条1項前段の例外）	
	1項	供述書・供述録取書（取調者が誰かを問わない）
	2項	公判調書（公判期日，公判準備における裁判官面前調書）
③ 323条	特信書面（320条1項前段の例外）	
	1号	戸籍謄本等の公務員の職務上証明文書
	2号	商業帳簿等の業務文書
	3号	その他の特信書面
④ 324条	伝聞供述（320条1項後段の例外）	
	1項	被告人からの伝聞供述
	2項	被告人以外の者からの伝聞供述
⑤ 326条	同意書面（320条1項前段・後段の例外）	
	1項	同意（書面・供述）
	2項	擬制同意（書面・供述）
⑥ 327条	合意書面（320条1項前段の例外）	

○ 325条——任意性調査の規定（伝聞法則の例外規定そのものではない）
○ 328条——証明力（弾劾証拠）に関する規定（証拠能力付与の規定ではない）

しかし，その供述が，当事者の反対尋問によるスクリーニングを必要としないほどに「特信情況」が認められるならば，虚偽の危険が低下する上，全部排斥の弊害との兼ね合いから証拠能力を付与するというものである。

また，②例外の必要性が類型的に高い場合がある。それには，原供述者が死亡・精神身体の故障・所在不明・国外居住等の理由から，裁判所に出頭できない場合などがある（供述不能）。この例では，反対当事者に反対尋問の機会を与えることが不能である反面，その供述証拠がなければ他に代替証拠となるものがないという場合には，その伝聞証拠の使用の必要性が高まるというものである。そして，①②両者相互は補充相関関係にあり，いずれか一つの理由でも強く指摘できれば，それでもって伝聞法則の例外規定の存在理由は足りると言えよう。

2　被告人以外の者の供述代用書面

(1)　321条の規定

例外規定のうち，まず321条は，①被告人以外の者が作成した供述書，②被告人以外の者の供述を録取した供述録取書に関する規定であり，供述調書等について証拠能力を認める規定である。321条1項は，通常の供述録取書，上申書・報告書等の供述書についての規定であり，2項ないし4項は検証調書や鑑定書等に関するものである。以下，その内容を検討する。

(2)　供述書・供述録取書（1項）

321条1項は，(a)被告人以外の者が作成した供述書，又は，(b)被告人以外の者の供述を録取し供述者の署名若しくは押印のある供述録取書について，1号ないし3号の該当書面であれば，証拠能力を付与すると規定する。

ア　供述書と供述録取書の違い

前記(a)の供述書は，被害届・上申書・告訴状・任意提出書等があるが，司法警察職員等が作成した捜査報告書もここでの「供述書」に含まれる。そして，この供述書の場合は，供述録取書の場合と比べて，提出の相手方（裁判官・検察官・その他の者の区別）を問わず，すべて3号の要件を満たさなければならないものである。

前記(b)の供述録取書の証拠能力の要件は，裁判官の面前供述が1号，検察官の面前供述が2号，それ以外の者（司法警察職員等）の面前供述が3号の各規定の区分に従って，その該当性が認められれば，証拠能力が付与される。

ここで「被告人以外の者」とは，当該被告人以外のすべての者をいい，被害者・目撃者・参考人等のほか，共犯者・共同被告人も含まれる（最判昭28・7・7刑集7・7・1441）。

イ　署名・押印の必要性

供述録取書には，供述者の署名又は押印がなければならない。供述書には供述者の署名・押印が要求されていないが，供述録取書の場合は，供述者が自ら作成する文書ではなく，その供述を捜査機関等が聴き取って録取するものだから，供述した内容が正確に録取されていることを，その供述録取書を供述者本人に読み聞けないし閲覧させることで確認させて，録取の正確性を担保する必要がある。

そこで，この供述録取書に供述者本人が署名・押印することで，その録取の正確性が担保されることとなる。この供述録取書の録取過程は，供述者が録取者に事実を話し（これが第1の伝聞），録取者がそれを書面に記載する（これが第2の伝聞）ものであるから，「二重の伝聞」になる。

しかし，供述者が録取の正確性を確認して書面に署名・押印することにより，これが供述者と供述録取書との間の架橋となり，このことにより，伝聞性が一つ排除解消され，いわば供述書と同格になる。こうして，供述録取書は供述者自らが作成した供述書に並んで通常の――いわば一重の――伝聞証拠となる。

したがって，この供述者の署名・押印のない供述録取書は，録取の正確性の担保がないこととなるから，321条1項の法定要件を欠く二重の伝聞性を解決していない書面として，証拠能力が否定される。

なお，ここで署名・押印とは，「署名若しくは押印」であるから，いずれかがなされていれば法的には十分である。しかし実務では，供述者がその録取の正確性の担保をより厳にしたとの確認の意味で，署名と押印（又は指印）の両方を得ている。

例えば，福岡高判昭29・5・7高刑集7・5・680は，供述者の署名・押印は，録取の正確性を担保するためにしているのであるから，供述者本人にこれ

をさせなければならないが，供述者が重傷のため自分で署名・押印ができない
など正当な理由がある場合は，立会人に録取の正確性を確認させてその理由を
明記して立会人に署名・押印させてもよいとしている。

　供述録取書には，供述者の署名・押印に加えて録取者の署名・押印も必要で
あろう。この点については，刑訴法上は直接明文規定を置いていないが，規則
上は録取者にも供述録取書への署名・押印を求めている（規則42条，58条，60
条。しかも，録取者に署名と押印の両方を要求している。）。

　問題は，録取者の署名・押印を欠如する場合でも，供述録取書に証拠能力を
認めてもよいのかということである。

　供述者の署名・押印は，供述録取書に証拠能力を認めるための厳格な要件で
あるが，供述録取書の録取・作成者の署名・押印は法律上要求されていないの
に，規則が要求するのは，書面が真正に成立したことの調査の便宜上の訓示規
定であると解されている。

　そのため，録取者の署名・押印を欠如する供述録取書でも，別途に「成立の
真正」が立証できれば，証拠能力を認めるのが相当であろう。

ウ　裁判官面前調書（裁面調書）── 1号書面

　321条1項1号は，裁判官の面前における被告人以外の者の供述録取書（裁
判官による証人尋問調書（179条等）や，裁判官の勾留質問調書（207条等）等につ
いて，次の2つの要件のいずれか1つの要件を満たせば証拠能力を付与すると
している。

　まず一つ目は，供述不能の場合であり（1号前段），ここでの供述不能とい
うのは，以前に裁判官の面前で供述した者が，再度法廷で供述することができ
ない場合のことである。

　なお，「死亡」などとして列挙されてある事由は，要するに法廷での「供述不能」
の場合の例示的列挙であるとされている。

　次に二つ目は，相異供述要件の場合であり（1号後段），ここでの相異供述
というのは，前に裁判官の面前で供述した者が，法廷で前に裁判官に供述した
ことと異なった供述をした場合のことである。

　なお，この相異供述要件（1号後段）に該当する場合には，供述者の裁判官
面前調書の記載と法廷での相異供述のいずれとも証拠となることから，その両

者の証明力の有無の判断は裁判所の自由心証に委ねられるとしている。

エ 検察官面前調書（検面調書）——2号書面

　321条1項2号は，検察官の面前における被告人以外の者の供述録取書（「検面調書」あるいは「2号書面」と呼ばれる。）について，次の2つの要件のいずれか1つの要件を満たせば証拠能力を付与するとしている。

　まず一つ目は，供述不能の場合であり，これは1号の裁判官面前調書における供述不能の要件と全く同一要件である（2号前段）。

　そして，二つ目は，相反供述の場合であり，それは，(a)供述者が，「公判準備若しくは公判期日において前の供述と相反するか若しくは実質的に異つた供述をしたとき」（相反供述）であるとともに，かつ，(b)「公判準備又は公判期日における供述よりも前の供述を信用すべき特別の情況の存するとき」（特信情況）である（2号後段）。

　ここで，(a)の相反供述とは，要するに，前に検察官の面前で供述した者が，その後法廷で証人として証言したときには，前の検察官面前供述とは違う内容の証言をしたということである。この要件は，裁判官面前調書の場合の相異供述の要件（1号後段）の場合よりも厳格なものになっている。

　つまり，裁判官面前調書の場合は，「異なった供述」で足りるが，本号後段の場合は，「相反する供述」又は「実質的に異なった供述」でなければならないこととなっていて，1号後段の相異供述よりも自己矛盾性がより強い場合であると解されている。この相反供述については，法廷供述と検面調書（記載）との食い違いがどの程度であればよいかとの問題がある。この点は，「法廷供述をとるか検面調書をとるかによって公訴事実について異なる認定を導くような場合」と一般に解されているが，実質的には裁判官面前調書の「相異供述」と余り違わないと言えよう。

　そして，(b)の特信情況であるが，裁判官面前調書の場合は，相異供述の要件のみであるのに，本号後段の場合は，法廷での証言よりも検察官面前の供述の方を信用すべき特別の情況がなければならないとされている。ここで，特信情況とは，先の検面調書（供述）とその後の法廷供述とを対比し，相対的判断で検面調書の供述の方がより信用できる情況下でなされたとみられる場合であることをいう。両者の供述の情況を比較して判断することから，3号のそれが絶

対的特信性であるのに対し，「相対的特信性」といわれている。そして，この特信情況は，相対的・比較的なものである以上，検面調書は通常の情況で作成されていても，法廷供述の方がいかにも信用できない情況でなされたものであるときは，相対的に検面調書の方が特信性があると判断されてよいこととなり得る。例えば，供述者が，検面調書で供述した後に被告人と特別の利害関係を生じた場合や，検面調書で供述したときは記憶が鮮明であったが，法廷供述時には記憶が薄れている場合などが挙げられる。

　また，供述の外部的付随事情から検面調書に特信情況が認められる場合としては，法廷供述が，暴力団関係者などの前でなされた場合の例がある（そのほか，兄貴分・上司・恩人・肉親その他利害関係人などの面前等の例がある。最決昭27・6・26刑集6・6・824等多数）。

　なお，最決昭30・3・10裁判集103・347は，供述の内容自体から検面調書（供述）の特信情況が推知される場合として，検面調書（供述）は詳細で理路整然としているのに対し，法廷供述は矛盾があり支離滅裂であるときは特信性が認められるとしている。

　実務では，特に贈収賄事件や選挙違反事件のように，証拠が関係者の供述によって決せられることが多い事件の場合は，公判段階で検察官面前供述と相反する供述がなされることが相当あるため，検面調書を2号書面として裁判所に証拠請求する事例も多い。

　なお，この2号但書の「特信情況」の要件は，その文言上は2号前段の供述不能の要件にはかかっていないため，供述不能であれば特信情況がなくても無条件で検面調書に証拠能力が付与される。

　次に，相反供述と特信性の要件（2号後段）により検面調書に証拠能力が付与された場合には，検面調書（供述）とその対比される法廷供述とがあり，そのいずれも証拠となる。そして，最終的に裁判所がそのどちらを信用するかは，その自由心証によって決せられることとなる。

オ　その他の面前調書・供述書——3号書面

　321条1項に規定する被告人以外の者の供述書・供述録取書のうち，1号及び2号に掲げる書面以外の書面については，3号の要件を充足するか否かによって証拠能力の有無が決せられる。

この3号書面の供述録取書としては，検察事務官調書，司法警察職員調書，特別司法警察職員調書，収税官吏・消防吏員の質問てん末書等や，弁護人あるいは一般私人が作成した聴取書面等がある。要するに，裁面調書・検面調書以外のすべての供述調書類である。

また，供述書としては，供述者が作成する書面である被害届，告訴状，告発状，上申書，電話聴取書，任意提出書等色々な書面がある。それには捜査官が作成の捜査報告書等も含み，要するに，供述者作成のすべての書面である。

その3号書面の第1の要件は，供述不能であることである（3号本文前段）。これは，1号・2号書面における供述不能の要件と全く同一である。

次に，第2の要件は，犯罪証明不可欠性である（3号本文後段）。これは，3号書面の内容が当該犯罪の証明に不可欠のものである場合でなければならないということである。しかし，この犯罪証明不可欠性の要件は，裁判例では真相解明の要請との兼ね合いから比較的弾力的に解され，捜査段階で取調べを要した重要な事件関係者の被害者・目撃者，あるいは共犯者も含め，これらの者の供述の場合は，この要件の充足性は認められやすくなっている。

例えば，東京高判昭29・7・24高刑集7・7・1105は，3号書面の要件のうちの「その供述が犯罪の存否の証明に欠くことができないものであるとき」とは，その供述内容にしていやしくも犯罪事実の存否に関連ある事実に属する限り，その供述が，その事実の証明に実質的に必要と認められる場合であればよいとしている。

さらに，第3の要件は，特信情況である（3号但書）。

ここでの「特信情況」は，2号後段書面の相対的特信情況とは異なり，供述不能を含む全要件を求める3号書面においては，書面供述と対比すべき法廷供述が存在しないことから，その供述自体に特信情況がなければならないという意味で「絶対的特信性」になる。

このように，3号書面では，供述不能・犯罪証明不可欠性・特信情況の3要件のすべてを充足して初めて証拠能力が付与される。

検察官は，このように2号書面と3号書面とでは，証拠能力の要件に格別の違いがあることから，特に贈収賄事件，選挙違反事件，談合・経済犯関係事件，暴力団関係事件，過激派内ゲバ・公安労働関係事件その他組織犯罪事件等のように，参考人・共犯者等に法廷供述における真相供述を十分に期待し難い事件

においては，警察官面前調書以外に2号書面としての要件を充足する検面調書の作成に配慮する必要があることになる。

【321条1項要件——証拠能力対比表】

	1号	2号	3号
対象書面	裁判官面前調書 ——1号書面 （裁面調書）	検察官面前調書 ——2号書面 （検面調書）	司法警察職員・弁護士らその他の面前調書・供述書（員面調書など）
要件（個別）	〈前段〉 ①供述不能	〈前段〉 ①供述不能 　（解釈上，③要件を追加する説有り）	〈本文前段〉 ①供述不能 〈本文後段〉 ②犯罪証明不可欠性
	〈後段〉 ②相異供述	〈後段本文〉 ②相反供述 〈後段但書〉 ③特信情況 　（法廷供述と検察官面前調書の比較による 　——相対的特信性）	〈3号但書〉 ③特信情況 　（当該面前調書の供述自体のみが特信情況の判断資料——絶対的特信性）
成立（充足）要件	※①又は②の要件充足	※①又は，②及び③の要件充足	※①，②及び③の3要件全部充足

(3) 公判準備調書・公判調書，検証調書——2項前段・後段

ア 321条2項前段の規定

2項前段の規定は，同条1項に対する特則として，被告人以外の者の供述代用書面のうち，公判準備又は公判期日における供述録取書については，これを証拠とすることができるとするものである。

被告人以外の者の供述のうち，「公判準備」における供述録取書の例としては，公判期日外で尋問（158条，281条）して作成される証人尋問調書・鑑定人尋問調書などがある。

また，「公判期日」における供述録取書の例としては，公判手続の更新前の公判調書（315条，315条の2，規則213条）や，簡易裁判所から地方裁判所に移送前の公判調書（332条）などが挙げられる。これら公判調書に記載の証人等の供述は，判決する裁判所からすれば，その法廷外の供述が記載された書面（公判調書）と同じであるから，伝聞証拠となる。しかし，裁判所は違っても公判期日での尋問であるし，当事者の立会権・尋問権も認められているから(304条)，

公判調書の供述記載部分に無条件で証拠能力を付与するというものである。

イ　2項後段──裁判所・裁判官の検証調書

　検証とは，場所・物・人に対して，（令状により）その形状・性質を検証者が自己の五感の作用によって観察・認識する処分をいう。そして，検証調書はその検証した結果を報告する書面である。

　この2項後段の裁判所や裁判官の検証調書は，3項に規定する捜査機関の検証調書とは異なり，無条件で証拠能力が付与される。

　すなわち，この場合は，公平中立な立場にある裁判所又は裁判官の検証であるため，その記載の信用性が高いこと，また，検証には被告人・弁護人の立会権が認められて（142条，113条），反対尋問権は実質的には保障されているといえることから，捜査機関の検証調書とは異なり，証拠能力が認められたものである。

ウ　3項──捜査機関の検証調書と実況見分調書

㋐　意　　義

　3項は，「検察官，検察事務官又は司法警察職員の検証の結果を記載した書面は，その供述者が公判期日において証人として尋問を受け，その真正に作成されたものであることを供述したときは，第1項の規定にかかわらず，これを証拠とすることができる。」と規定する。ここでの検証は，検証令状により行う強制処分であるが（218条），3項の検証調書には，任意処分として実施する実況見分調書も含まれる（最判昭35・9・8刑集14・11・1437）。「検証」と「実況見分」は，検証者・実況見分者が五感の作用により実施するその作用の実質は同じであり，違いは前者が強制処分であるのに対し，後者が任意処分であるとの点だけだからである。なお，捜査機関ではないが，公務員である収税官吏の作成した臨検てん末書や消防吏員の作成した実況見分書の場合は，捜査機関の実況見分に匹敵するほどの正確性・業務性が認められるとの観点から，3項を準用して含めてよいとする見解がある。

㋑　証拠能力の付与要件

　捜査機関の検証調書は，供述者（検証者）が法廷で証人として尋問を受け，その真正に作成されたものであることの証言があったことにより，証拠能力が

付与される。このため，供述者が検証調書の「真正」を証言する場合は，その作成名義が真正であることの証言にとどまらず，自ら対象を正確に観察して，その結果を正確に記録したという記載内容の正確性までをも証言することによりその要件を満たすこととなる。なお，ここで「供述者」とは，「検証者」のことであり，そのため，検証調書の記載者とは一致しない場合もある。

㋑　添付図面・写真の性質と立会人の指示説明

　検証調書（実況見分調書）には，図面や写真を添付することができ，図面・写真等の添付は，検証結果等を明瞭にする手段であり，検証調書と一体不可分のものとして，証拠能力が付与される。

　検証調書には，検証現場で通常，立会人が指示・説明しその事実が記載される。立会人の指示・説明は，検証を効果的に行うために対象事項を必要な範囲で特定明確化することの一手段としてなされることから，これが検証調書に記載されるのは，その内容の真実性ではなく，事件との関連性・見分の趣旨を表すためであるから，これに調書と一体をなすものとして証拠価値を認め，証拠能力が付与される。したがって，指示・説明部分が検証調書の一部として証拠能力を有するためには，それが検証の手段として必要な限度の「現場指示」にとどまっている場合においてである。この指示説明の記載部分は，検証結果の記載ではあるが，供述の録取ではないため，指示説明者の署名・押印は不要である。また，指示説明をした者（立会人）に対する反対尋問の機会を被告人に与える必要もない（最判昭36・5・26刑集15・5・893）。

　これに対し，「現場指示」の限度を超えて記載された供述部分が，「現場供述」に至る場合は，その供述部分には検証調書としての証拠能力を付与することはできないことになる。

㋒　再現実況見分調書

　被疑者や被害者において，犯行や被害状況を記憶に基づき「実演」して見せる，いわゆる再現実況見分調書というものがある。このように，捜査官が被害者や被疑者に被害・犯行状況を再現させた結果を記録した実況見分調書等で，実質上の要証事実が再現されたとおりの犯罪事実の存在であると解される書証の証拠能力については，基本的には前述の「現場供述」と同様に解される。

第17章 伝聞証拠　227

　例えば，最決平17・9・27刑集59・7・753は，被告人が電車内で隣に座った被害女性に痴漢を行ったという，大阪府条例違反等事件について，捜査段階において被告人（被疑者）が犯行状況を再現した結果を警察官が記録した「写真撮影報告書」と，被害者が被害状況を再現した結果を警察官が記録した「実況見分調書」の各証拠能力について，「本件両書証は，捜査官が，被害者や被疑者の供述内容を明確にすることを主たる目的にして，これらの者に被害・犯行状況について再現させた結果を記録したものと認められ，立証趣旨が『被害再現状況』，『犯行再現状況』とされていても，実質においては，再現されたとおりの犯罪事実の存在が要証事実になるものと解される。

　このような内容の実況見分調書や写真撮影報告書等の証拠能力については，刑訴法326条の同意が得られない場合には，同法321条3項所定の要件を満たす必要があることはもとより，再現者の供述の録取部分及び写真については，再現者が被告人以外の者である場合には同法321条1項2号ないし3号所定の，被告人である場合には同法322条1項所定の要件を満たす必要があるというべきである。もっとも，写真については，撮影，現像等の記録の過程が機械的操作によってなされることから前記各要件のうち再現者の署名押印は不要と解される。」と判示している。

　なお，ここでの写真は，言うなれば「供述写真」である。

⑷　鑑定書── 4項

ア　鑑定書の証拠能力

　刑訴法は，特別の知識・経験・技能等を有する者が，その鑑定目的に従い，学識等を発揮して実施し，その知得結果や法則，これを具体的に適用した結果の判断及びその経過を裁判所に報告する「鑑定」について規定している(165条)。裁判官における実験則等に関する知識・経験等の不十分な判断能力を補充するため，専門的立場の判断を報告させるものである。

　鑑定は，物の物理的・化学的性質に関するものなど種々あり得るが，特に法医学（被害者の死因等），犯罪精神医学（被告人の犯行時等の精神状態）に関する場合が多い。鑑定人の鑑定結果の報告を書面化した物は「鑑定書」として321条4項に規定されている。そして，鑑定の経過及び結果を記載した書面(鑑定書)は，検証結果の報告書面（検証調書）の場合と同じ扱いとしてその証拠能力が

認められている。

このように，鑑定書は，捜査機関が作成した3項書面（検証調書）と同様，鑑定人が「公判期日において，証人として尋問を受け，その真正に作成されたものであることを供述したとき」（真正供述）は，証拠能力が付与される。

イ　鑑定受託者による鑑定書の証拠能力

最判昭28・10・15刑集7・10・1934は，捜査機関の嘱託に基づく鑑定書には，裁判所が命じた鑑定人の作成した書面に関する321条4項を準用すべきものとしている。

つまり，捜査機関が鑑定を嘱託してこれを受けた者（鑑定受託者）は，裁判所が選任した鑑定人（165条）ではないが（223条～225条），両者は宣誓の有無（166条）に差異があるだけで実質的な違いがなく，鑑定受託者作成の鑑定書にも通常の鑑定書と同様の証拠能力を認めるものである。

なお，同様に，同項を準用する鑑定書として，①最決昭37・4・10裁判集141・729は，民事事件における鑑定書，②最判昭32・7・25刑集11・7・2025は，医師の診断書，③東京高判昭24・12・10判タ24・30は，警察技官作成の掌紋鑑定書，④広島高判平8・5・23速報集平8・159は，消防吏員作成の火災原因判定書，⑤札幌高判平10・5・12判時1652・145は，北海道警察本部鑑識課長作成名義の現場指紋対照結果通知書，⑥福岡高判平14・11・6判時1812・157は，柔道整復師作成の施術証明書，⑦最決平20・8・27判時2020・160は，火災原因の調査・判定に関し，特別の学識経験を有する私人が燃焼実験を行ってその考察結果を報告した書面などについて，そのいずれも鑑定書（4項）に準じた書面とみるべきとしている。

3　ビデオリンク方式による証人尋問調書── 321条の2

ビデオリンク方式（映像等の送受信による通話の方法）による証人尋問（157条の6第1項・2項）が実施された場合，裁判所は，その証人が後の刑事手続において同一の事実について，共犯事件等で再び証人として供述を求められることがあると思料する場合であって，証人の同意があるときは，検察官及び被告人又は弁護人の意見を聴き，その証人の尋問及び供述並びにその状況を記録媒体（映像及び音声を同時に記録することができる物をいう。）に記録することが

でき，その記録媒体は訴訟記録に添付して調書の一部とすることができるものと規定している（157条の6条第3項・4項。なお，157条1項・2項参照。また，裁判員裁判対象事件については裁判員法65条参照）。そして，321条の2は，その記録媒体の調書に証拠能力を認めている。

4　被告人の供述書類―― 322条

(1)　概　　説

被告人の供述書類について，322条1項は，供述書と供述録取書（供述調書）に関する規定を，2項は，これとは違う公判準備調書・公判調書に関する規定を置いている。

同条はいずれも，当該被告人に対する関係で同被告人の供述調書を証拠とする場合の規定である。

(2)　供述書・供述録取書――1項

ア　対象書面――1項本文

322条1項本文は，(i)被告人が作成した供述書，又は(ii)被告人の供述を録取した書面で被告人の署名若しくは押印のあるものは，ⓐその供述が被告人に不利益な事実の承認を内容とするものであるとき，又はⓑ特に信用すべき情況の下にされたものであるときに限り，これを証拠とすることができると規定している。

前記(i)の被告人の供述書には，被告人の署名・押印は必要ではない。供述書の例としては，上申書・手記等があるが，被告人作成の日記・手帳・メモ類を巡っては，後述するように，本項の供述書なのか，323条2号・3号書面になるのか，また，その被告人作成の日記等は，他方における被告人自身の自白の補強証拠となり得るかという問題がある。前記(ii)の被告人の供述録取書としては，捜査段階の通常の供述調書のほか，弁解録取書・勾留質問調書・質問てん末書などがある。この供述録取書には，被告人の署名・押印と録取者（捜査官等）の署名・押印が必要である。そして，この被告人の供述録取書の場合は，供述の相手方が誰であろうと同じで，その区別による証拠能力の違いがないことに留意すべきである。これは，被告人は本来的に真実を最もよく知り得る立場での「証拠方法」の地位にもあることから，真相解明の必要を前にその証拠能力を付与す

るについて，供述の相手方が誰であるかを区別すべきではないからである。

イ　要　件

　そして，前記(i)(ii)の各書面については，第1に，ⓐの「不利益事実の承認」（自白を含む。）に該当する書面の場合は，任意性がある限り無条件で証拠能力が付与される（322条1項本文前段）。被告人が自己に不利益な供述をする場合に，特信情況の存在が要件とされない理由は，人間というものは自己に不利益な事実を供述する場合には，虚偽の入り込む余地が少ないという経験則に基づくものである。

　例えば，最決昭32・9・30刑集11・9・2403は，「不利益事実の承認」の内容に関し，公訴事実が船舶を焼失沈没させて保険金を詐取した事実であるとき，被告人が捜査段階で船舶沈没事故があったという外形的事実を認めた供述調書は，たとえそれが犯罪によるものであることを否定していても，322条1項の不利益な事実の承認を内容とする書面に当たるとされている。

　第2に，第1の逆の不利益事実の承認ではない，その逆の被告人に有利になる内容の書面は，無条件では証拠能力が付与されず，特信情況が認められる場合に限り証拠能力が付与される（322条1項本文後段）。

　これは，被告人が自己に利益な供述をする場合には，そのような供述の評価は高くないとの経験則に基づくものである。

　なお，最決昭32・9・26刑集11・9・2371は，警察官作成の交通違反現認報告書の表面に違反事実が記載され，その裏面に印刷された「表記の通り違反を認む」との文字の下に被疑者が署名・押印した同報告書裏面は，書面全体の形式から被告人自ら作成したものと認められる限り，322条1項の供述書であると認められている。

ウ　任意性の要件——1項但書

　322条1項但書は，任意にされたものでない疑があると認めるときは，これを証拠とすることができないと規定し，書面の内容が自白（不利益事実の承認の中には自白も含まれる。）の場合でも，319条1項で任意性が要求されているため，これと同様に任意性が必要であるとの当然の理を定めたものである。

第17章　伝聞証拠　231

(3)　公判準備調書・公判調書——2項

刑訴法322条2項は，「被告人の公判準備又は公判期日における供述を録取した書面は，その供述が任意にされたものであると認めるときに限り，これを証拠とすることができる。」としており，これは1項の場合と条文の表現は違うがその趣旨は同じである。

もっとも，裁判所・裁判官の面前供述であるから，任意性を欠くようなケースがあることは一般的には考え難いことと言えよう。

5　特に信用できる書面の証拠能力—— 323条

(1)　概　　説

323条は，1号・2号・3号において，それぞれ特信書面を規定している。

いずれも，実質的には「供述書」と評される書面である。

各書面自体の客観的性格上，類型的に信用性の情況的保障が著しく高度であり，特別に信用性が担保されているものと評され，また，それを証拠に用いる必要性も高い書面であることから，このような書面の特性に着眼して，321条〜322条の特則として，当事者の同意あるいは異議の有無にかかわらず，無条件で証拠能力を付与することとしたものである。

(2)　公務員作成の証明文書——1号書面

323条1号書面は，戸籍謄本，公正証書謄本その他公務員がその職務上証明することができる事実について，その公務員の作成した書面，すなわち公務員の証明文書は，無条件で証拠能力が付与されるとするものである。

1号書面は，「公務員がその職務上証明」できる事実に限られる。

つまり，信用性の情況的保障はその作成書面が客観的類型的な物である点にあることから，公務員が個別的に調査した結果の報告書面のような場合は，これに含まれないと解すべきであろう。

例えば，大阪高判昭24・10・21判特1・279は，前科の有無を確認するための指紋対照の照会に対する国家地方警察本部刑事部鑑識課の指紋対照結果回答書は，1号書面に該当するとした（ただ，現場指紋対照結果通知書は，1号書面ではないとされている。札幌高判平10・5・12判時1652・145）。

また，検察事務官作成の前科調書や市町村長作成の身上照会回答書等は1号

書面とするのが実務・裁判例である。

(3) 業務文書——2号

　323条2号は，商業帳簿，航海日誌その他業務の通常の過程において作成された書面（業務文書）も，無条件で証拠能力が付与されるとするものである。

　商業帳簿は商法上作成が義務づけられているものであるが，これは，業務の通常の過程でその都度作成される帳簿・日誌等の業務文書は，継続的に正確に記載されるのが通常であるから，類型的に虚偽が入り込むおそれが少ない性格の物として，高い信用性が担保されている書面と評されるからである。

　つまり，信用性の情況的保障が類型的に著しく高く信用性があり，しかも非代替性の物である以上，これを証拠とする必要性も高いことなどが，特則として証拠能力を無条件で付与する根拠となっているのである。

　次に，「航海日誌」については，船員法（18条1項3号，2項）で備付け・記載が義務づけられており，また，航空法（58条）でも同様の規定があって，航空日誌は，航海日誌に準じて2号書面となる。これらも業務上正確に記載されるべき性格の書面だから証拠能力が認められている。

　また，「業務の通常の過程で作成された書面」とは，継続的業務の遂行過程で業務遂行の基礎としてその都度順次，かつ継続性をもって作成される書面のことである。したがって，このような場合は虚偽の事実が記載されることはないのが通常であるとの経験則に鑑み，真実の記載がなされその記載内容には高い信用性が類型的にある書面と評されることから証拠能力が認められている。

　医師が継続的にその都度記載する診療簿（カルテ）は，商業帳簿や航海日誌と同様に，医師法24条で作成が義務づけられており，その正確性は類型的に認められ，2号書面に該当する。しかし，医師が作成する診断書の場合は，カルテの場合と違って個別に作成されるものであるから2号書面には該当せず，むしろ鑑定書（321条4項）に該当するとされている。

　例えば，最決昭32・11・2刑集11・12・3047は，登録米穀販売業者である被告人が，犯罪の嫌疑を受ける前に，これと関係なく自ら販売未収金状況を備忘のため，その都度記載した未収金控帳は2号書面に該当するとしている。

⑷ その他の特信書面──3号書面

323条3号は，1号・2号に掲げるもののほか「特に信用すべき情況の下」
に作成された書面も，無条件で証拠能力が付与されると規定している。

これは，1号の公務員の証明文書や，2号の業務文書と同程度に，高度の信
用性を備えた文書について，無条件に証拠能力を付与するものである。

同一の「特に信用すべき情況の下」の要件を規定する321条1項3号の場合
は，特信情況の要件のほかに，供述不能及び犯罪証明の不可欠性の各要件が具
備されることで証拠能力が付与されるのに対し，323条3号書面の場合は，特
信情況だけで証拠能力が付与されることから，321条1項3号書面よりも格段
に信用性の類型的高度性が認められるものでなければならない。

そして，3号の該当書面となるか否かの判断は，その書面の作成と内容の正
確性について，前1号・2号書面と同じ程度かあるいはそれに準じる程度の類
型的な高度の信用性の情況的保障があることが，書面自体の客観的性格からし
て求められる。通常，公の記録・報告，統計表，学術論文等がこの3号書面に
該当する。なお，新聞・雑誌の記事を例にとれば，記事内容についてその真実
性を立証しようとするならば，もとより伝聞証拠であって，321条1項3号又
は322条1項の「供述書」に該当するので，それらの要件を満たすかどうか検
討しなければならない。しかし，その記事中の統計表・株価表・スポーツ記録・
気象状況，テレビ・ラジオ番組などの部分は，客観性が担保されており，323
条3号該当書面と言えよう。

6 伝聞供述──324条

⑴ 概　説

本来的な伝聞供述にも一定の条件の下に証拠能力を認めるのが324条1項・
2項の規定である。すなわち，①324条1項は，被告人以外の者（第三者）が
被告人から話を聞いた場合，その発言者による被告人の発言（原供述）について，
条件付きで証拠能力を認める。また，②324条2項は，被告人以外の者（第三者）
が別の被告人以外の者（第三者）から話を聞いた場合，その発言した相手の第
三者の発言（原供述）についても，条件付きで証拠能力を認める。

この2項こそは，伝聞法則を宣言した320条1項後段に対する本来的・典型
的な伝聞法則の例外規定として位置付けられるものである。

(2) 伝聞供述の原供述者が被告人である場合——1項

刑訴法324条1項は,「被告人以外の者の公判準備又は公判期日における供述で被告人の供述をその内容とするものについては,第322条の規定を準用する。」と規定している。ここで被告人以外の者とは,主として目撃者等の参考人などであるが,共犯者も含む。被告人からみてすべての第三者を指すものである。そして,その第三者（証人）が,以前に法廷外で被告人本人から聞いた話の内容（原供述）を,公判準備又は公判期日において,裁判所（裁判官）に対し,証言（伝聞供述）する場合を規定しているが,この場合,被告人が第三者（証人）にした原供述が,ⓐ被告人に不利益な内容である場合（自白ないし不利益事実の承認）は,任意性があれば無条件で証拠能力を付与し（322条1項本文前段),ⓑそれ以外の被告人に利益な内容の場合は,特信情況がある場合に限り証拠能力が付与されるというものである（同項本文後段）。

例えば,東京高判平3・6・18判タ777・240は,被告人を取り調べた検事が,法廷で被告人の取調べ時の供述内容を証言した事案に関し,324条1項により準用する322条1項の要件を満たすとして,その証拠能力を認めるとしている。

(3) 伝聞供述の原供述者が被告人以外の者である場合——2項

刑訴法324条2項は,「被告人以外の者の公判準備又は公判期日における供述で被告人以外の者の供述をその内容とするものについては,第321条第1項第3号の規定を準用する。」と規定している。ここでは,その第三者（証人）が,以前に法廷外で他の被告人以外の者（目撃者・参考人,共犯者等の第三者）から聞いた話の内容（原供述）を,公判準備又は公判期日において,証人として裁判所（裁判官）に対し,証言（伝聞供述）する場合には,321条1項3号の規定を準用し,第三者が証人に話した供述（原供述）が321条1項3号の要件を満たすときは,その証人の伝聞供述に伝聞例外として証拠能力を認めるとしている。

すなわち,第三者が被告人以外の第三者（証人）に対してなした原供述が,ⓐ法廷における供述不能,ⓑ犯罪の存否証明の不可欠性,ⓒ特信情況の存在,の3要件とも具備する場合に限り,その証人の伝聞供述に証拠能力を付与するというものである。

例えば,東京高判昭36・2・1東時12・2・18は,ひき逃げ事件の目撃者

から事故現場で加害車両の特徴を聞いた警察官が，その後その目撃者が所在不明になったため，法廷に出て証人としてその目撃者からの伝聞内容を証言した場合は，本2項により証拠能力が認められる伝聞供述であるとしている。

(4) 再伝聞——明文規定なし

供述書や供述録取書中に，供述者が他者から聞いた話が記載されることはよくある（伝聞供述の記載）。この場合，供述調書自体が第一次伝聞に当たることから，そこに記載されている伝聞供述部分は，「再伝聞」といわれる。

この再伝聞の証拠能力に関しては，明文規定はないが，このような再伝聞の場合も，供述調書中の参考人等の原供述自体が，「公判準備又は公判期日における供述」と同視できる以上，その再伝聞部分についても，321条1項や322条（これらは第一次伝聞に関する規定）を適用し，そして更に324条1項・2項を類推適用ないし準用して，その証拠能力を決すべきであるとするのが判例・通説である。

例えば，最判昭32・1・22刑集11・1・103は，共同被告人A（被告人以外の者とみる。）の検面調書に記載中の被告人からの伝聞供述部分については，321条1項2号，324条1項（322条準用）が準用され，証拠能力が認められるとしている。

7 任意性の調査―― 325条

刑訴法325条は，321条ないし324条で証拠能力が認められた書面（供述書・供述録取書）や供述（伝聞供述）であっても，裁判所がその原供述についての任意性を調査しそれが認められなければ,証拠とはできないことを規定している。

その調査の時期は，証拠調べの際のほか証拠調べの前後など，要は適切な時期に行えばよいとされる。なお,この325条は証拠能力に関する規定ではなく，裁判所に任意性の調査義務を課した規定にすぎないと解されている。

例えば，最判昭28・10・9刑集7・10・1904は，被告人の供述調書の任意性に関する調査は，裁判所が適当と認める方法で行うことができ，かつ供述調書の方式だけでなく調書に表れた署名・押印の有無，供述内容自体も調査の一資料としてよいとしている。

8　同意証拠── 326条

⑴　概　　説

　伝聞法則を規定した主な理由は，伝聞証拠が当事者の反対尋問（憲法37条2項）による吟味（テスト）を経ていないからであるが，当事者がその反対尋問権を放棄した場合には，その伝聞証拠に証拠能力を付与してよいであろう。

　そのため，刑訴法326条1項は，「検察官及び被告人が証拠とすることに同意した書面又は供述は，その書面が作成され又は供述のされたときの情況を考慮し相当と認めるときに限り，法321条乃至前条（＊325条）の規定にかかわらず，これを証拠とすることができる。」と規定した。

　この「同意」の意味は，単に反対尋問権の放棄にとどまらず，当事者主義に基づき，本来は証拠能力が否定される伝聞証拠に対し，当事者の意思によって証拠能力を付与するものと考えられている。したがって，これは当事者に証拠能力に関する処分権を認めたものといわれている。

　実務では，326条1項による同意の有無が先に確認され，その結果，同意の書面（供述調書等）は裁判所による証拠の取調べが行われ，不同意の書面は伝聞証拠の例外規定（321条〜324条）に該当すればそれに従って証拠の取調べがなされて審理が追行される。被告人が公訴事実を争わない事件では，多くの伝聞証拠がこの326条1項の活用により，証拠能力を認められて審理促進がなされ，これまで大きな意義を有してきたところである。ただ，裁判員裁判では，直接主義の要請から同条項の適用については抑制的な運用がなされている。

⑵　同意書面（同意供述）── 1項

　同意の意思表示は，明示黙示を問わないが，同意の意思が裁判所に分かる程度に示されていなければならない。

　同意の効果により，再伝聞を含め伝聞証拠に証拠能力が新たに付与される。

　そして，同意が，原供述者に対する反対尋問権の放棄である以上，本来は同意した上で原供述者を反対尋問を行うために証人申請をすることはできないと解されている。もっとも，同意の書面・供述に表れていない事項について，あるいは同意するに当たって，主尋問を省略するために「調書を同意するが，反対尋問を留保するために証人申請する」旨を明らかにしてこれを行う便法は実

務では例外的には認められている。

なお，最判昭 27・12・19 刑集 6・11・1329 は，被告人が全面的に公訴事実を否認し，弁護人がこれを認めて両者間でその主張が完全に異なっているときに，被告人に対して同意の有無を確かめず，弁護人に対してのみ検察官申請の書証の証拠調請求について意見を求め，弁護人の異議がない旨の答弁だけで右書証を取り調べて，これを有罪認定の資料とすることは違法であるとしている。

(3) いわゆる擬制同意——2項

刑訴法 326 条 2 項は，「被告人が出頭しないでも証拠調を行うことができる場合において，被告人が出頭しないときは，前項の同意があつたものとみなす。但し，代理人又は弁護人が出頭したときは，この限りでない。」と規定するが，ここで，「被告人が出頭しないでも証拠調を行うことができる場合」とは，284条，285 条の軽微事件の場合の出頭免除の場合を指す。

軽微事件で被告人も弁護人も出頭しないときは，不出頭それ自体で同意の意思が推定されることと，訴訟の促進上からも，326 条 1 項の同意があったものとの擬制同意を規定している。

9 合意書面—— 327 条

刑訴法 327 条は，検察官及び被告人又は弁護人が合意の上で作成された書面に証拠能力を認めているが，ここでの書面を「合意書面」という。

この合意書面は，訴訟経済上（争点整理・審理促進等）の理由で，当事者が合意で書面を作成したその供述代用書面であるところ，それに対しても，証拠能力を付与するというものである。文書の内容又は公判期日に出頭すれば供述することが予想されるその供述の内容を書面に記載して提出したときは，その文書又は供述すべき者を取り調べないでも，その書面を証拠とすることができる。この場合においても，その書面の証明力を争うことを妨げない。

裁判員裁判においては，争点に含まれない事実関係を証拠化するためなどで，よく使われている。

10 弾効証拠（証明力を争うための証拠） —— 328 条

(1) 概　　説

　刑訴法 328 条は，被告人・証人が行った法廷供述について，その証明力を争うための証拠（弾効証拠）として使うのであれば，伝聞証拠として証拠能力のない証拠でも，その限りで証拠能力を認められるということを規定したものと解されている。ここでは，弾効証拠とできる証拠の範囲や，「証明力を争う」とは何を意味するかが議論されている。

(2) 328 条で使用が認められる証拠

　328 条による証拠は，要証事実との関連性さえあれば，その証拠自体は伝聞証拠（供述代用書面・伝聞供述）であってもよい。本条の弾効証拠の使用範囲については，判例・通説は法廷供述をしたその者自身の法廷外における自己矛盾の供述に限定されるとする（限定説。後掲最判平 18・11・7 刑集 60・9・561）。

　最判平 18・11・7 刑集 60・9・561 は，328 条は，公判期日等における被告人，証人その他の者の供述が，別の機会にしたその者の供述と矛盾する場合に，矛盾する供述をしたこと自体の立証を許す趣旨のものであり，別の機会に矛盾する供述をしたという事実の立証については，刑訴法が定める厳格な証明を要する趣旨であるから，本条により許容される証拠は，信用性を争う供述をした者のそれと矛盾する内容の供述が，同人の供述書，供述を録取した書面（刑訴法が定める要件を満たすものに限る。），同人の供述を聞いたとする者の公判期日の供述又はこれと同視し得る証拠の中に現れている部分に限られるとしている。

　つまり，本条は，法廷供述をした者に対し，その当人がかつて法廷外で自己矛盾の供述を行っている場合，その法廷外供述を法廷へ提出することをもって，同一人の法廷供述の信用性を減殺するものであると判示しているものである。

　しかし，本条は，自己矛盾の法廷外供述が存在することを法廷に提出することで，法廷供述の信用性を争うことを認めるだけであり，法廷供述が真実かどうかに係るものではない。

(3) 「供述の証明力を争うため」の意義

　ここで「供述の証明力を争うため」とは，傷害事件の犯行目撃者の「犯人は

被告人ではない」との証言を例にとれば，その証言の証明力を減殺するために，その目撃者が以前に警察で供述していた，「犯人は被告人とよく似ていた」との供述，つまり証言とは矛盾する自己矛盾の供述調書を提出するような場合であって，要は，法廷供述の証明力を「減殺」することを意味するということである。

　ところで，本条での証拠は，証明力を争うためにのみ使用できるとされているのでこれを犯罪事実の認定（実質証拠）に用いることはできない。

　したがって，本条で提出した検面調書が2号書面（321条1項2号該当書面）としての要件を満たす場合でも，これを犯罪事実の認定資料とするときには，再度2号書面としての証拠調べ請求をしてその証拠決定を経なければならない。

第18章　供述調書等以外の証拠

第1節　総　　説

　供述調書等以外の証拠を裁判所に提出するためには，そもそもその証拠が立証しようとする事実と関係のある物でなければならない。

　関連性のない証拠であれば，公訴事実（要証事実）を証明するのに役立たないからであり，そのように立証事実の証明上適切でない場合には証拠提出が認められないこととなる。

第2節　証拠能力等を検討すべき種々の証拠

1　謄本・抄本・写し

　「謄本」は，原本全部を謄写（転写）し，かつ，原本と同じであることを認証した文書であり，「抄本」は，原本の内容中その一部を抜粋謄写し，かつ，それが原本と同じであることを認証した文書である。そして，「写し」は，原本の控えとして，その全部又は一部を謄写した文書である。写しが謄本や抄本と決定的に違うのは，それに認証文がない点である。

　謄本については，323条1号に戸籍謄本・公正証書謄本等として現れるが，その他には特別の定義や使用目的等の規定を置いていない。これは，刑訴法は証拠としては原本を第一次的に考えており，謄本は一定の要件の下で原本に代替する物として考えているということである。それは，証拠調べを終わった証拠の提出に関する規定の310条が，「但し，裁判所の許可を得たときは，原本に代え，その謄本を提出することができる。」としていることに示されている。

　「証拠物たる書面」というのがあるが，これについても，原本をコピー機等

の機械的方法で複写した場合には，手書きと違って正確性が担保されることから，その写しは原本と同視でき，それにも証拠能力を認めてよいと考えられる。

したがって，原本が紛失等した場合や，他事件で証拠として原本を使用するような事情があるときには，その写し自体を証拠として提出することも認められている。

2 日記・手帳・メモ

(1) メモ類の証拠能力

日記・手帳・メモ等メモ類は，「証拠物」として押収された場合でも，そのメモ類の存在・形状だけでなく，記載内容も証拠資料となる場合が多い。

その場合は，いわゆる「証拠物たる書面」として，記載内容が作成者の知識・経験の報告として，供述証拠つまり，法的には「供述書」と考えられる。

そうである以上，前述したように伝聞法則の適用を受け，作成者が被告人の場合は322条1項書面，被告人以外の者の場合は321条1項3号書面の各該当性が吟味されることとなる。

(2) メモ類の用い方

規則199条の11第1項は，「訴訟関係人は，証人の記憶が明らかでない事項についてその記憶を喚起するため必要があるときは，裁判長の許可を受けて，書面（供述を録取した書面を除く。）又は物を示して尋問することができる。」と規定している。

メモ類を見ることにより，記憶が喚起でき証言ができた場合，証拠となるのはその証言自体であって，メモ類自体が証拠となるわけではない。

しかし，メモ類を見ても記憶がよみがえらない場合，その証言によってメモ類自体に証拠能力を付与できないかという問題があるが，仮に，当時は正確に記載した旨証言したとしても，323条3号書面該当性は認められない。

3 写真・映画フィルム・ビデオテープ

(1) 写真の証拠能力

写真の証拠能力は，その使用形態いかんにもよるが，特に問題となるのは，犯行状況を撮影した現場写真の証拠能力についてである。

これについて現在の判例・通説は，準証拠物説といわれるもので，現場写真は，現場の状況を光学機器によって，科学的・機械的に忠実・正確に記録するものであるから，性質上は非供述証拠であり，知覚→記憶→表現のプロセスには反対尋問を差し挟む余地がなく，証拠物として（又はこれに準じて）証拠能力が付与されるとしている。

この説では，伝聞法則の適用がないため，撮影者に対する反対尋問は必要ではなく，撮影者が不明，判明していてもその所在が不明あるいは死亡している場合でも，その写真が，犯行現場を撮影した物であるというその要証事実との関連性さえ自由な証明で立証できれば，証拠能力が認められる（前述した新宿騒乱事件の最決昭59・12・21刑集38・12・3071 も，現場写真の証拠能力については準証拠物説を支持している。）。

なお，最大判昭44・12・24刑集23・12・1625 は，捜査官による写真撮影について，個人の私生活上の自由の一つとして，何人もその承諾なしに，みだりにその容ぼう・姿態を撮影されない自由を有しており，少なくとも警察官が，正当な理由もないのに，個人の容ぼう等を撮影することは，憲法13条の趣旨に反し許されないとした上，本人の同意や裁判官の令状なくして個人の容ぼう・姿態を撮影することができる基準として，ⓐ現に犯罪が行われ若しくは行われたのち間がないと認められる場合であって，しかもⓑ証拠保全の必要性及び緊急性があり，かつ，ⓒその撮影が一般に許容される限度を超えない相当な方法をもって行われるとの要件を挙げ，この事案では適法としている。

(2) 映画フィルム・ビデオテープの証拠能力

映画フィルム・ビデオテープは，写真と録音テープの合体複合した性質を有する。したがって，原則としてそれらと同様に考えてよいと思われる。

例えば，犯行再現の実況見分としてのビデオテープに関しては，そのテープの証拠能力の問題があるが，その場合，「現場写真」や「現場指示」とは違って，人の供述内容ないし言動を収録したものであるから，その供述等の内容の真実性が要証事実となる場合には，当然伝聞法則の適用となる。

また，人の供述を捜査機関が録音・録画した場合には，供述等の対象者が被告人以外の者のときは321条1項2号（検面調書），3号（警察官等面前調書），あるいは被告人のときは322条の各要件に適合することにより，証拠能力が付

第18章　供述調書等以外の証拠　　243

与されることとなるものと考えられる（署名・押印の点は後述の録音テープで説明する。）。

4　録音テープ

(1)　録音テープの意義

　録音テープの証拠能力に関しても，写真やビデオテープと同様に，「現場録音」（犯行現場の物音・人声・状況などの録音）と「供述録音」（人の供述内容を録音）とがあり，やはり写真で述べたところと同様の考え方ができる。

　すなわち，①「現場録音」についても，前述の現場写真と同様に，準証拠物説で考えておけばよい。なお，「現場録音」の証拠調べの方法は，テープの内容の他にその存在自体も証拠となる性質上，テープをまず展示する必要があり，その上でテープの再生が必要となる（最決昭35・3・24刑集14・4・462）。

　次に，②「供述録音」であるが，これは人の経験等の報告を内容とすることは明らかで，供述証拠であって，当然に伝聞法則の適用を受ける。

　この場合の録音テープは，供述者が自己の供述を自ら録音テープに吹き込んでいる場合は供述書の性質を持ち，供述者の供述を他人が録音した場合は供述録取書と同視できる。したがって，それは，前述したビデオテープの場合と同様に，供述書又は供述録取書に準じ，321条1項ないし322条によって証拠能力が認められる。

　ここでの問題点は，供述録取書の要件である供述者の署名・押印が，録音テープにはないことである。しかし，供述者の署名・押印が要求されるのは，録取の正確性を担保するためのものであるから，録音テープは，機械による正確な録取であり，その録取の正確性は録音テープ自体で担保されていると解され，原則的には供述者の署名・押印は不要であると言うべきである。

(2)　いわゆる秘密録音の証拠能力

　録音テープでは，違法収集証拠の排除法則に関連していわゆる「秘密録音」の場合の証拠能力の問題がある。その秘密録音を形態別にみると，会話当事者間の会話について，①その一方当事者が相手方に無断で録音する場合（オレオレ詐欺の被害者が騙されていると気付いて相手方の電話を無断録音する場合など），②その一方当事者の承諾の下に第三者が録音する場合（恐喝電話の内容を

電話の一方当事者である被害者から承諾を得て捜査官が録音する場合など），そして，
③第三者がいずれの当事者にも無断で録音する場合（隣室で秘聴したり，相手の
机の裏に盗聴器をセットして盗聴録音したり，電話傍受による録音であったりする
場合など）がある。

　前記①②の場合では，言葉は発せられた以上相手方の支配下に入り，その際
相手方に対しては会話の秘密性を放棄したものと評されること，また，話す以
上その秘密性に係る危険は話者が負担すべきであり，相手方がメモするのと相
手方ないし第三者に録音されるのとは同一視できるといえる。

　したがって，これらは，社会的には許容の範囲内というべきであり，その録
音テープの証拠能力は肯定されると解するのが一般である。

　最決昭56・11・20刑集35・8・797（元判事補偽電話事件）は，私人間にお
ける秘密録音で前記①の場合，一方当事者が相手方の承諾なく録音したその
テープの証拠能力を肯定している。

　ただ，①の類型に該当するものとして，取調べの捜査官が被疑者の供述を無
断録音する場合などもあるが，被疑者の同意を得ることなくわざわざ秘密録音
をするという行為自体がアンフェアであると捉えられ，違法捜査とまではいえ
なくとも，その証拠評価として好ましいものとはされないであろう。

　しかし，前記③の盗聴や電話傍受の適否については，基本的には平成11年
8月18日公布の通信傍受法によらないものは違法性を帯びると考えるべきで
あろう。

5　取調べの録音・録画による記録媒体の証拠能力

(1)　取調べの録音・録画による記録媒体の形式的証拠能力

ア　刑訴法における記録媒体の位置付け

　そもそも取調べの録音・録画による記録媒体は，刑訴法上，どのような取扱
いがなされるのか検討する。

　まず，これまでに述べたように，供述調書については，全て伝聞証拠となる
ことから，それが被告人であれば，刑訴法322条1項の規定により，また，そ
れ以外の参考人等であれば，321条1項各号の規定により，証拠能力の有無が
決せられることになる。

　これに対し，取調べの録音・録画による記録媒体は，書面ではないものの，

その本質は，供述調書と同様に，その記録内容の真実性が問題とされることから，伝聞法則の適用を受けるものと考えられている。

イ　伝聞法則の例外を定めた規定の適用

そこで，録音・録画による記録媒体が証拠能力を持つために，当該記録媒体が伝聞法則の例外を定めた刑訴法 322 条 1 項や，321 条 1 項といった規定の適用対象となり得るのかどうかを検討しなければならない。

この点について，平成 17 年 11 月に施行された改正刑訴法では，316 条の 14 第 1 項 2 号において，供述書や供述調書の他に，「映像若しくは音声を記録することができる記録媒体であって供述を録取したもの」を証拠開示の対象とするとして，供述書等とは別に記録媒体を特に取り上げて規定したのに対し，その際の改正において，同法 322 条 1 項などについては，この記録媒体についての規定を特に追加するなどしていないことから，同条項などはこの種の記録媒体を適用対象にしていないのではないかとして問題となる。

しかしながら，この点については，むしろ従来から録音テープなどに関して，それらが同条項などの対象とされていると通説的に解されていたことから，特に改正の必要を認めなかったと解するべきであろう。また，証拠開示の規定と証拠法の規定とでは趣旨・沿革を異にするものであるから，証拠開示規定に新たな定義規定が導入されても，321 条や 322 条の各規定の意味内容に変更が加えられるものではないからであるとも考えられるところである。

したがって，伝聞法則の例外を定めた規定は，録音・録画による記録媒体に対しても同様に適用されると考えるべきである。

ウ　記録媒体の証拠能力

もっとも，同法 322 条 1 項や 321 条 1 項は，いずれも供述者の署名押印を要件としていることから，この点で録音・録画による記録媒体は，その要件を満たさないのではないかという点は問題となる。

しかしながら，この点については，録音・録画による記録媒体を供述証拠とみるか非供述証拠とみるかにかかわらず，供述者の署名押印がなくても，供述状況の録取過程において，機械的に録音・録画されているのであるから，そこに伝聞の要素が入り込む余地はない以上，正確に記録されているかどうかにつ

いて確認させるための署名押印がなくても，証拠能力を認めてよいであろう。

ちなみに，最決平17・9・27刑集59・7・753においても，犯行再現状況を撮影した実況見分調書の証拠能力に関し，そこに添付された写真については，「撮影，現像等の記録の過程が機械的操作によってなされることから前記各要件のうち再現者の署名押印は不要と解される。」として，署名押印が不要であることを明らかにしている。

この最高裁決定の考え方に基づけば，録音・録画による記録媒体についても，機械的，科学的に正確に記録されている以上，これを供述証拠とみて，編集や改ざん等がなされていないことを担保する手当がなされており，また，関連性が認められる限りにおいて，同様に，署名押印がなくても証拠能力を認めると考えてよいであろう。

(2) 取調べの録音・録画による記録媒体の実質的証拠能力

上述したように，刑訴法の解釈として，録音・録画による記録媒体が供述証拠として証拠能力を持つとしても，その供述内容等を公判廷において，実質証拠として用いることには反対する見解もある。以下著者としての見解を示すが，何が問題なのかをよく理解した上で，警察官としては，録音・録画に耐えうる取調べを行うことを，常に心掛ける必要がある。

ア 記録媒体の実質証拠採用に対する批判

この点に関しては，取調べを録音・録画した記録媒体の実質証拠採用を安易に認めてしまうと，このような記録媒体が従来の供述調書にとって代わるだけのことであり，取調べ及び供述調書に過度に依存した刑事司法運営を改め，公判中心主義を実現することがおぼつかなくなるという主張や，また，いくら録音・録画をしたとしても，被疑者自身が供述したとおり録取されたか否かを確認する過程が重要なのであるから，「DVD録画であるという一事をもって署名押印は不要であるから証拠能力を認める，というわけにはいかない。」，「録画DVDの実質証拠としての証拠能力は，署名押印という手続保障に代わる措置がない限りは認められない。」[2]とする主張，さらには，「録音・録画媒体の実質証拠利用は新たな警察官・検察官司法を生み出しかねない旨の指摘は，問題の本質を突いている。」[3]として，「警察官・検察官司法」という概念が持つ

危険性を理由として反対するものなどがある。

イ 考　察

　しかしながら，いずれも問題とする根拠としては極めて薄弱であると思われる。そもそも，これまで供述調書中心裁判主義などと批判されていたのは，供述調書の作成過程が不明であり，（いくら検察官が証言したとしても）そのような密室の中で作成された証拠に依存するのは，被疑者の人権侵害のおそれもあり，また，誤った裁判結果をもたらすからということにあったはずである。

　そして，そのような問題をなくすために，法改正により，録音・録画制度が導入されたのであるから，そこはもはや密室でも何でもなく，むしろオープンな場となっているといえよう。実際にも，検察官や警察官が何らかの誘導や恫喝などによる違法な取調べをしようとしても，全て弁護人が検証できるようになっているのである。

　そのような場においてなされた被疑者の供述に依拠することが，どうして「警察官・検察官司法」になるのであろうか。そこは駆け引きや威圧行為などもない単なる説得活動があるだけの場面である。そもそも違法な行為ができないように録音・録画をするのであるから，そのような適法な説得行為に対する被疑者の対応状況を証拠とすることが，どうして公判中心主義を損なうことになるのであろうか。あくまで検察官が収集した証拠である記録媒体を，その再生を法廷で行うだけであって，証拠の顕出の仕方がそのようになっているというだけのことであろう。

　刑訴法上は，基本的には，逮捕・勾留された被疑者には取調受忍義務があると考えられている中で，取調べによる証拠収集を許容しているのであるから，その取調べの結果により引き出された被疑者等の供述をそのままの形で証拠とすることに何も問題はないはずである。そして，その取調べの内容を録音・録画により確認することは，裁判所による検証そのものであり，それにより心証を取ることは，自由心証主義に基づくものであって，これまでに認められてきた供述調書を読んで心証を取っていたことと証拠法上何の違いもないことである。

　さらに，署名押印という手続保障に代わる措置がない限りは，実質証拠とし

---

2)　青木孝之「取調べを録音・録画した記録媒体の実質証拠利用」慶應法学 31・86
3)　正木祐史「被疑者取調べの『可視化』──録画 DVD の証拠利用の是非」法律時報 84・9・16

ての証拠能力を認めないという主張についても，では検察官としては何をしたらよいのであろうかということになろう。既に，録音・録画は取調べの全過程を対象としている上，その原本の保管は改ざん防止などの見地から非常に厳格な手続を履行することになっているのである。

また，前記のような反対意見に対し，「取調べに対する過度の依存を改めるため他の証拠収集方法を多様化させることが，捜査手段としての取調べを全否定することにはならない。また，公判審理の充実化は，捜査段階で収集された証拠の排斥によって実現すべきものではなく，真正な証拠を公判廷に顕出し，それらに対する適切かつ十分な防御活動の機会が被告人に保障されることで実現されるべきものである。そのような観点からは，『要約版』としての供述調書ではなく，録取者の伝聞過程を経ない『オリジナル版』としての記録媒体を公判廷に顕出し，被告人の防御と裁判所の評価に委ねることと，上記の制度改革の方向性とは，矛盾するどころか，むしろ整合的であるとさえいえる。」（堀田周吾「取調べの録音・録画記録の証拠採用」捜査研究785号6〜7頁）と述べられていることも参考になろう。

実際のところ，録音・録画による記録媒体を実質証拠として用いるような場面は，これまでも数の上ではそれほど多くはなく，今後も急に増加するような事態が起きるとは思われない。したがって，録音・録画による記録媒体の再生が裁判の中心になって，公判中心主義が損なわれたり，「警察官・検察官司法」になるというのは的確な見通しであるとは思われない。確かに立証上，録音・録画による記録媒体に依拠せざるを得ない事案が起き得ることは今後も予想されるものの，そのようなことで裁判制度が大きく変化するということ自体が起き得ないと思われるので，前記各批判はいずれも当を得ないと考える。

したがって，取調べの録音・録画による記録媒体については，実質証拠としても証拠能力が認められるというのが著者の見解である。

なお，検察官は，公判で被疑者供述調書の任意性が争われたときは，当該供述調書が作成された取調べ状況を録音・録画した記録媒体の証拠調べを請求しなければならいと定められている（301条の2参照）ことから，この場合の証拠能力は当然に認められる（40頁以下参照）。

第18章　供述調書等以外の証拠　249

第3節　検証・鑑定に類する各種書類の証拠能力

1　ポリグラフ検査回答書

　ポリグラフの検査法として，①対照質問法（犯行全般に関する供述の真偽を総合的に判定する方法であり，具体的な関係質問，それとの一般的な対照質問，被疑事実類似の仮想犯罪質問と無関係質問の組み合わせと，その反応の比較評価による判定法），及び②緊張最高点質問法（特定事実の認識の有無の判定法であり，犯人のみが知る犯行状況の裁決質問と非裁決質問との組み合わせで，その反応の比較評価による判定法）とがある。

　警察では，平成18年にポリグラフ検査取扱要綱を改正して，以後は前記②の検査法の方がより正確としてこれによっている。

　ポリグラフ検査回答書の証拠能力については，判例上確立されてはいないが，その正確性は徐々に承認されてきている。

　ポリグラフ検査は，被検査者の供述拒否権を侵害するものではないが（ポリグラフ検査回答書は，その心理検査の結果を非供述証拠とするものである。），事実上答弁を強要する結果となることもあり得るので，検査前に被検査者の書面による同意が必要とされる。

2　酒酔い鑑識カード

　司法警察職員作成の酒酔い鑑識カードは，証拠能力に関して，321条3項書面か，同条1項3号書面か，あるいは323条書面かという問題がある。

　この点は，従来実務で使用していた様式の「酒酔い・酒気帯び鑑識カード」について，最判昭47・6・2刑集26・5・317は，次のように区分して証拠能力を認めている。すなわち，警察官が被疑者の同意を得て行う検知管を用いての酒酔い鑑識に関し，「化学判定」（被疑者の呼気を通した飲酒検知管の着色度を観察した上で，その検査結果を記載したもの），「外観による判定」，「外部的状態」（被疑者の言語，動作，酒臭，外貌，態度等）の記載部分は，いずれも被疑者の酒酔いの程度を判断するための資料として，被疑者の状態（外部的状態）につき検査，観察により認識した結果を記載したもので，これらは，調査者（警察官）の実況見分（検証）の結果を記載した書面の性質を持つものであるから，321

条3項の要件により同警察官の証人尋問による真正立証を行うことにより,「司法警察職員の検証結果を記載した書面」として証拠能力が認められる。

次に,捜査報告書と評される,被疑者との氏名・住所等の問答の記載部分,「飲酒の日時」及び「飲酒動機」の両欄記載部分は,検証の結果の記載ではなく,警察官が被疑者から聴取した事項を記載したものであり,同警察官作成の捜査報告書の性質を持っている。したがって,その部分は一般の供述書として,321条1項3号の要件(供述不能,犯罪証明の不可欠性,特信情況の3要件)を満たす場合に限り,3号書面として証拠能力が認められることとなる(その後,前掲最高裁判決を受けて,現在の鑑識カードは様式を変更しているが,実質的な変更ではないので,判例の証拠能力の区分はそのまま通用する。)。

3　速度違反測定結果書

速度違反測定結果書の証拠能力については,その測定方法や測定の適法性を巡って争われる場合があるが,その点がクリアできれば321条3項該当書面として証拠能力が付与されるものと解されている。

例えば,水戸地決昭59・1・24判時1124・221は,追尾式の速度測定に関し,警察官作成の速度測定カードのうち違反運転者の押印部分は非供述証拠として,関連性の立証により証拠能力を認め,その余の部分は,測定した警察官がその五感の作用により認識し,その内容をその際の状況とともに記載したものとして321条3項により証拠能力を認めている。

また,東京高判昭51・9・30東時27・9・132は,定置式の光電式速度測定装置による測定カードの証拠能力について,測定状況に関する記載部分は,作成警察官が五感の作用により観察認識した内容を記載したもの,また,速度測定記録書の貼付部分は,速度測定カードと一体のものとして所定欄に貼付され,作成者が監視係から通報を受け認識したところを記載したもので,いずれも実況見分調書に準じて321条3項書面として証拠能力を認めている。

4　声紋鑑定書

犯人からの恐喝等の電話を録音し,その録音された犯人と被告人の音声とを対査して,同一性が認められるかどうかを鑑定するのが「声紋鑑定」である。

その鑑定方法は,サウンドスペクトログラフという音声の周波数分析・解析

装置による個人識別法である。

　声紋鑑定書は，検査者（鑑定人）による特別の一定の知識・経験・技能に基づく判断結果と経過の報告書面として，321条4項を適用することでその証拠能力を付与できる。そして，その証拠能力を肯定した裁判例もある。

　具体的には，東京高判昭55・2・1判時960・8（いわゆる判事補による偽電話事件）で，声紋鑑定に関して，「その結果の確実性について未だ科学的に承認されたとまではいえないから，これに証拠能力を認めることは慎重でなければならない。しかし，他面陪審制を採らず，個別的・具体的判断に親しむ我が国の制度の下では，各種機械の発達及び声紋識別技術の向上に伴い，検定件数も成績も上昇していることに鑑みれば，一概にその証拠能力を否定するのも相当でない。その検査の実施者が必要な技術と経験を有する適格者であり，使用した器具の性能，作動も正確でその検定結果は信頼性あるものと認められるときは，その検査の経過及び結果についての忠実な報告には，その証明力の程度は別として，証拠能力を認めることを妨げない」として，321条4項書面として証拠能力を認めることはできるとしている。

5　DNA型鑑定書

　DNA型鑑定とは，人の細胞内のDNA（デオキシリボ核酸）塩基配列は全細胞同配列であってこれが終生不変であり，それが個人間で異なることを利用して個人識別や親子関係の判定を行うものである。

　具体的には，DNAの塩基配列すべての解析は事実上不可能なため，DNAの特定の部位数箇所を選んでその塩基配列の違い，あるいは繰り返す回数の違いを解析して一定の「型」に分類化することで個人識別を行っている。

　そして，DNAの対象部位いかんにより，MCT118型検査などの，各種鑑定方法を組み合わせて解析を行ってきた。その鑑定資料としては，血液，臓器，筋肉，骨，歯等やこれらの組織片があり，精液，膣液，唾液，尿などもある。

　このDNA型鑑定の現在における長所としては，細胞が含まれるどの組織でも鑑定資料とできること，それも極微量で比較的古い資料でも鑑定できること，精度の高い個人識別が可能であることなどが指摘されている。

　近時研究が発展した分野であるが，このDNA型鑑定の基本原理自体は承認され，警察庁でも平成元年に科学警察研究所においてMCT118型検査法を導

入して，DNA 型鑑定を始め，その後，平成 4 年 4 月には刑事局長通達「DNA 型鑑定の運用に関する指針」を制定してこれに基づき運用してきた。

また，同 15 年からは新たな自動分析機を導入し，1 度の検査で分析できる型は 9 か所，しかも微量の資料でも検査が可能となった STR 型（短鎖 DNA 型）鑑定法によることとして，微量資料の鑑定も深化させ，さらに，同 17 年 9 月からは「警察庁 DNA 型記録取扱規則」も制定して鑑定資料のデータベース化もしている。そして，同年頃からは同検査法により 1 度に検査できる箇所が 15 か所に増え，別人現出確率も 4 兆 7000 億分の 1 とされた。令和元年には，新たな試薬が導入され，別人現出確率は更に小さくなった。

いわゆる足利事件で事件発生当時に実施した MCT118 型検査法の当時の精度と比べれば，隔世の感を呈しているところである。今や，裁判例上でも DNA 型鑑定書の証拠能力及び証明力を肯定する例は枚挙にいとまがない。

6 犬の臭気選別検査結果報告書

犬の優れた臭覚を利用して，遺留品や薬物発見・犯人追跡等の捜査を行い，現場遺留品から犯人を割り出したり，薬物を発見してその立証に役立てることは多い。

検査方法は，数個の物から遺留品や薬物の原臭と同じ臭気を持つ物を選び出させるというものであるが，基本的に人間の体臭・薬物等及び犬の臭覚に関する科学的解明はなお不十分であることが否めず，科学的証明力が確立されているとは言い難いものがあり，証拠価値についての裁判例も積極・消極に分かれている。ただ，最高裁でも警察犬による臭気選別検査結果報告書について，その証拠能力を認めた事例もある。

それは，最決昭 62・3・3 刑集 41・2・60 で，警察犬による臭気選別は，専門的な知識と経験を有する指導手が，臭気選別能力が優れており，選別時に体調等良好でその能力がよく保持されている警察犬を使用して実施したものであるとともに，臭気の採取，保管の過程や臭気選別の方法に不適切な点がないことなどの一定の条件の下になされた臭気選別実験の結果を有罪認定に供し得ることを肯定し，その選別実験に立ち会った司法警察職員が，指導手の行う実験の経過と結果を記載した書面につき 321 条 3 項により証拠能力を認めている。

第 18 章　供述調書等以外の証拠　253

7　毛髪鑑定書

　毛髪鑑定は，科学警察研究所の開発した方法として，形態学的検査（肉眼や顕微鏡を用いてその毛髪の外表及び内部の形状，色調，毛髄質・色素顆粒等の構造形態等を検査して比較対照），血清学的検査（ABO 式血液型検査等），分析化学的検査（毛髪中の塩素・カリウム・カルシウムにつき X 線分析装置により各元素の含有割合を分析）を実施してその異同識別を総合判定する。

　毛髪鑑定には，個人識別検査と薬物検査の鑑定がある。

　個人識別検査は，犯行現場等から採取された体毛（頭髪や陰毛等）と被疑者等から提出を受けるなどした体毛とを比較対照することにより，同一人の物か否かを識別するものである。

　例えば，名古屋高金沢支判平 7・2・9 判時 1542・26 は，犯行現場の遺留毛髪と被告人の毛髪との対照毛髪鑑定が，異なる検査方法により解析した結果，正反対の結論に至っており，両者の正否・信用性を確定即断できないとしてその証拠能力を否定している。

　また，薬物検査は，薬物（覚醒剤・コカイン等）を使用すれば，血液中の当該薬物が毛根部から毛髪に吸収されるため，毛髪検査をして当該薬物含有の有無を鑑定するものである。

　薬物検査の実施例は多いが，毛髪に吸収された薬物の検出可能期間等が明確ではなく，毛髪の採取方法の適法性を含めて争われる例もある。

8　足跡鑑定書

　足型は人によって異なる上に，規格品の短靴等であっても疵が付いたり，使用者の歩行癖で摩耗・損傷状態が生じるなど独特固有の特徴的痕跡を残す。

　したがって，人によって履物の底に形成される特徴が異なることから，犯行現場等で採取された足跡と犯人の履物の特徴が対照可能となり，重要な証拠となる。

　足跡鑑定は，足跡をゼラチン紙に転写した写真を比較対照する方法（計測比較法，写真重合法，スーパーインポーズ法などの方法がある。）によって，判定される。

　最高裁の判断としては，足跡鑑定に証拠能力及び証明力を認めた事案（最決昭 52・8・9 刑集 31・5・821）がある一方，現場遺留の靴跡と被告人の靴跡と

が類似する旨の鑑定の信用性に疑問を呈した事案もある（最決昭57・3・16判時 1038・34）。

9　筆跡鑑定書

筆跡鑑定は，筆跡にはその筆記具や筆記の癖などに個性があることに着目するものである。そこで，その筆跡を比較対照して，その筆者の同一性を識別するものである。

しかし，筆跡鑑定は，文字の一部や少ない文字数を対象とした場合には正確な判定ができない場合があること，筆跡を隠すために作為的に書いた場合については文字の識別が困難な場合があること，コピー資料では筆圧などの原本情報が得られないために鑑定不能ないし不十分な鑑定しかできない場合もあることなどの問題点がある。

また，そもそも他の対照鑑定と同様に対照資料の採取や保管の方法が適切でないことが鑑定書の信用性を揺るがすこともある。

ただ，最決昭41・2・21判時 450・60 は，いわゆる伝統的筆跡鑑定方法の証明力には，多分に鑑定人の経験と勘に頼るところがあり，自ずから限界があるにしても，そのことから直ちにこの鑑定方法が非科学的で不合理であるとはいえず，裁判所が自由心証により，これを犯罪事実を認定する証拠としても採証法則に違反するものではないとしている。

10　疫学的証明結果書

通常，因果関係（事実的惹起の条件関係）の認定は，物理学や病理学等科学的方法において確立された一定の法則的知識を用いることで導かれる「因果法則」による。

ところが，この因果法則によっては因果関係が認定できないときに，疫学的方法[4]を用いて2つの事実に蓋然的な高度の関係，すなわち因果関係があると認定される場合のその関係を疫学的因果関係という。

そして，この証明方法を用いて得られたものを疫学的証明結果という。

---

4)　疾病・健康状態・事故等について，その原因が未解明であるとき，地域等一定領域における多数の集団因子を対象に統計的にその原因と発生条件を明らかにすることによって，その原因を割り出し，その因子を排除し，疾病等の蔓延（まんえん）を防止しようとする学問である。

第18章　供述調書等以外の証拠　　255

　これは，因子と疾病罹患率等との相関性や因子の作用メカニズムの生物学的説明可能性などの究明によって，その因子と疾病等の関係蓋然性から原因性を突き止める（推定）ものである。

　公害や薬害事件における民事裁判で物質の身体（健康）侵害への原因確定においては，この疫学的証明結果が採用されている。

　そして，刑事事件でも，この疫学的証明結果は，他の証拠も併せながら合理的疑いを超える程度の証明のために用いることを，判例（千葉大チフス菌事件の最決昭57・5・25判時1046・15）も認めている。

　また，人の健康に係る公害犯罪の処罰に関する法律5条は，一定の場合，すなわち工場等で当該排出のみでも公衆の生命・身体に危険が生じる程度の健康を侵害する物質を排出した場合においては，その排出物質とその危険との間の因果関係を「推定」するとの規定を置いているが，これは，疫学的証明に類する見地に立つものと解されている。

第19章　出廷を求められた際の心構え

第1節　総　　論

　そもそも警察官等が出廷を求められる場合は，基本的には，職務上作成した書面が不同意となって，その書面の内容を証拠とするために証言を求められるからである。

　そして，このような場合の対象となる書面には，大きく分けて，①科捜研の技官等が作成した鑑定書，②捜査に関与した警察官が作成した実況見分調書，③被疑者の取調べに関与した警察官が作成した供述調書，④捜査に関与した警察官が作成した報告書等に分けられる。

　前述したことではあるが，そもそも書面は，伝聞法則の適用を受けて，基本的には，それ自体に証拠能力はない。したがって，不同意にされた場合には，その内容のすべてを証言により法廷に顕出しなければ証拠とされないことになるのが原則である。

　そして，そのように出廷を求められた場合には，事前に検察官と打ち合わせをすることになる。これは，証人テストと呼ばれるものであるが，規則で事前にそのような打ち合わせをすることが規定されているからである。すなわち，規則191条の3は，「証人の尋問を請求した検察官又は弁護人は，証人その他の関係者に事実を確かめる等の方法によつて，適切な尋問をすることができるように準備しなければならない。」と規定して，証人尋問がスムーズに進むように事前の打ち合わせをすることが，いわば検察官等に義務付けられているのである。

　したがって，警察官等が鑑定人になった際には，必ず公判担当の検察官から事前に連絡があり，出廷してもらうのに先だっての打ち合わせが行われることになる。実際のところ，証人として出廷するといっても，多くの場合，当該書

第19章　出廷を求められた際の心構え　257

面を作成してから相当な期間が経過していることが多く，その内容などについても忘れてしまっている場合もあることから，検察官から，事実の確認などがなされて，記憶の喚起などが図られるのである。

　また，その際に併せて，どれくらいの尋問時間を予定しているのか，どのような事柄を証言してもらうのか，どの順序でどのようなことを聞いていくのかなど，細かな段取りが示されることとなる。

　そして，実際に証言するに当たっては，前記①ないし④の各書面の特性に応じて出廷した際の証言の内容に差異があることから，以下，個別に説明する。

第2節　①の鑑定書の場合

　鑑定書が不同意となった場合，当該鑑定書を作成した科捜研の技官等は出廷して証言しなければならない。そして，証人である以上，聞かれたことに答えればよいのであるが，本来，法律上は，鑑定人に対して聞かなければならないことは，他の③の書面などの場合とは異なっている。

　というのは，鑑定書に関していえば，鑑定人に鑑定書の内容のすべてを証言してもらうよりは，それを読んだほうが理解しやすいのが通常であることから，証人として出廷するにしても，それは鑑定書が伝聞証拠であって，そのままでは使えないという制約を外すために証言してもらうという側面が主だからである。つまり，この鑑定書は，「私が書いたものに間違いありませんよ。」，「私が自分で判断した内容を正確に書いていますよ。」ということを証言してもらい，それが信用できるというのであれば，後は鑑定書を証拠として採用し，それを読むことで審理を進めようというのが刑訴法のスタンスなのである。

　これは鑑定書が，高度に専門的な事柄を鑑定人の深い知見に基づいて作成されているという性質上，一々口頭で証言してもらうより，直接書面を読んで理解したほうが正確かつ迅速に理解することができるという面があるからである。

　これは一般の目撃者がその目撃状況を書面にした場合などとは異なるのである。目撃者の場合は，いくら当人自らが目撃内容を書面にしたと証言してもらっても，それが正確に書かれているかは必ずしも信用できないことから，逐一，その内容を尋問によって確認する必要がある。しなしながら，鑑定書の場合は，その専門性からして，そのような必要はないであろうと刑訴法は考えているの

である。したがって，既に前述していることではあるが，刑訴法321条4項では，「鑑定の経過及び結果を記載した書面で鑑定人の作成したものについても，前項と同様である。」として，鑑定書及び鑑定人に関する記載があるが，前項である刑訴法321条3項は，「検察官，検察事務官又は司法警察職員の検証の結果を記載した書面は，その供述者が公判期日において証人として尋問を受け，その真正に作成されたものであることを供述したときは，第一項の規定にかかわらず，これを証拠とすることができる。」と規定している。

つまり，これらを併せて読むと，司法警察職員である鑑定人が鑑定の経過及び結果を記載した書面は，鑑定人が公判期日において証人として尋問を受け，その真正に作成されたものであることを供述したときは，伝聞法則を規定して証拠として認めないのを原則としている同条1項の規定にもかかわらず，鑑定書を証拠として使うことができると規定されているのである。

したがって，司法警察職員である鑑定人は，証人として尋問を受ける際に，「真正に作成されたものであること」を証言すればよく，かつ，それで足りるということである。この「真正に作成されたものであること」とは，一般的に，自らが作成したものであって，その作成者と鑑定書の作成名義が一致していることと，適切に鑑定を実施し，その結果を正確に記載したことを意味すると解されている。

したがって，法廷では，検察官は，通常，鑑定人の経歴などを聞いて，鑑定書を書けるだけの専門性があることを確認した後，実際に鑑定書を示して，その署名は鑑定人自身のものに間違いないかどうか，そして，その鑑定は，自らの経験や技能に基づいて適切に行ったものであるかどうか，さらに，それを正確に記載しているかどうかを聞いて，それらの証言を得られれば，それで終了である。それだけを答えてもらえば，法律上，伝聞法則の禁止が解かれて，当該書面である鑑定書を証拠として用いることができるからである。実際に法廷に出られた経験のある鑑定人は，それで検察官は，そんなことを聞いていたんだなと納得できるのではないかと思われる。

ただ，この場合の検察官の主尋問に対し，弁護人反対尋問を受けてもらうのも，鑑定人に出廷が求められる大きな理由である。弁護側としては，鑑定書の信用性を弾劾することで被告人を無罪に導きたいからである。

そのような場合に，時に失礼な尋問の仕方をする弁護人もいるが，それも作

戦のうちの一つである。わざと怒らせたりして間違ったことや言い過ぎの発言を引き出し，それを使って鑑定書は信用できないという結論を導こうとする人もいるからである。しかしながら，そのような場合は，検察官が異議を申し立てて，弁護人の尋問を遮ったりするのが通常であることから，落ち着いて検察官の対応を見てから答えるようにすればよいのである。

　このような形式の尋問は古典的であるが，近時は，少々違う役割も鑑定人に求められることがある。非裁判員裁判であれば，裁判官や検察官は，もちろん自然科学については素人であるという面はあるにしても，そこそこは勉強してそれを理解しようと努めることから，それほど念を入れた説明までは不要である。他方，裁判員裁判の場合には，法律も自然科学も全くの素人という者らが，場合によっては，数日という短い期間において，問題点を理解し，判決を宣告しなければならないという状況になっている。そのため，その理解を助けるために，鑑定人に当該鑑定事項に係る一般的事項から争点についての判断に至るまで，裁判員に分かるように説明するための証人出廷という場合もあるからである。鑑定人にしてみれば，法律上の義務ではないことから，全くのサービスに過ぎないことになるものの，適切な判決を導くための重要な役割でもあるので，今後も，この種の目的で出廷が求められることもあり得るということを理解されたい。

第3節　②の実況見分調書の場合

　これは，例えば，過失運転致死傷事件などにおいて，事故現場の実況見分調書が必ず作成されるが，これが不同意になったような場合である。

　この場合も上記第2節で述べたことと同様である。

　つまり，これも前述したことではあるが，刑訴法321条3項における「司法警察職員の検証の結果を記載した書面」には，実況見分調書も含まれると解されることから，この実況見分調書が不同意となって，その作成者が出廷を求められた場合，尋問される内容は，上記第2節の場合と同様である。

第4節 ③の被疑者の供述調書の場合

被疑者の供述調書については，伝聞法則の問題はなく，刑訴法322条により，不利益供述等であれば証拠能力を有するのであるが，これが不同意となるのは，通常，その任意性が欠如しているとして，その証拠能力が争われる場合である。

この場合は，被疑者の取調べに際して，任意性に問題が生じるような事態は何もなかったなどという状況を，前述した証人テストの機会に検察官とよく打ち合わせをしておくことが大切である。検察官は，出廷する警察官の取調べ状況を色々な角度から聞くことになるが，その尋問の材料とするためにも，詳細な取調べ状況についての打ち合わせが不可欠なのである。その上で，法廷では，検察官からの尋問に正直に答えて証言すればよいのである。

ただ，弁護側の反対尋問では，被告人からの虚実織り交ぜた情報に基づいて尋問がなされるため，身に覚えのないことや，針小棒大にされた事項が尋問されることがある。しかしながら，そのような場合においても，存在しない事実は，存在しないとして毅然とした態度で臨めばよく，その際の態度を裁判官が見ているのであるから，決して，弁護側の反対尋問で挑発するようなことを言われても，動揺したり，憤慨したりしないことである。冷静に対応して証言している姿が裁判官に見られているのだということをよく頭に入れておくことが肝心である。

第5節 ④の報告書の場合

この場合には，当該報告書に記載された事項のすべてについてが証言の対象となる。そのように証言内容の範囲に違いはあるものの，証言をするに当たっての検察官との打ち合わせや，法廷での証言態度などは，本章第2節から第4節までに述べたとおりである。

あとがき

　刑法犯の認知件数は減少しているとはいえ，犯罪の組織化が進む一方で，反社会的勢力は潜伏化して識別が難しくなっています。また，IT関連技術のめざましい進歩などにより，犯罪の巧妙化はますます進んでいます。このような中，特殊詐欺や児童虐待，ひいてはあおり運転など，世相を反映しているともいえる犯罪の適正な処理は，警察・検察の喫緊の課題となっています。

　この本は，このような情勢の中，治安維持の最前線にいる警察官が，その職責を十分に果たすべく，「捜査のプロ」になるための基本的指針を示すものです。検事として長く捜査と公判活動の両面で，現場の検察官として活躍するのみならず，決裁官として，数多くの事件を適切に処理し，若手・中堅検事を育成してきた加藤康榮元教授は，退官後法科大学院の教授として，めざましい業績を上げられました。その一つの結晶が「マスター刑事訴訟法」であり，実務に裏打ちされた刑事訴訟法の理論が，整然と並べられていますが，厳粛さと分かりやすさを兼ね備えた名著です。

　その本をベースに，元検事であり，豊富な捜査・公判活動の経験を有し，その間，検察派遣教員として法科大学院で教鞭を執ったこともある城と阪井が，まさに「警察官のために」そこからエッセンスを抽出したともいえるのが本書の初版でした。今回は，加藤元教授の指導の下，初版に更に改善を加え，捜査・公判における今日的な課題に言及するなどし，皆さんにとってより強力なツールとなったと，著者一同自負しています。

　昨今弁護人の活動は活発を極めており，被疑者の黙秘は当たり前に近い状況にあります。そして，科学的捜査手法の進展によって，供述証拠以外の証拠の重要性が高まっていることもまた事実です。このような中，被疑者の自白はなくても，客観証拠で有罪の立証をしたらよいのであって，被疑者の自白を得るために頑張る必要はないという趣旨の論調もあります。しかし，どうして警察官が被疑者を取り調べるのかといいますと，犯罪立証の証拠とすること以外に，被疑者の口から犯行状況や動機を聞き出し，それを被害者や，不幸にして被害者が亡くなった場合は，そのご遺族に伝えるという非常に重要な目的があり，

そのことを忘れてはなりません。また，被疑者に真実を語らせなければ，被疑者の真の更生はあり得ないともいえるでしょう。そして，そのような真実が，裁判員裁判対象事件では，開廷が犯行の数年後にもなりかねない公判の場で，被告人によって語られるということは，残念ですがほぼ期待できません。

　被疑者に，最も早く接するのは警察官であり，警察官が被疑者に真実を語らせるには，心理学的素養等の取調べの「技法」も必要ですが，「罪と罰」の実体法たる刑法と手続法たる刑事訴訟法の正しい理解が絶対に必要です。それがなければ，いくら技法を磨いても，被疑者に感銘を与え，黙秘さえも克服させる取調べはできません。

　また，裁判員裁判が定着していくにつれ，公判重視の傾向は強まっています。公判で書証として使われる文書類の多くは，警察官が作成するものです。公判では，何が争点になるのか，そして，自分たちが作る書類が公判でどのような意味を持ち，どのようにして使われていくのかをきちんと理解していなければ，捜査は方向性を失ってしまいます。公判活動はほとんどが検察官によって行われますが，実は，証拠の多くを収集する警察官に支えられているのです。ですから，公判手続や証拠法に関する知識も，「捜査のプロ」になるためには必須のものです。

　捜査のプロを目指す方々が，この本によって，刑事訴訟法の基本を確実に身に付けられることを願ってやみません。

　2019 年 9 月

城　祐一郎

阪井　光平

事項索引

〈あ〉

足利事件　252
意見陳述　173
一罪一逮捕一勾留の原則　88, 90
一事不再理効　138
一事不再理の原則　91
一部解除　128
一部禁止　128
一斉検問　24
一般司法警察職員　8
一般的指揮権　13
一般的指示権　12
犬の臭気選別検査結果報告書　252
違法収集証拠の排除法則　181
違法重大性　182
違法な逮捕・勾留中の自白　200
違法排除説　195
遺留　48
因果関係の遮断　203
引致　63
疑わしきは被告人の利益に　179
裏付け証拠　205
映画フィルム　242
疫学的証明結果書　254
疫学的方法　254
エックス線検査　102
押収を拒絶　103
「乙」号証　169
おとり捜査　56

〈か〉

外部的付随事情　222
火災原因判定書　228
家庭裁判所送致　140
仮還付　49
簡易公判手続　216
管轄区域　8
観護措置　86
鑑定　47
鑑定受託者　47, 228
鑑定書　227

鑑定処分許可状　113
鑑定人　170
鑑定留置　47
観念的競合　29
還付　49
機会提供型　57
偽計による自白　43
偽計，約束・利益誘導による自白　199
偽証制裁の告知　170
擬制同意　237
起訴議決　131, 142
起訴裁量主義　132
起訴状一本主義　134
起訴独占主義　131
起訴便宜主義　132
起訴猶予　139
既判力　138
逆送事件　140
求刑　175
行刑的役割　11
供述拒否権　37
供述写真　227
供述書　218, 229
供述調書　39, 40
供述不能　220
供述録音　243
供述録取書　39, 218, 229
行政警察活動　5, 77
行政検視　25
強制，拷問，又は脅迫による自白　196
強制採血　112
強制採尿　111
強制採尿とその場所への連行　112
強制採尿令状　189
強制処分法定主義　32
強制捜査　59
京都府学連デモ事件　52
業務上委託　103
業務文書　232
協力関係　12
虚偽排除説　195
挙証責任（の例外）　178, 179
切り違い尋問　43, 199
記録媒体の差押え　109
緊急逮捕　65
緊急配備　23

近接所持の法理　178
区検察庁　10
具体的指揮権　13
警戒検問　24
警察的役割　11
形式説　207
刑事免責　200
刑事免責制度　121, 171
軽微事件の例外　70
血液の採取　188
厳格な証明　177
嫌疑不十分　139
現行犯逮捕　68
検察官　10
検察官と司法警察職員との関係　12
検察官面前調書（検面調書）　221
検察権　10
検察事務官　11
検察審査会　141
検視　25
検事　10
検事総長　10
検証　95
検証調書　224, 225
現場供述　51, 226
現場指示　51, 226
現場指紋対照結果通知書　228, 231
現場写真　214
現場録音　243
現場録音テープ　214
合意書面　237
合意制度　120
公益の代表者　140
航海日誌　232
「甲」号証　169
交互尋問　171
公訴権　131
公訴権濫用論　132
公訴時効の停止　137
公訴事実　166
公訴事実の同一性　166
公訴事実の同一性の判断　137
公訴の提起　131
公知の事実　177
交通検問　23
交通反則事件　9

高等検察庁　10
公判期日　224
公判準備　224
公判準備調書　224, 231
公判請求　133
公判調書　224, 231
公判前整理手続　153
公判前の証人尋問　118
神戸まつり殺人等事件　92
公務所等に対する照会　49
勾留　81
勾留期間　85
勾留質問手続　82
勾留請求　81
勾留請求却下　83
勾留取消し　83
勾留の不当な蒸し返し　87
国税査察官　6
国選弁護人　64
告訴　26
告訴期間　29
告訴権者　27
告訴取消し　29
告訴不可分　29
告発　30
告発不可分の原則　31
国家訴追主義　131

〈さ〉

再起　138
罪刑法定主義の原則　1
再現実況見分調書　226
最高検察庁　10
罪証隠滅のおそれ　83
罪状認否　165
罪体説　207
裁定主文　138
再伝聞　235
裁判員制度　147
裁判官面前調書（裁面調書）　220
裁判的役割　11
酒酔い鑑識カード　249
差押え　95
差押えの目的物　97
狭山事件　92
参考人の取調べ　45

事項索引　265

三者即日処理方式　136
事件処理　130
事件単位の原則　86
事件の送致・送付　9
事実上の推定　178
自首　31
事前閲覧　169
自然死　25
辞退事由　149
実況見分　50
実況見分調書　225
執行の中止　104
実質説　208
実質逮捕　77
実体的真実主義　2
質問てん末書　223
自動車検問　23
自動車速度監視装置　53
自白　193
自白の任意性　195
自白の排除法則　195
自白の補強証拠　205
自白法則　193
司法解剖　25
司法警察員　8
司法警察活動　5, 77
司法警察職員　8
司法検視　25
司法巡査　8
司法取引　120
氏名冒用　136
指紋採取　117
指紋対照結果回答書　231
写真撮影　52, 106
写真の証拠能力　241
終局処分　11, 131
住居不定　83
自由心証主義　179
自由な証明　177
修復的司法　140
主観的事実　207
宿泊を伴う取調べ　43
守秘義務　151
首服　31
準起訴手続　142
準現行犯人　72

準抗告　85
上級官庁に対する不服申立て　142
商業帳簿　232
証言拒絶権　170
証言拒絶権の告知　170
証拠開示　153
証拠裁判主義　176
証拠資料　176
証拠等関係カード　169
証拠能力　180
証拠物たる書面　214, 240
証拠方法　176
証拠保全　118, 129
証人　170
証人テスト　256
証人の遮へい措置　172
証人への付添い　172
証人保護　171
少年事件　86
証明力　180
証明力の制限　180
証明力を争うための証拠　238
掌紋鑑定書　228
初回接見　127
職務質問　18
職務上の秘密と押収　102
女子に対する執行　101
所持品検査　19, 183
書証　172
白鳥事件　216
人権擁護説　195
親告罪　27
審査申立権者　141
新宿騒乱事件　214
人証　170
身上照会回答書　231
身体検査　104
身体検査令状　113
診断書　228
人定質問　164
人定尋問　170
審判の対象　166
信用性の情況的保障　217
診療簿（カルテ）　232
税関長の告発　30
請求権者　61

精神状態の供述　214
精密司法　147
声紋鑑定書　250
施術証明書　228
接見交通　125
接見指定　126, 127
接見等禁止決定　126
接見等の禁止　128
全件送致・送付の原則　10
宣誓　170
選任要件　148
訴因制度　166
訴因の拘束力　166
訴因の特定　166
相異供述　220
捜査　5
捜査機関　8
捜査協力　13
捜索　95
捜索場所の現在者　105
捜査・公判協力型協議・合意制度　120
捜査のため必要があるとき　126
捜査の端緒　17
捜査報告書　154
捜査密行の原則　8
相対的特信性　222
相反供述　221
足跡鑑定書　253
速度違反測定結果書　250
訴訟係属　136
訴訟条件　138
訴追機関　11
即決裁判手続　216

〈た〉

第一次捜査機関　5
代行検視　24
逮捕状の緊急執行　63
逮捕状の呈示　63
逮捕する場合　114
逮捕前置主義　82
逮捕に伴う捜索・差押え　186
逮捕に伴う無令状の捜索・差押え・検証　113
逮捕の現場　114
逮捕の必要性　62
高輪グリーンマンション殺人事件　43, 80

蛸島事件　92, 201
立会人　100
弾劾証拠　238
千葉大チフス菌事件　255
地方検察庁　10
中間処分　140
調査解剖　26
長時間にわたる取調べ　44
追呼　74
通常逮捕　61
通信傍受　123
通訳　48
通訳人　170
DNA 型鑑定書　251
データの差押え　108
適正手続の保障の原則　1
手錠をかけたままでの取調べによる自白　202
展示　172
伝聞供述　233
伝聞証拠　211
伝聞法則　212
伝聞法則の「適用外証拠」　213
伝聞法則の例外　216
同意証拠　236
同意書面　236
同一事実での再逮捕・再勾留　88
東京ベッド事件　92, 201
統計表　233
当事者主義　153
当事者的役割　11
盗品の近接所持の法理　178
逃亡のおそれ　83
毒樹の果実　190
特信情況　218, 221
特に信用できる書面（特信書面）　231
特別司法警察職員　9
特別弁護人制度　15
留め置き　20
取調べ受忍義務　35, 46
取調べの録音・録画　40, 244, 246
取調べメモ　155

〈な〉

二重起訴　137
二重の逮捕・勾留の可否　87
二分論　21

事 項 索 引　　267

尿の採取　187
任意性　43
任意性説　195
任意性の調査　235
任意性の立証　204
任意捜査　7, 32
任意提出　48
任意同行　19, 77

〈は〉

排除相当性　182
白山丸事件　166
犯意誘発型　57
犯罪死　25
犯罪証明不可欠性　223
判事補による偽電話事件　251
犯人性　36
反復自白　203
被害者　27
被害者参加制度　144, 173
被害届　26
東十条強盗殺人事件　92, 201
被疑者　13, 129
被疑者国選弁護人　15
被疑者の取調べ　34
非供述証拠　214
被告人質問　173
被告人の取調べ　44
微罪事件　9
筆跡鑑定書　254
必要な処分　103
ビデオ撮影　52, 53
ビデオテープ　242
ビデオリンク方式　172, 228
非伝聞　217
秘密録音　55, 243
評議　149
評決　149
平塚ウェイトレス殺人事件　44
不起訴処分　138
副検事　10
不告不理の原則　3
付審判請求　142
不逮捕特権　61
物証　172
不当に長く抑留又は拘禁された後の自白　197

不任意自白　191, 196
不利益な事実の承認　193
別件基準説　93
別件捜索　96
別件逮捕・勾留論　91
弁解録取手続　64
弁護人　15
弁護人選任権　14
弁護人選任権の告知　64
変死体　25
弁論要旨　175
謀議メモ　214
報道機関の取材ビデオテープ　95
冒頭陳述　168
冒頭手続　164
備忘録　155
法律上の推定　178
補強の程度　208
補強法則　205
補充捜査　11
ポリグラフ検査回答書　249
本件基準説　93
翻訳　48
翻訳人　170

〈ま〉

未収金控帳　232
メモ類の証拠能力　241
毛髪鑑定書　253
黙秘権　37

〈や〉

夜間執行　101
約束による自白　199
郵便物等に対する執行　102
要証事実　215
予審制度　12
予断排除の原則　134

〈ら〉

立証事実　168
理詰め等執拗な取調べによる自白　202
リモート・アクセス　110
略式手続　216
略式命令請求　134
留置継続　70

留置の必要　64
領置　48
令状主義　7
令状請求　96
令状の呈示　99
連日（連泊）・長時間の取調べ　198
録音テープ　243
六何の原則　37
ロッキード事件　199
論告要旨　175

〈わ〉

和光大学内ゲバ事件　73

判 例 索 引

〈大審院〉

大判昭 3・10・5 刑集 7・649 ……………30
大判昭 7・10・31 刑集 11・1558 …………29

〈最高裁判所〉

最大判昭 23・2・6 刑集 2・2・17 ……… 197
最判昭 23・4・17 刑集 2・4・364 ……… 197
最大判昭 23・7・14 刑集 2・8・846 ……… 201
最大判昭 23・7・14 刑集 2・8・856 ……… 202
最大判昭 23・7・19 刑集 2・8・944 ……… 197
最判昭 23・10・30 刑集 2・11・1427 …… 208
最大判昭 23・11・17 刑集 2・12・1565 …… 202
最大判昭 23・12・1 刑集 2・13・1679 …… 200
最判昭 24・4・7 刑集 3・4・489 ………… 206
最大判昭 24・6・1 刑集 3・7・901 …………31
最判昭 24・7・19 刑集 3・8・1348 ……… 208
最大判昭 24・7・26 刑集 3・8・1391 …… 200
最大判昭 24・11・2 刑集 3・11・1732 …… 197
最判昭 25・5・2 刑集 4・5・747 ………… 209
最判昭 25・6・20 刑集 4・6・1025 …………67
最判昭 25・11・21 刑集 4・11・2359 …………38
最決昭 26・1・26 刑集 5・1・101 ………… 209
最判昭 26・3・9 刑集 5・4・509 ………… 209
最決昭 26・9・6 刑集 5・10・1895 ……… 216
最判昭 27・2・21 刑集 6・2・266 …………98
最大判昭 27・3・5 刑集 6・3・351 ……… 134
最大判昭 27・3・19 刑集 6・3・502 ……… 184
最判昭 27・3・27 刑集 6・3・520 …………64
最大判昭 27・5・14 刑集 6・5・769 ……… 197
最決昭 27・6・26 刑集 6・6・824 ……… 222
最判昭 27・11・25 刑集 6・10・1245 …… 200
最判昭 27・12・19 刑集 6・11・1329 …… 237
最判昭 28・4・14 刑集 7・4・841 …………38
最判昭 28・7・7 刑集 7・7・1441 ……… 219
最判昭 28・9・24 刑集 7・9・1825 …………30
最判昭 28・10・9 刑集 7・10・1904 …… 235
最判昭 28・10・15 刑集 7・10・1934 …… 228
最決昭 29・7・15 刑集 8・7・1137 …………19
最決昭 30・3・10 裁判集 103・347 ……… 222
最大判昭 30・4・6 刑集 9・4・663 ……… 201
最大判昭 30・6・22 刑集 9・8・1189 …… 210

最決昭 30・11・22 刑集 9・12・2484 ……98, 185
最大判昭 30・12・14 刑集 9・13・2760 ………65
最判昭 30・12・16 刑集 9・14・2791 …………75
最判昭 31・4・24 刑集 10・4・608 ……… 185
最決昭 31・10・25 刑集 10・10・1439 …………71
最判昭 32・1・22 刑集 11・1・103 ……… 235
最大判昭 32・2・20 刑集 11・2・802 …………38
最判昭 32・5・28 刑集 11・5・1548 …………66
最判昭 32・7・19 刑集 11・7・1882 …… 197
最判昭 32・7・25 刑集 11・7・2025 …… 228
最決昭 32・9・26 刑集 11・9・2371 …… 230
最決昭 32・9・30 刑集 11・9・2403 …… 230
最決昭 32・11・2 刑集 11・12・3047 … 207, 232
最決昭 33・4・18 刑集 12・6・1101 …… 178
最大判昭 33・5・28 刑集 12・8・1718 …… 205
最大決昭 33・7・29 刑集 12・12・2776 ……98, 184
最決昭 35・3・24 刑集 14・4・462 ……… 243
最決昭 35・5・28 刑集 14・7・925 ……… 129
最判昭 35・9・8 刑集 14・11・1437 ……51, 225
最判昭 35・11・29 判時 252・34 ……… 197
最決昭 35・12・27 刑集 14・14・2229 …………28
最判昭 36・2・23 刑集 15・2・396 …………46
最判昭 36・5・26 刑集 15・5・893 ……52, 226
最大判昭 36・6・7
　刑集 15・6・915 ………………… 114, 186
最決昭 36・11・21 刑集 15・10・1764 …… 35, 45
最決昭 37・4・10 裁判集 141・729 ……… 228
最判昭 37・6・26 判時 313・22 …………30
最大判昭 37・11・28 刑集 16・11・1633 …… 166
最判昭 38・9・13 刑集 17・8・1703 …… 202
最判昭 38・9・27 判時 356・49 ……… 209
最判昭 38・10・17 刑集 17・10・1795 …… 216
最判昭 39・6・1 刑集 18・5・177 ……… 202
最決昭 39・11・10 刑集 18・9・547 …………30
最判昭 40・9・21 裁判集 156・615 ……… 209
最決昭 41・2・21 判時 450・60 ……… 254
最判昭 41・7・1 刑集 20・6・537 ……… 199
最決昭 41・7・26 刑集 20・6・728 ……… 128
最決昭 42・9・13 刑集 21・7・904 …………75
最判昭 42・12・21 刑集 21・10・1476 …… 209
最決昭 44・3・18 刑集 23・3・153 ……99, 108
最決昭 44・4・25 刑集 23・4・248 ……… 153
最大判昭 44・12・24
　刑集 23・12・1625 ………………… 52, 53, 242
最大判昭 45・11・25
　刑集 24・12・1670 ………………43, 195, 199

最判昭 47・6・2 刑集 26・5・317 ………… 249

最決昭 49・12・3 判時 766・122 ………… 187

最判昭 50・4・3 刑集 29・4・132 …… 63, 71, 76

最決昭 50・5・30 刑集 29・5・360 ……… 136

最決昭 50・6・12 裁判集 196・569 …………… 66

最決昭 51・3・16

　刑集 30・2・187 ………… 19, 33, 34, 59, 79

最判昭 51・11・18 裁判集 202・379 ……… 97, 106

最決昭 52・8・9

　刑集 31・5・821 ………… 35, 92, 93, 201, 253

最判昭 53・4・11 裁判集 209・523 ………… 192

最判昭 53・6・20 刑集 32・4・670 ……… 183

最判昭 53・9・7

　刑集 32・6・1672 …………… 20, 182, 188

最決昭 54・4・6 裁判集 214・301 ……… 187

最決昭 55・4・28 刑集 34・3・178 ……… 128

最決昭 55・9・22 刑集 34・5・272 ……… 24

最決昭 55・10・23

　刑集 34・5・300 ………… 111, 112, 189

最決昭 55・12・17 刑集 34・7・672 ……… 132

最決昭 56・11・20 刑集 35・8・797 ……… 244

最決昭 57・3・16 判時 1038・34 ………… 254

最決昭 57・5・25 判時 1046・15 ………… 255

最判昭 57・8・27 刑集 36・6・726 ……… 62

最判昭 58・7・12 刑集 37・6・791 ……… 201

最決昭 59・2・29

　刑集 38・3・479 ………… 43, 80, 198

最判昭 59・3・27 刑集 38・5・2037 ………… 37

最決昭 59・12・21 刑集 38・12・3071 … 215, 242

最判昭 61・2・14 刑集 40・1・48 ………… 53

最決昭 61・3・12 判タ 609・47 ………… 99

最決昭 61・4・25 刑集 40・3・215 ……… 187

最決昭 62・3・3 刑集 41・2・60 ……… 252

最決平元・1・23 判時 1301・155 ………… 202

最決平元・1・30 刑集 43・1・19 ………… 95

最判平元・7・4 刑集 43・7・581 …… 44, 198

最判平 2・6・27 刑集 44・4・385 ……… 107

最判平 2・7・9 刑集 44・5・421 ………… 95

最判平 3・5・10 民集 45・5・919 ……… 127

最判平 3・5・31 判時 1390・33 ………… 126

最決平 3・7・16 刑集 45・6・201 ……… 189

最決平 5・7・19 刑集 47・7・3 ………… 85

最決平 5・10・19 刑集 47・8・67 ……… 15

最決平 6・9・8 刑集 48・6・263 ……… 105

最決平 6・9・16

　刑集 48・6・420 …………… 21, 112, 189, 190

最大判平 7・2・22 刑集 49・2・1 ……… 199

最決平 7・4・4 刑集 49・4・563 ……… 28

最決平 7・4・12 刑集 49・4・609 ……… 83

最決平 8・1・29 刑集 50・1・1 ……… 73, 115

最決平 8・10・29 刑集 50・9・683 ……… 185

最決平 10・5・1 刑集 52・4・275 ……… 109

最判平 10・9・7 判時 1661・70 ………… 62

最大判平 11・3・24 民集 53・3・514 ……… 35

最判平 12・6・13 民集 54・5・1635 ……… 127

最決平 13・2・7 判時 1737・148 ……… 128

最判平 14・10・4 刑集 56・8・507 ……… 100

最判平 15・2・14 刑集 57・2・121 ……… 188

最決平 15・5・26 刑集 57・5・620 ……… 184

最判平 16・7・12 刑集 58・5・333 ……… 58

最判平 17・7・19 刑集 59・6・600 ……… 187

最決平 17・9・27

　刑集 59・7・753 …………… 52, 227, 246

最判平 17・11・25 刑集 59・9・1831 ……… 129

最判平 18・11・7 刑集 60・9・561 ……… 238

最判平 19・2・8 刑集 61・1・1 ……… 102

最決平 19・12・25 刑集 61・9・895 … 155, 157

最決平 20・4・15 刑集 62・5・1398 … 48, 53

最決平 20・6・25 刑集 62・6・1886 … 157, 158

最決平 20・8・27 判時 2020・160 ……… 228

最決平 20・9・30 刑集 62・8・2753 … 158, 160

最決平 21・9・28 刑集 63・7・868 ……… 102

最決平 22・11・25 民集 64・8・1951 ……… 142

最大判平 23・11・16 刑集 65・8・1285 ……… 147

最大判平 29・3・15 刑集 71・3・13 ………… 55

〈高等裁判所〉

大阪高判昭 24・10・21 判特 1・279 ……… 231

東京高判昭 24・12・10 判タ 24・30 ……… 228

仙台高判昭 27・6・28 判特 22・138 ……… 201

福岡高判昭 28・12・24

　高刑集 6・12・1812 …………… 215

東京高判昭 29・5・6 東時 5・4・151 ……… 39

福岡高判昭 29・5・7

　高刑集 7・5・680 …………… 40, 219

東京高判昭 29・7・24

　高刑集 7・7・1105 …………… 223

大阪高判昭 30・6・27 裁特 2・14・721 …… 209

東京高判昭 32・12・26

　高刑集 10・12・826 …………… 204

東京高判昭 34・5・28

　高刑集 12・8・809 …………… 197

大阪高判昭 35・5・26
　下刑集 2・5 = 6・676 ……………… 201
東京高判昭 36・2・1 東時 12・2・18 …… 234
東京高判昭 37・2・20
　下刑集 4・1 = 2・31……………………76
札幌高函館支判昭 37・9・11
　高刑集 15・6・503 ……………………… 116
東京高判昭 40・10・29 判時 430・33 …………99
東京高判昭 41・1・27 下刑集 8・1・11 ……70
福岡高決昭 42・3・24 高刑集 20・2・114 …91
仙台高判昭 43・3・26
　高刑集 21・2・186 ……………………… 209
東京高判昭 44・3・27 判時 557・278 ……… 202
東京高判昭 44・6・20
　高刑集 22・3・352 ………… 114, 115, 186
東京高判昭 45・8・17 判時 603・27 ………… 92
東京高判昭 45・10・21
　高刑集 23・4・749 …………………… 104
東京高判昭 46・3・8 高刑集 24・1・183… 117
仙台高判昭 47・1・25
　刑裁月報 4・1・14……………………… 188
札幌高判昭 47・6・22 判タ 282・283 ……… 209
大阪高判昭 47・7・17 高刑集 25・3・290 …35
東京高判昭 47・10・13
　刑裁月報 4・10・1651………………98, 115, 184
東京高判昭 49・4・8 高刑集 27・1・90 … 210
大阪高判昭 49・11・5 判タ 329・290 ……… 116
広島高判昭 49・12・10 判時 792・95 ………47
福岡高判昭 50・3・11
　刑裁月報 7・3・143 …………………… 188
大阪高判昭 50・7・15
　刑裁月報 7・7 = 8・772 ……………… 115
大阪高判昭 50・9・11 判時 803・24 ……… 203
東京高判昭 50・9・11 東時 26・9・151 … 202
大阪高判昭 50・11・19 判時 813・102 …………66
東京高判昭 51・9・30 東時 27・9・132 … 250
大阪高判昭 52・6・28
　刑裁月報 9・5 = 6・334 ………………… 191
名古屋高金沢支判昭 52・6・30
　判時 878・118 …………………………23
東京高判昭 53・6・29 東時 29・6・133 ……76
東京高判昭 53・11・15
　高刑集 31・3・265 …………………… 115
福岡高判昭 54・8・2
　刑裁月報 11・7 = 8・773 …………… 203
東京高判昭 55・2・1 判時 960・8 ………… 251

仙台高秋田支判昭 55・12・16
　高刑集 33・4・351 …………………… 200
東京高判昭 56・6・29 判時 1020・136 …… 209
広島高岡山支判昭 56・8・7
　判タ 454・168 ………………………… 186
東京高判昭 58・1・27 判時 1097・146 …… 214
広島高判昭 58・2・1 判時 1093・151………67
東京高判昭 58・3・29
　刑裁月報 15・3・247 ………………… 100
大阪高判昭 59・4・19 高刑集 37・1・98 …92
東京高判昭 60・4・30 判タ 555・330 …… 200
東京高判昭 61・5・1 判時 1221・140……… 198
高松高判昭 61・6・18 判時 1214・142 …… 188
大阪高判昭 63・4・22
　高刑集 41・1・123 …………………… 200
名古屋高判平元・1・18 判タ 696・229 ………75
大阪高判平元・7・11 判時 1332・146………21
東京高判平 2・5・10 判タ 741・245 …… 209
大阪高判平 2・9・28 判時 1378・44 …… 201
大阪高判平 2・10・24 高刑集 43・3・180… 209
広島高判平 2・10・25 判タ 752・74………70
東京高判平 3・3・12 判時 1385・129……… 189
東京高判平 3・4・23 高刑集 44・1・66 … 198
東京高判平 3・6・18 判タ 777・240 ……39, 234
大阪高判平 3・9・27 判時 1427・67 ………70
福岡高判平 5・3・8 判タ 834・275 …… 116
福岡高判平 5・3・18 判時 1489・159……… 200
東京高判平 5・4・28 高刑集 46・2・44 ……74
大阪高判平 5・10・7 判時 1497・134 …… 185
福岡高判平 5・11・16 判時 1480・82 …… 127
東京高判平 6・5・11 高刑集 47・2・237… 106
大阪高判平 7・1・25 高刑集 48・1・1 … 100
名古屋高金沢支判平 7・2・9
　判時 1542・26 ………………………… 253
広島高判平 8・5・23 速報集平 8・159 …… 228
東京高判平 8・6・28 判時 1582・138……… 21
札幌高判平 10・5・12
　判時 1652・145 …………………… 228, 231
東京高判平 14・9・4 判時 1808・144……… 195
福岡高判平 14・11・6 判時 1812・157……… 228
広島高決平 20・4・8
　裁判所ウェブサイト…………………… 157
東京高決平 20・5・20
　裁判所ウェブサイト………………… 162, 163
名古屋高決平 20・7・31
　裁判所ウェブサイト…………………… 158

東京高決平 20・9・10
　裁判所ウェブサイト………………………… 162
東京高判平 21・7・1 判タ 1314・302…… 21, 22
東京高決平 21・8・24 公刊物未登載 ……… 162
東京高判平 22・11・8 判タ 1374・248………… 22
東京高判平 28・12・7 判時 2367・107……… 111
東京高判平 30・4・25 裁判所ウェブサイト……42

〈地方裁判所〉

札幌地決昭 36・10・2
　下刑集 3・9 = 10・974 …………………………89
東京地決昭 40・7・23
　下刑集 7・7・1540………………………… 101
東京地判昭 42・4・12 下刑集 9・4・410… 201
大阪地決昭 43・3・26 下刑集 10・3・330 …84
高松地決昭 43・11・20 下刑集 10・11・1159…79
金沢地七尾支判昭 44・6・3
　刑裁月報 1・6・657 …………………92, 201
福岡地決昭 44・6・10 刑裁月報 1・6・714…87
長崎地決昭 44・10・2 判時 580・100 …………78
京都地決昭 44・11・5 判時 629・103 …………89
名古屋地決昭 44・12・27
　刑裁月報 1・12・1204………………… 80, 84
東京地決昭 45・2・26
　刑裁月報 2・2・137 …………………92, 201
京都地決昭 47・4・11 刑裁月報 4・4・910…84
東京地決昭 47・8・5
　刑裁月報 4・8・1509……………… 80, 84
釧路地決昭 48・3・22 刑裁月報 5・3・372…76
浦和地決昭 48・4・21 刑裁月報 5・4・874…90
青森地決昭 48・8・25
　刑裁月報 5・8・1246………………………84
札幌地判昭 50・2・24 判時 786・110 ……… 188
東京地判昭 50・5・29 判時 805・84 ……… 100
東京地判昭 50・11・7 判時 811・118 …………98
大阪地判昭 51・4・17 判時 834・111 ……… 191
青森地決昭 52・8・17 判時 871・113 …………84
大阪地判昭 53・12・27 判時 942・145 ……… 116
富山地決昭 54・7・26 判時 946・137 …………84
松江地判昭 57・2・2 判時 1051・162………56
水戸地決昭 59・1・24 判時 1124・221 …… 250
東京地決昭 59・6・22
　刑裁月報 16・5 = 6・504 ………………………53
東京地判昭 62・3・24 判時 1233・155 …… 204
東京地決平元・3・1 判タ 725・245 ……… 106
東京地決平 2・4・10 判タ 725・243 ……… 101

東京地判平 2・7・26 判時 1358・151…………56
浦和地判平 2・10・12 判時 1376・24 ……… 201
東京地八王子支判平 3・3・11………………74
千葉地判平 3・3・29 判時 1384・141…………56
東京地判平 7・9・29 判タ 920・259 …………39
東京地判平 19・10・16 判タ 1275・122 …………70
大阪地決平 20・4・9
　裁判所ウェブサイト………………………… 154
名古屋地決平 20・5・2
　裁判所ウェブサイト………………………… 157
大阪地決平 20・5・13
　裁判所ウェブサイト………………………… 157
鳥取地米子支決平 20・5・15
　裁判所ウェブサイト………………………… 155
名古屋地一宮支決平 20・6・9
　裁判所ウェブサイト………………………… 157
東京地決平 20・7・11
　裁判所ウェブサイト……………………… 162, 163
名古屋地決平 20・7・24
　裁判所ウェブサイト………………………… 158
東京地決平 20・8・28
　裁判所ウェブサイト……………………… 162, 163
松山地判平 22・7・23 裁判所ウェブサイト……81
横浜地判平 28・3・17 判時 2367・115 …… 111
さいたま地判平 30・5・10 判時 2400・103 …54

〈編著者紹介〉

加藤　康榮　（かとう　やすえい）

1973 年　検事任官（東京地方検察庁特捜部検事・法務省法務総合研究所教官・同研修
　　　　部長・東京高等検察庁検事・千葉地方検察庁刑事部長・広島法務局長等歴任）
2000 年　最高検察庁検事を最後に退官後，公証人就任
2004 年〜2015 年　日本大学大学院法務研究科教授
2015 年　同教授退任，現在弁護士（東京弁護士会）

【主な著書】
　『適正捜査と検察官の役割』（2008 年，北樹出版）
　『マスター刑事訴訟法〔改訂版〕』（2012 年，立花書房）
　『刑事訴訟法〔第 2 版〕』（2012 年，法学書院）
　『刑事法重要判例を学ぶ』（2012 年，法学書院）
　『ケース刑事訴訟法』（共著，2013 年，法学書院）
　『新生検察官論』（2017 年，北樹出版）
　『蟬脱 (せんだつ) の検察官』（2019 年，法学書院）　　その他共著書，論文多数

〈著者紹介〉

城　祐一郎　（たち　ゆういちろう）

1983 年　検事任官（東京地方検察庁検事・大阪地方検察庁特捜部副部長・大阪地方検
　　　　察庁交通部長・大阪地方検察庁公安部長等歴任）
2008 年　法務省法務総合研究所研究部長
2009 年　大阪高等検察庁公安部長・大阪地方検察庁堺支部長
2011 年　最高検察庁刑事部検事
2012 年　最高検察庁公安部検事，警察大学校での講義を開始（同年 1 月〜）
2014 年　最高検察庁刑事部検事
2015 年　最高検察庁刑事部検事・慶應義塾大学大学院法務研究科非常勤講師
2016 年　明治大学法科大学院特任教授・最高検察庁検事
2017 年　最高検察庁刑事部検事
2018 年　検事退官後，昭和大学医学部教授（薬学博士）就任

【主な著書】
　『盗犯捜査全書』（2016 年，立花書房）
　『Q＆A　実例　交通事件捜査における現場の疑問〔第 2 版〕』（2017 年，立花書房）
　『殺傷犯捜査全書』（2018 年，立花書房）
　『マネー・ローンダリング罪　捜査のすべて〔第 2 版〕』（2018 年，立花書房）
　『取調べハンドブック』（2019 年，立花書房）　　等多数

阪井　光平　（さかい　こうへい）

1995 年　検事任官（東京地方検察庁検事，大阪地方検察庁検事，京都地方検察庁検事，
　　　　鳥取地方検察庁米子支部長，法務省刑事局付等歴任）
2006 年　在フランス日本国大使館一等書記官
2010 年　司法研修所検察教官，司法試験考査委員（刑法，〜2012 年）
2011 年　中央大学大学院法務研究科特任教授
2013 年　那覇地方検察庁次席検事
2014 年　東京地方検察庁刑事部検事
2015 年　法務省法務総合研究所国際協力部長
2017 年　法務省法務総合研究所研修第一部長
2019 年　東京高等検察庁検事（最高検察庁事務取扱）を最後に退官後，弁護士登録（東
　　　　京弁護士会）

【主な著書】
　『検事の仕事』（2013 年，立花書房）

★本書の無断複製（コピー）は，著作権法上での例外を除き，禁じられています。また，代行業者等に依頼してスキャンやデジタルデータ化を行うことは，たとえ個人や家庭内の利用を目的とする場合であっても，著作権法違反となります。

警察官のためのわかりやすい
刑事訴訟法〔第2版〕

令和元年10月20日　第1刷発行
令和6年7月20日　第2刷発行

編　著　者	加　藤　　　康　榮
著　　　者	城　　祐　一　郎
	阪　井　　光　平
発　行　者	橘　　　　茂　雄
発　行　所	立　花　書　房

東京都千代田区神田小川町3-28-2
電話　03-3291-1561（代表）
FAX　03-3233-2871
https://tachibanashobo.co.jp

平成27年9月20日初版発行

©2019 Yasuei Kato　　　　印刷・製本　wisdom

乱丁・落丁の際は本社でお取替いたします。